KB216611

그리스도교 사회윤리

토대와 목적

그리스도교 사회윤리

토대와 목적

초판 1쇄 인쇄 2024년 5월 30일
초판 1쇄 발행 2024년 6월 5일

지 은 이 프란쯔 푸르거
옮 긴 이 심현주
펴 낸 이 정연호
편 집 인 정연호
디 자 인 이가민

펴 낸 곳 도서출판 우리겨레
주　　소 서울시 은평구 통일로 71길 2-1 대조빌딩 5층 507호
문의전화 02.356.8417
F A X 02.356.8410
출판등록 2002년 12월 3일 제 2020-000037호
전자우편 urikor@hanmail.net
블 로 그 http://blog.naver.com/j5s5h5

Copyright ⓒ 심현주 2024

ISBN 978-89-89888-35-2 (03230)

그리스도교 사회윤리

토대와 목적

지은이 프란쯔 푸르거
옮긴이 심현주

도서
출판 우리겨레

옮긴이의 글

언젠가 신문에서 본 기사가 잊히질 않는다. 우리사회의 대다수 사람들은 극심한 양극화 문제가 사회적 불균형 성장과 분배로 인해 발생한다는 점을 잘 알고 있다. 그러나 그 문제를 해결하는 방법은 각자 개인에게 달려있다고 생각한다는 내용이었다. 사회의 양극화에 책임을 져야 하는 주체는 '사회'가 아니라 '개인'이 되는 것이다. 그래서 '각자생존'의 시스템이 너무나 자연스럽게 형성된다.

여기에서 문제는 사회가 윤리적일 수 없다는 생각에 있다. 혹자는 '사회는 사람이 아닌데 어떻게 윤리적 행위를 하고 책임을 질 수 있는지' 되묻기도 한다. 이렇게 생각하는 사람들은 그저 도덕적 품성을 지닌 대통령과 국회의원들이 당선되기를 바랄뿐이다. 혹은 사회구성원 모두가 도덕적 회개를 할 때에 비로소 사회가 윤리적일 수 있다고 생각한다. 우리의 일상을 지배하는 이런 생각들은 사회윤리에 해당되는 내용들이다. 이 책은 그런 문제들에 대한 하나의 길잡이 역할을 할 것이다.

프란쯔 푸르거(Franz Furger) 교수의 강의에 참여했을 때 이 책을 만났다. 그리스도교 사회윤리에 관한 책이 우리나라에 더러 번역되어 있지만, 이 책은 나에게 하나의 운명과도 같은 느낌을 주었다. "그리스도교 사회윤리, 토대와 목적"(Christliche Sozialethik. Grundlagen und Zielsetzung)이라는 제목이 내비치듯, 이 책은 그리스도교 사회윤리에 대한 기초 지식을 제공한다. 이 책을 통해 사회윤리가 조직신학에 속하는 하나의 학과목으로서 얼마나 탄탄한 체계를 갖추고 있는지를 배웠다.

이 책의 이해를 돕기 위해서 세 가지를 언급하고자 한다. 우선, 가톨릭 사회론의 역사다. 푸르거 교수는 가톨릭 사회론이 신학의 한 학문으로서, 또 교도권의 가르침으로서 독자적인 체계를 구축하고 있음을 알려주기 위해 역사적 접근방법을 선택했다. 가톨릭 사회론의 역사는 18세기 산업혁명 이후 산업 노동자가 등장하고, 노동자의 빈곤화 현상이 일어났던 시기로 거슬러 올라간다. 이 책은 그 당시 사회문제에 참여했던 신앙인들의 발자취를 실감 나게 묘사하고, 그 노력의 결실이 얼마나 대단한 것인지를 설명하고 있다. 곧, 대학의 신학과에 "그리스도교 사회윤리"라는 학과목이 신설되었고, 보편교회는 그 노력들을 교회 안에 받아들여 사회회칙을 발표하기 시작했다. 이 과정은 참으로 다양하고도 험난한 여정이었다.

이 역사적 여정이 알려주는 점은 가톨릭 사회론이 위로부터의 학문이 아니라는 점이다. 곧 교종으로부터 일방적으로 하달되는 도덕적 명령이 아니라, 오히려 교종들의 사회회칙이 신앙인들의 활동과 고뇌를 수렴한 가르침이라는 점이다. 이 때문에 가톨릭 사회론은 세 가지 구성요소를 갖는다. "바닥의 목소리"(실천)—"사회윤리"(연구)— "사회고지"(교도권)다. 이 책은 보편교회의 사회고지와 학문으로서의 사회윤리 그리고 현장에서의 실천이 어떻게 상호작용하고 있는지 상세히 설명한다.

물론 이런 견해는 아시아에서 낯설 수 있다. 한국에서도 가톨릭 사회론은 대체로 교종들의 회칙에 중점을 두고 있기 때문이다. 이런 차이는 유럽의 가톨릭 역사가 아시아보다 앞서 나가기 때문에 당연한 것으로 여겨질 수도 있다. 그럼에도 가톨릭 사회론을 체계화시키기 위해서는 다음과 같은 프란치스코 교종의 말씀을 명심할 필요가 있다. "교회와 세상에 관련된 모든 문제에 대하여 교황의 교도권에 결정적이거나 완전한 답변을 기대해서는 안 된다고 생각합니다. 교황이 지역 주교들을 대신하여 그들의 지역에서 일어나는 모든 문제를 식별하는 것은 바람직하지 않습니다. … 건실한 '분권화'를 증진시킬 필요가 있다고 여깁니다."(복음의 기쁨, 16항)

다음으로 언급하고 싶은 것은, 이 책이 교도권의 사회고지에 중점을 두기보다는 학문으로서의 사회윤리에 중점을 두고 있다는 점이다. 학문으로서 사회윤리의 특징은 무엇보다 학제간 학문이라는 데 있다. 사회윤리는 말 그대로 사회제도에 대해 윤리적으로 성찰하는 실천이다. 사회 구성원들 모두가 선한 의지를 가져야 사회가 바뀔 수 있다는 견해는 더 이상 유효하지 않다. 개인과 사회의 관계가 없지는 않으나, 사회윤리는 개인의 도덕성이 아니라 사회제도의 도덕성을 다루는 특화된 학문이다. 사회제도는 그 사회 구성원들이 어떻게 살아야 하는지에 대한 가이드라인과 같다. 교육제도를 무시하고 자녀를 교육시킬 수 없고, 노동정책을 무시하고 고용인들을 다룰 수 없으며, 포괄적 차별금지법을 제정하지 않고는 모든 차별을 없앨 수 없다.

따라서 사회윤리는 사회 구성원 모두가 존엄하게 살아갈 수 있게 하는 사회제도 – 여러 정책이나 법의 내용 등을 연구 대상으로 삼는다. 이 연구는 신학 하나로 충분하지 않다. 가치관에 관련해서는 철학적 담론에 참여해야 하며, 제도적 실천에 관련해서는 정치, 경제, 평화 등에 대한 각 전문가들과의 논의에 참여해야 한다. 보편교회와 가톨릭 사회론은 학제간 학문의 실천 방법으로 "관찰–판단–실천"이라는 삼단계 방법론을 제시하고 있다. 물론 응용윤리에 해당되는 문제들은 기초단계에서 다루기 어렵기 때문에, 푸르거 교수는 마지막 VIII장에서 경제, 평화, 환경 등에 대한 내용을 간략하게 소개하고 있다.

마지막 세 번째로 언급하고 싶은 내용은, 사회문제에 관여하는 가톨릭 사회론에서 중요한 네 가지 원리에 대해서다. 사회를 도덕적으로 이끄는 주요원리는 개인선, 공동선, 보조성, 그리고 연대성이다. 이 원리들은 단지 병행되어 있는 것이 아니다. 이론적 체계를 갖춘 가톨릭 사회론은 이 원리들의 내적 연관성에도 심혈을 기울인다. 개인선과 공동선 원리는 그리스도교 인간관에 기초하여 만들어진 목적적 원리다. 곧, 존엄한 인간과 사회적 인간관이다. 개인과 사회 공동체 사이에는 늘 갈등이 존재한다. 개인선 원리는 개인에게 더 많은 자유와 유익함을 누리게 하고, 공동선 원리는 예외 없이 모든 사회구성원이 번영하도록 촉구한다. 이와 관련해서, 사회 공동체의 공동번영을 위해 개인의 어떤 자유와 권리가 얼마만큼 허용될 수 있는지에 대한 문제는 늘 발생한다. 이 두 가지 원리사이에 균형을 잡기 위한 발견법적 원리가 보조성과 연대성 원리다. 보조성은 국가 권력의 의무에 관련한 원리이며, 연대성은 시민인 개인들이 정의로운 사회공동체를 만들기 위한 권리이자 의무다. 공동체에 결속되어 있는 개개인들이 사회의 모든 구성원과 함께 성장하고 발전할 수 있도록 하는 국가권력과 시민들의 의무를 일깨우는 원리다.

푸르거 교수는 가톨릭 사회론의 체계가 "개방된 원리들"이라는 점을 강조한다. 곧 지금의 이론적 체계가 그 자체로 완결된 것은 아니지만, 그렇다고 이론들이 내적 연관성을 갖지 않는 것은 아니다. 이 원리들의 근거를 푸르거 교수는 '사람의 존재양식'과 분명하게 연결시킨다. 규범에 근거하는 원리들의 내적 연관성은 가톨릭 사회론이 체계를 갖추는데 반드시 필요하다.

푸르거 교수는 독일의 가톨릭 사회론을 발전시키는데 큰 공헌을 한 분으로 꼽힌다. 그는 신학과 철학, 윤리학, 사회학 등 여러 영역을 자유로이 넘나들며 학문으로서 그리스도교 사회윤리의 개념과 체계를 설명한다. 그분의 폭넓은 지식과 체계적인 이론 외에도 이 책을 읽으면서 접한 느낌이 있다. 사람들과 함께 활동하시는 하느님의 구원 역사다.

산업사회의 문제에 직면한 그리스도인들이 기꺼이 감수했던 악전

고투는 사회뿐만 아니라 교회의 역사도 서서히 바꾸어나갔다. 보편교회가 사회문제에 체계적으로 개입하게 된 역사는 한마디로 하느님의 역사를 밝히는 신앙고백과도 같이 느껴졌다. 신앙인들의 다양한 활동들과 견해들을 교회 안에 수용하려는 보편교회의 고민도 생생하게 서술되었다. 교종 레오 13세는 첫 번째 사회회칙『새로운 사태』(1891)를 그렇게 사회문제에 참여하는 그리스도인들의 견해에 기반을 두고 작성했다. 그 후로 가톨릭교회의 사회고지는 하나의 중요한 전통으로 자리 잡았다. 사람들을 죄의 구조로부터 해방하시는 하느님의 활동은 이 세상 어디에서나 발견될 수 있지만, 그리스도교 사회윤리라는 학문의 고유한 이론과 실천에서도 발견될 수 있다.

유럽은 아시아보다 산업사회의 문제를 거의 한 세기나 빨리 겪었다. 그럼에도 유럽교회의 개혁운동은 단지 그들만의 것은 아니었다. 한국교회와도 긴밀한 인연이 있다. 가톨릭 사회윤리라는 학과목이 유럽에서 맨 처음으로 뮌스터 대학에 신설되고, 이 책에서 소개되고 있는 프란쯔 히체가 그 첫 번째 교수가 되었다. 이 대학에서 가톨릭 사회론을 전공하신 분이 김수환 추기경이다. 김 추기경은 60년대 중반에 우리나라에서 처음으로 가톨릭 사회론을 전공하셨다. 그분의 스승은 요셉 회프너 추기경으로, 1951년 뮌스터 대학에 "그리스도교 사회과학 연구소"를 설립하신 분이다. 회프너 추기경의 책『그리스도교 사회론』(1979)은 일찍이 번역되어 있다.

김수환 추기경이 독일에서 공부하고 계시던 때는 유럽교회 전체에 개혁의 바람이 불고 있을 때다. 1965년 "교회의 현대화"라는 모토로 제2차 바티칸 공의회가 개최되었다는 사실에 주목한다면, 그 시절 김수환 추기경은 휘몰아치는 개혁의 바람을 그곳에서 직접 마주하셨을 것이다. 이런 역사적 사실을 염두에 두면, 김 추기경이 그 험난했던 한국의 민주화 운동에 큰 기여를 하신 점이 그리 놀랍지는 않다. 70~80년대 한국 가톨릭교회는 민주화의 성지였다. 실낱같은 인연이지만, 유럽의 개혁운동은 한국사회의 민주화 운동과 연결된다. 시공간을 초월하여 사람을 해방하시는 하느님의 역사는 이렇게 연결되고 지속된다.

그리스도교 사회윤리를 전공한 사람인 나는 이 책을 번역하면서 하나의 희망을 갖는다. 우리나라에서도 그리스도교 사회윤리가 체계를 가진 하나의 신학과목이 되는 것이다. 물론, 신학대학에 '사회교리'라는 학과목이 있고, 거의 모든 교구에서 신앙인 재교육 프로그램으로 교종들의 사회회칙을 가르치고는 있다. 많은 신앙인들에게 확실히 도움이 될 것이다. 그러나 푸르거 교수의 우려는 단지 독일에만 해당되지 않는다. 곧, "가톨릭 사회론의 이론적 체계를 알지 못하고 실천에서만 교도권의 가르침을 대변하려는 성향은 교도권의 가르침을 임의적으로 해석"할 가능성이다. 한국 교회 안에서도 교도권의 가르침에 대한 임의적 해석이 난무하고 있다. 교회와 교회 밖의 사람들 사이에 소통도 되지 않는다. 그들에게는 교회의 사회적 가르침이 그저 사회에 대한 도덕적 언명을 나열하는 것 이상으로 비쳐지지 않는다. 교회와 교회 밖의 세계가 서로 납득할 수 있는 가치와 실천에 대해 소통하는 것은 가톨릭 사회론이 지향하는 바다. 이 번역서가 한국

교회의 가톨릭 사회론의 발전과 이 땅에서 이루어지는 하느님의 역사에 작게나마 기여할 수 있기를 희망한다.

앞서도 언급했지만, 이 책은 학문으로서 사회윤리의 개념과 이론 체계들에 중점을 둔 것으로 가톨릭 사회론에 기여하는 바가 크다. 그리스도교 사회윤리에 관련한 훌륭한 책이 여러 권 소개되어 있지만, 학문으로서의 체계를 다룬 책은 그리 흔하지 않다. 때문에 이 책이 출판된 지 30여 년이 지났음에도 여전히 가치가 있다고 확신한다.

끝으로, 이 번역서가 출판되기까지 힘이 되어 주신 분들께 감사드린다. 이 번역서는 오랫동안 우여곡절을 겪은 끝에 출판되었는데, 그간 번역출판에 용기를 주신 하성수 박사님께 감사드린다. 기꺼이 이 책의 추천서를 써 주신 "가톨릭 사회과학 본부(Katholische Sozial-wissenschaftlicheZentralstelle)"의 소장이신 아른트 퀴퍼스 박사님에게도 깊이 감사드린다. 또 이 번역서가 세상의 빛을 볼 수 있도록 협력해 주신 도서출판 우리겨레에게도 감사드린다. 특히 박경수 연구원의 노고에 감사한다.

계양산 자락에서
2024. 4
심현주

추천사

▌▌▌ Katholische
Sozialwissenschaftliche Zentralstelle

Dr. theol. Arnd Kueppers
Stellvertretender Direktor

프란쯔 푸르거의 교재 "그리스도교 사회윤리, 토대와 목적"(1991) 은 1980년대와 1990년대에 그리스도교 사회윤리 학과의 역사적 전환점을 웅변적으로 증언한다. 이 새로운 내용을 담은 사회윤리 교재를 한국어로 번역하는 것은 여러 면에서 매우 환영할 만한 일이다.

프란쯔 푸르거는 1935년 베른에서 출생했고, 제2차 바티칸 공의회가 개최된 시기에 로마에서 박사과정을 마쳤다. 그리고 바로 그곳에서 사제서품을 받았다. 푸르거는 그 당시 공의회의 교회쇄신의 정신에 깊은 영감을 받았다. 이후에 푸르거는 그의 고향 스위스에서 활동했고, 1987년에 그 유명한 뮌스터 대학의 그리스도교 사회윤리 학과의 교수로 부름을 받았다. 뮌스터 대학은 그리스도교 사회윤리 학과를 맨 처음 신설한 곳이다. 그 첫 번째 교수는 신학자이자 사회정치가인 프란쯔 히체(1851-1921)였다. 그의 후계자는 이후 쾰른의 대주교를 거쳐 추기경이 된 요셉 회프너(1906-1987)다. 회프너는 그리스도교 사회과학 연구소를 설립했는데, 이 연구소는 뮌스터 대학 교수직의 위상을 다시 한번 더 현저하게 높였으며, 그 지위가 오늘날까지 사회윤리 교수직 중에서 탁월한 위치를 차지할 수 있도록 만들어 주었다.

푸르거는 뮌스터에 있는 동안 연구 활동에 매진했다. 특히 제2차 바티칸 공의회와 이후 교종들의 사회회칙의 동향을 토대로 하고 구원사와 성경에 뿌리를 두는 그리스도교 사회론을 새롭게 이해하는 데 몰두했다. 푸르거는 사회윤리에 대한 자신의 독특한 경향을 이 책에서 지속적으로 설명하고 있다. 그는 그리스도교 사회윤리를 "사회에 관심을 두는 역동적인 신학"으로 정의를 내렸는데, 이 정의는 교종 요한 바오로 2세가 그리스도교 사회론을 도덕신학의 일부로 이해한 바와 같다(사회적 관심, 41항). 이런 점에서, 그리스도교 사회윤리는 다음과 같은 의무를 갖는다. 곧 사람의 존재에 근거하여 스스로 되돌아보는 자아 인식과 신앙 안에 받아들여진 예수의 복음에 근거하여 사회윤리를 지속적으로 만들어가는 것, 그리고 사회적 현실에 쓸모 있는 척도(Bemessungsgrößen)에 대해 지속적으로 고심하는 것이다.

당시 푸르거는 이 학문 분야에서 전혀 새로운 접근방식으로 연구를 진행했는데, 특별히 규범 짓기(Normbegründung)를 새롭게 하기 위해서였다. 이 방법은 윤리적으로 중요한 인문과학과의 "교차점"을 샅샅이 찾아내고, 철학적, 도덕신학적으로 책임을 갖는 방법이었다. 또한 그 방법은 인간적인 모든 것의 역사성을 인정하고, 그럼으로써 당시 이 학문 분야에서 여전히 지배적이었던 신스콜라의 특징을 띤 자연법이론과 비판적 논쟁을 벌이는 것이었다.

이 교재에 반영된 푸르거의 작업은 학문적 이론과 방법론이 재조정되고, 그리스도교 사회윤리 학과가 여러 곳에서 신설될 수 있는 토대를 놓았다. 이 작업은 지난 40년 동안 수행되었다. 이 일들은 학문의 발전과정에서 결정적인 단계를 의미하는데, 말하자면 가장 최근의 "현대화"(Aggiornamento)라 할 수 있다. 이 이후로 그리스도교 사회윤리는 근대의 회의주의적이고 신스콜라주의적으로 통일되었던 노선에 비해 그 이론과 방법이 훨씬 더 다양하다는 것을 보여주었다. 물론 그렇다고 해서 공의회 이전의 가톨릭 사회론이 역사 기록 보관소에서 잊혀져서는 안 된다. 푸르거의 확신에 따르면, 공의회 이전의 가톨릭 사회론은 새로운 패러다임 안에서 재구성되어야 할 모티브와 개념들을 포함하고 있다. 이 점 역시 푸르거의 저서에서 찾아볼 수 있는 뛰어난 공헌 중 하나다. 그의 견해에 따르면, 사회론의 트레이드마크인 사회원리는 여전히 사회윤리의 성찰을 위해 수용 가능한 발견법적 좌표계로서 자유주의적이고 다원주의적 사회를 정의롭게 만드는 데 기여할 수 있다.

이 밖에도, 푸르거의 사회윤리는 가톨릭 측에서 요한 밥티스트 메츠가 형성한 새로운 정치신학과 라틴아메리카 해방신학의 관심사에 대해 차별화하여 인식하고 수용하기 시작했음을 알려준다. 이런 맥락에서 (신)마르크스주의의 사상에 대한 그의 비교적 편견 없는 검토는 그의 이론이 현대적 경향을 가졌음을 보여준다. 또한 인권개념이 그의 사회윤리 이론에 "인류의 주요규범"으로 수용되었다는 점은 이 학과목에서 푸르거가 갖는 혁신적인 힘을 증명한다. 이 몇 가지 강조점은 푸르거의 이 책이 그리스도교 사회윤리의 발전과정에서 중요한 이정표라는 점을 분명하게 보여준다.

심현주 박사가 번역하는 수고를 들인 이 책은 한국의 신학자들과 학생들에게 중요한 자료가 될 것이며, 의심할 여지없이 한국과 독일의 신학자들과 사회윤리학자들 사이의 교류를 촉진하는 데 도움이 될 것이다.

뮌헨글라드바흐

2024. 4

아른트 퀴퍼스

머리말

    사회윤리는 사람들에게 어떤 사회의 모습이 적합한지를 묻는다. 이 물음을 그리스도교 사회윤리는 복음의 가치와 목적의 지평에서 제기한다. 그리스도교 사회윤리는 그리스도교의 고유한 원리들에 대한 책임감으로부터 새로운 사회를 만들기 위한 지침들을 발견하려는 신학적 숙고다. 이 숙고는 교회공동체에서 신앙의 빛으로 받아들여지고, 또한 이성의 통찰로 인정된 원리, 곧 정의와 사랑 안에 담겨있는 더불어의 인간성(Mitmenschlichkeit)에 맞추어 이루어진다.

    그리스도교 사회윤리의 근거는 사람이라는 존재다. 사람은 창조주 하느님이 원하시는 존재론적 구조를 갖는다. 사람은 시대와 무관하게 본질적으로 영혼과 육체라는 인격적 구조를 지니며, 공동체 안에서만 자아를 실현할 수 있는 존재다. 동시에 사람의 인격적 구조는 시간과 역사 안에서만 구체화된다. 말하자면 인격은 특정한 문화의 터전에서 시대적 다양성을 가지며, 끊임없이 변화하고, 서로에 의해 조건 지어지는 환경 안에서만 형성된다. 이런 그리스도교 인간관에 근거하면, 그리스도교 사회윤리는 모든 시대에 타당한 규칙을 생산해 내는 공장처럼 딱딱한 체계로 굳어져서는 절대 안 된다. 이런 경직성은 사회윤리가 변화하는 시대정신 앞에서 안정된 체계를 갖추게 하기보다는, 시대에 조건 지어진 질서의 이념을 고수하도록 하는 결과를 가져온다.

사회윤리는 사람이 행하는 모든 것이 본질적으로 역사성을 지닌다는 점을 늘 새롭게 의식해야 한다. 역사성은 그리스도 안에서 이미 시작되었지만, 아직 완성되지 않은 하느님 나라를 향한 구원역사에서 생겨나는 역동성으로 이해되어야 한다. 이런 역동적 역사성은 그리스도교 사회윤리에서 세 가지 측면으로 드러난다. 하나는, 그리스도교 사회윤리는 시대마다 달랐던 자신의 인식상태와 문제의식 안에서, 증가하는 네트워크와 현대사회 안팎의 어수선함에 맞닥뜨려져야 비로소 올곧은 줄기를 갖춘 이론을 형성했고, 각 사안에 따라 강조점을 분명하게 달리 두었다는 것이다. 각각의 인식상태는 그 구체적인 사회 환경에서 정신사적으로 이미 주어진 것들을 통해 제약을 받게 되고 그렇게 사회윤리에 작용한다.

두 번째 측면에서 그리스도교 사회윤리는 시대적으로 제한된 구체적인 환경을 되짚어 보면서 자신의 입장을 검증해야 한다. 그래야만 그리스도교 사회윤리는 각 환경에 서려 있는 기회들과 결함들을 복음의 가치와 목적에 입각해서 판단하고 적합한 개선책들을 찾아낼 수 있다. 이러한 역사적 자기 확신은 이데올로기를 비판적으로 대하면서 자신을 스스로 점검하는 사회윤리에 반드시 필요하기 때문에 사회윤리의 토대를 다루는 이 입문서에서 중요하게 설명될 것이다(2장-5장).

물론 구원역사로 이해되는 인류 역사에서 사회윤리는 인류를 "뛰어넘는 것"을 지향하며, 시대에 얽매이지 않는 판단기준들을 필요로 한다. 사람의 존재에 근거하여 스스로 되돌아보는 자아 인식과 또 신앙 안에 받아들여진 예수의 복음에 근거하여 그 기준들을 만들어 내는 것, 그리고 사회 현실에 대한 측정 정도를 지속적으로 고심하는 일은 사회윤리의 과제다. 그런 측정기준들이 없다면 사회윤리는 그리스도교의 가면을 쓰고 기회주의적 실증주의나 근본주의적 특수주의의 편협함으로 물러서게 될 것이다. 그러므로 끊임없는 노력으로 사회 현실을 측정하는 기준들을 세우고자 하는 것이 이 입문서의 두 번째 중점이다(5장, 6장).

끝으로 사회윤리는 구체적인 역사적 환경을 확인하고 측정하는 기준들을 세우는 데 만족해서는 안 된다. 오히려 사회윤리는 인류 역사의 삼천 년 기에 알맞게 현대사회를 구체적으로 이끌어 나가는 일에 종사해야 한다. 이때 사람됨을 보장하는 일과 관련하여 지금 가장 중요한 문제영역들을 주시해야 한다. 이 점에서 인권을 존중하여 나라를 민주적으로 건설하는 일은 핵심적인 사안이다. 역사의 길흉화복(吉凶禍福)에 당면하여 민주적인 나라가 최대한 안전하도록 굳건한 윤리적 근거를(7장) 만들어 내는 일은 매우 중요하다. 이와 대조적으로 정치, 경제, 과학 영역의 구체적인 문제들은 해당 전문가들과의 대화와 협력을 통해서만 해결할 수 있다. 이 때문에 사회윤리에 대한 이 일반 입문서는 그 문제들을 개괄적으로 언급하는 데 만족할 수밖에 없다(8장).

본인은 루체른과 뮌스터 학생들, 특히 뮌스터의 그리스도교 사회과학 연구소 동료들에게 도움을 받았다. 그들은 이 입문서가 다 쓰일 때까지 용기를 주고 비판적 질문을 해주었다. 그들 중에서 원고를 다 듬어준 신학사 이켄 양을 특별히 언급한다. 또 포그리믈러 교수께도 감사드린다. 이분은 대부분 사전에 쓰여진 원고를 묶어 "교과서" 총서의 한 권으로 출판하도록 격려하고 도움을 주었다. 협조해주신 콜함머 출판사에도 감사한다.

1991년 성령강림절, 뮌스터에서

프란쯔 푸르거

차
례

I.
서문

1. 사람은 공동체적 존재

고대 그리스인들은 사람이라는 말의 온전한 뜻에 따라, 개별적 인간이나 "자기중심적(그리스어: idiotes)"인 사람을 사람으로 여기지 않았다. 아리스토텔레스가 확신한 바와 같이 사람은 오히려 "정치적 동물", 곧 사회적 존재이다. 사람은 자기 공동체에 대해 윤리적, 법적 의무를 지닌다. 고대 그리스에서 인간 공동체는 그리스 민족만을 의미했지만, 오늘날에는 기술의 발달 덕택으로 지구상에 살고 있는 전 인류를 의미하게 되었다. 이는 구약성경에서 사람을 개별적 존재가 아니라 하느님이 택하신 민족의 지체로 이해된 것과 같다. 하느님은 당신이 택하신 민족과 계약을 맺으셨고, 그 백성들에게 구원을 약속하셨다. 그 민족과 그 민족에 속한 개인들은 구원약속에 근거하여 역사를 살아간다. 예전에 그리스인들이 추상적 개념으로 이론화했던 내용을 성경의 설화들은 더 분명하게 말해준다. 곧 하느님이 당신의 모습으로 창조한 사람은 본디 공동체와 연결된 사회적 존재다. 창세기 2장 18절에 따르면 사람이 혼자 있는 것은 하느님이 보시기에 좋지 않았다.

　바로 이 때문에 성경이 말하는 사람은 특정한 한 민족이 아니라 절대적으로 전 인류와 결합되어 있고, 인류에 대한 의무를 지닌 존재다. 제2 이사야서에서 이미 밝혀졌던 내용이 신약성경에서 온전히 드러난다. 곧 모든 사람은 예수 그리스도 안에서 하느님의 새 민족으로 부름을 받았고, 이 민족 안에서 모든 사람은 가장 위대한 사랑의 의무에 따라 서로 연대하여 의지한다. 연대성 특히 가난한 사람, 사회적 약자, 불이익을 당하는 사람과 연대하는 것은 구원을 위해 매우 중요한 일이다. 보잘것없는 이웃에게 해 주거나 해 주지 않은 것은 바로 그리스도에게 행한 것과 다름없기 때문이다.[01]

　사람에 대한 그리스도교의 기본 이해는 그리스도교 사회윤리를 되돌아보게 하며 구체적 사회 현실에 적용하도록 요구한다. 물론 그리스도인은 연대성의 의무를 어느 시대에도 쉽게 실천하지 못했다. 이는 바오로가 코린토 1서에서 그 도시에 새로 만들어진 그리스도교 공동체에게 엄격한 어조로 경고한 데에서 증명된다. 사랑을 실천하지 않는 신앙은 죽은 신앙(야고보 2, 14-15)이라는 야고보의 지적과 요한 복음서에 나오는 경고들도 모두 그리스도인들이 연대성의 의무를 실천하지 못했다는 명백한 증거들이다. 최근 몇 백 년 동안에 일어났던 여러 종교전쟁들은 물론이고, 그리스도교 공동체에서조차 강자들이 약자들을 매번 새로운 방법으로 위협하고 착취했던 행위들도 복음 선포자들이 늘 경고했던 이기주의와 연대성 결핍을 보여주는 부담스러

01　마태 25,31-41 최후심판에 대한 예수의 말씀.

운 증거들이다.

앞날에 대한 어두운 전망에서 나오는 이 경고들은 바로 그리스도교에서 말하는 사회적 의무가 얼마나 중요한지 보여주는 징표다. 실제로 그리스도인들은 사회적 의무를 자주 거슬러 행동하거나 잘못을 저질러왔다. 그렇지만 그리스도인들은 그리스도교의 탁월한 정신에 따라 사회적 의무를 늘 아주 진지하게 받아들였다. 오늘날 당연시되는 대부분의 사회제도들은 이런 신앙의 의무에 기초하여 성장했다. 중세 순례자 숙박수도원, 수도회에서 운영하던 구빈원, 장애인의 집, 이자를 많이 주는 은행 등은 어떻게 그리스도교의 의무에서 이런 사회시설들이 생겨났는지 입증한다. 그리스도교의 의무는 이론적으로 대략 일곱 가지 선행으로 정식화되었다. 굶주린 이에게 먹을 것을, 목마른 이에게 마실 것을, 헐벗은 이에게 입을 것을 주고, 갇힌 이를 위로하고, 병든 이를 방문하며, 이방인에게 잠자리를 내어주고, 죽은 자를 묻어주는 일이다. 이 일들은 그리스도인이 마땅히 해야 할 의무였다. 중세에 활동했던 도덕신학자들의 견해에 따라 그리스도인은 선행을 베풀기 위해 수입의 10퍼센트를 무조건 사용해야 했다. 이런 실천들이 시작되면서 개별적 경우에 대해 도움을 주는 단체들이 설립되었고, 사회 전체에도 감명을 주게 되었다.

예전과 같이 그리스도교 신앙심이 현세를 뛰어넘은 저승과 관련되어 있기에 현실에서는 단지 이웃을 돕는 활동에 국한된 것이라고, 이렇게 신앙을 순전히 개인적 차원에서 이해하는 사람들은 다소 실망할 것이다. 예전엔 그런 모습들이 분명 감명을 주긴 했지만, 그 활동들은 온전한 의미에서 "사회적"이라고 여겨질 수 없다. 왜냐하면 그 당시 사람들은 개인과 지역의 경계를 넘어서서 실제 사회구조에 관심을 갖고 더 큰 정의를 지향하여 사회적 변화를 과감하게 캐물어야 하는 글로벌 관점을 가질 수 없었기 때문이다. 근대에 이르러 학문과 기술이 발달하고, 산업과 경제가 지역의 경계를 뛰어넘으면서 비로소 사람들은 사회구조가 고정되어 있지 않다고 여기게 되었다. 사람들은 사회의 발달과 분명하게 결부되어 있는 병폐와 맞닥뜨렸을 때, 또 사회구조가 반드시 개혁되어야 할 때 새로운 사회구조를 이끌어 낼 수 있다고 보기 시작했다.

이런 의식이 퍼지기 시작하면서 그리스도교의 책임의식으로부터 사회윤리가 발생했다. 그리스도교 사회윤리는 처음에 유럽에서 발생하여 북미 영역으로, 오늘날에는 남미 영역으로 더 팽창했으며, 마침내 전 세계와 모든 그리스도교로 확산되고 있다. 물론 그리스 정교회 신학은 최근까지도 사회적 책무를 직접적인 자선 행위에 국한시키고 있으며, 억압적 환경에서 발생하는 사회적·정치적 구조의 문제를 국가에 떠넘기려는 경향이 있다.[02]

이것이 뜻하는 바는, 그리스도교 사회윤리는 본디 복음서의 정신에서 영향 받은 도덕론 가운데 하나지만, 그리스도교 사회윤리를 이해하기 위해서는 반드시 알아야 하는 고유한 역사가 있다는 사실이다. 그 역사에 대한 지식은 단순히 가르치기 위해서가 아니라, 그리스도교 사회윤리를 해석학적으로 이해하는 데 필요하다. 그리스도교 사회윤리의 역사는 사회윤리 신학의 현 상태와 그에 대한 도전을

---

02 J. Prysmont, Zur sozialethischen Problematik in der Orthodoxie, in: Coll. Theol. 56 (1986) 129-139.

비판적으로 이해하는 데 도움을 준다.**03** 그렇더라도 체계적인 사회윤리는 단순히 역사를 회고하는 것으로 만족할 수 없다. 오히려 사람에 대한 그리스도교의 이해를 토대로 시대의 요구와 관련된 자기 고유의 규범론을 체계적으로 발전시켜야 한다. 이 두 가닥에 관해서는 다음에서 살펴볼 것이다.

---

03 Kongregation für das Bildungswesen(Hrsg.), Leitlinien für das Studium und den Unterricht der Soziallehre der Kirche in der Priesterausbildung, Rom 1988. 연속성과 변화에 대해서는 특히 18-28항.

2. 사회윤리
– 사회적 관심사에 대한 역동적 신학

　교황 요한 바오로 2세는 회칙 『사회적 관심』(Sollicitudo rei socialis, 1987년)에서 가톨릭 사회론을 도덕신학의 한 부분으로(41항) 표명했다. 이로써 교황은 가톨릭 사회론이 지난 몇 년 동안 일컬어져 오던 "그리스도교 사회윤리"의 일부라고 분명하게 밝힌 셈이다. "그리스도교 사회윤리"라는 표현은 제2차 바티칸 공의회 이후 점점 많이 사용되고 있다. 그 표현은 신학의 요청에서 빗나가지 않으면서도 가톨릭교회의 외부, 특히 16세기 개혁을 통해 생겨난 교회들이 중요하게 여기는 관점들도 포함할 수 있다. 더 나아가 가톨릭 사회론은 그 자체로 완결된 교리(Doktrin)나 고유한 이념이라기보다는 "개방된 원칙들의 결합"(H.J.발라프)으로 이해된다.

　그런데도 사람들은, 특히 독일어권에서 "가톨릭 사회론"이 여전히 다른 이념들을 배척하면서 자신의 이념을 단일화하고 변화시키지 않으려 한다고 여긴다. 사실 사람들의 관심이 집중되는 역사의 결정적인 시기에, 사람들은 더 큰 공동체를 그 자체로 정당하게 평가하면서 다른 입장이 갖는 차이점을 설명하지 않으려 하고, 심지어 차이를 거짓된 것으로 배척하는 일이 일어났다. 예를 들면, 1960년쯤 교황의 자문위원들이 독일 출신에서 프랑스-로마 출신으로 바뀔 때나, 비오 12세의 뒤를 이어 요한 23세가 즉위할 때, 또 그 이후 라틴아메리카의 해방신학 사상이 굳건히 자리 잡을 때 그러했다. 그러나 사회문제에 참여하는 그리스도인들이 산업화와 관련해서 발생하는 "사회문제"와 씨름하던 역사를 돌이켜보면, 사회윤리의 구상을 완성하려는 노력은 처음부터 매우 다양한 경향을 보였다는 사실을 바로 알 수 있다. 사람들은 복음 정신이 노동자의 빈곤을 수수방관하도록 허용하지 않는다는 사실을 잘 알고 있다. 문화와 정치, 신앙적 조건이 서로 다르면 사회문제에 대해서도 여러 다양한 접근방식을 이끌어낸다. 각 민족과 개인을 특징짓는 이 다양성은 초창기 사회윤리 사상이 발전하는 데에 큰 역할을 했다.

1891년 교황 레오 13세가 회칙 『새로운 사태』(Rerum Novarum)를 발표한 이후 교황이 사회문제에 참여하면서 서로 충돌하는 여러 경향들을 일정한 방향으로 일치시킬 수 있었다. 가톨릭 신학 안에서만 다양한 이념과 경향들이 결합될 수 있었다는 점은 하나의 독특성이다. 바로 이 점에서 "론論(Lehre)"이 언급될 수 있다. "론"이라는 용어는 1891년 이후 수십 년 동안 여러 회칙들이 서로 다른 중점을 다루었음에도, 그 안에서 가톨릭교회의 외부에서 이끌어진 일치점도 보장할 수 있게 했다. 여기서 라틴어 "doctrina"(독트린)가 "Lehre"(이론)보다는 "가르침"(Unterweisung)의 의미에 더 가깝다는 점을 결코 간과해서는 안 된다. 이 때문에 doctrina는 이태리어로 "가르침(insegnamento)"

이라고 올바르게 옮겨진다.

　오늘날 그리스도교 사회윤리의 사상적 경향과 작용방식을 이해하려면 사회윤리가 뿌리를 두고 있는 신학과 교회의 사상사, 특히 19세기의 사상을 반드시 알아야 한다. 신학과 교회의 사상사에서 이전 몇 세기 동안에 일어난 발전과 논쟁은 지금도 상당한 영향을 미치고 있다. 현대의 사회문제를 낳은 초기 산업 시대는 엄밀한 의미에서 사회윤리를 말할 수 있고 가톨릭교회에서 사회론이 생겨났다고 말할 수 있는 매우 중요하고 결정적인 시기다.

3. 개요와 중점

어느 시대에서나 그리스도인들은 그들이 활동한 시대에서 발생한 사회문제들을 꼼꼼히 검토했지만, 사회 구조적 문제들을 늘 같은 방식으로 인식하지는 못했다. 그 때문에 그리스도교 사회윤리는 맨 먼저 자신의 분야에서 의식이 발전한 과정을 가장 중요한 단계와 사조에 따라 파악해야 했다. 이때부터 사회 윤리적 책무에 대한 신학적 성찰이 비판적 방법으로 이루어졌고, 그리스도교 사회윤리는 신학으로서의 학문적 정당성을 지니게 되었다. 윤리적 책무에 대한 신학적 성찰은 신학이 근본적으로 요구하는 것이기 때문이다. 이 신학적 요구는 철학적 근거를 가지며, 그 때문에 신앙 공동체를 넘어서는 것으로 이해될 수 있다.

철학적 근거의 핵심은 일반적으로 쉽게 접할 수 있는 사람에 대한 이해다. 인간관은 성경의 복음과 완전히 일치하는 동시에 일반적인 견해로 볼 때도 매우 중요하다. 사람은 그의 고유한 본성 안에서 완성된다. 곧, 사회 안에서만 인격적으로 발전할 수 있는 사람의 본성,

또는 인격적 개인이 바로 사회적이라는 사람의 고유한 본성이다. 여기에서 사회적 차원은 두 가지 뜻을 갖는다. 첫 번째 뜻은 사람들끼리 직접적인 관계를 맺는 공동체이며, 두 번째 뜻은 개별 국가의 공동체를 넘어 인류 전체를 포괄하는 의미에서의 사회 구조적인 맥락이다. 후자가 바로 사회윤리가 다루어야 할 대상이다.

사회구조의 맥락은 한편으로 윤리적으로 만들어질 수 있는 것이며, 다른 한편으로는 지금 여기에 이미 주어져 있는 사회가 더 폭넓게 만들어지는 데에 영향을 미친다. 이 때문에 더 큰 인류를 목표로 하는 사회윤리는 창조에 대한 책임을 정확히 해석하여 규범적으로 영향을 주려고 하기 전에, 각 사회의 특수성과 그 사회를 성립시키는 특수한 요소들을 오늘날의 사회 모습에서 전반적으로 인식해야 한다. 사회윤리는 신학적 선입견에 근거를 두어서는 결코 안 되며, 구체적으로 주어진 현실을 늘 함께 고려해야 한다.

그리스도교 사회윤리는 확실한 정보를 통해서만 행동 규범을 확립할 수 있고, 그 규범이 구체적으로 어떻게 적용될 수 있는지를 정확하게 파악해야 한다. 이때 그리스도교 사회윤리는 신학적인 윤리적 성찰만을 중요하게 다루어서는 안 된다. 오히려 그리스도교 사회윤리는 다른 인문학과 한 팀을 이루어, 자신의 윤리와 "교차점"을 이루는 그들의 기능적 지식들을 샅샅이 찾아내야 한다. 그 다음에 그리스도교가 본디 가지고 있는 동기에 따라, 점차 더 큰 범위의 인류를 위해 사회를 개선할 수 있는 가능성과 숨겨진 불의를 "비판적이고 고무적으로" 탐구해야 한다. 이때 그리스도교 사회윤리는 세속적 현실의 독자성과 인식을 사회과학을 통해 지식으로 받아들이고 존중해야 한다. 동시에 신학적, 철학적으로 성찰하는 그리스도교 사회윤리는 최종 목표와 그 목표에서 생겨나는 가치들을 참작하여 가치 판단의 영역에 동참해야 하며 이러한 자신의 책무도 알려야 한다.

이와 같이 개별 문제와 관련되는 구체적이고 규범적인 것보다 근본적인 문제를 늘 먼저 깊이 생각해야 한다. 개별적이고 구체적인 문제들은 시대에 따라 매우 다양하게 나타난다. 오늘날 경제윤리는 국가 차원이나 지구적 차원에서 긴급하게 다루어야 할 중요한 문제이다. 갈등과 관련된 문제를 연구하여 그로부터 파생되는 결과를 다루는 평화윤리의 문제도 마찬가지다. 환경윤리와 생명윤리에서 제기되는 문제들은 이후에 일어날 수 있는 결과들에 대해 윤리학자들이 특별한 관심을 가질 것을 요청한다. 이와 더불어 권력의 정의로운 분배에 관한 문제를 다루는 정치윤리와 현대 의사소통수단의 능력을 검토해야 하는 정보윤리가 대두된다. 정보윤리는 개인의 사생활을 보호하는 일, 곧 컴퓨터 자료에 대해 비밀을 보장하는 문제를 비롯해 무제한적인 정보 유출에 대해 비판하는 일을 다룬다.

사회의 개별적 문제는 그 문제에 전문성을 가진 개별 연구에 의해서만 다룰 수 있다. 그리스도교 사회윤리에 대한 일반 입문서는 구체적인 개별적 문제들을 본보기쯤으로만 설명하고, 각 문제를 성찰하고 극복하는 초보적인 방법만을 제시한다. 개괄적 설명은 그 문제들에 대해 더 깊게 생각할 수 있는 기초적 가르침과 원동력을 줄 수 있다.[04] 다음 장에서는 그리스도교 사회윤리를 보다 자세하게 설명하

---

04 간략한 핵심요약은 다음을 참조하라. F.Furger, *Ethik der Lebensbereiche*, Freiburg/Br. 21988, 199-249.

고, 아울러 구체적인 윤리적 담론의 전제인 사회윤리의 기본입장을 설명하고자 한다. 이것은 방법론적으로 까다로우면서도 신학적 책임을 지닌 절차 방식에 따르는 과제다.

II.
사회윤리
– 신학의 도전

1. 예수 복음의 요청

앞에서 말한 바와 같이, 사도의 경고, 이른바 "권고"는 이미 사회윤리의 요소를 상당 부분 품고 있었다. 모든 사람과 모든 민족을 포괄하는 복음의 보편적 요청과 이미 시작되었지만 종말에 가서야 완성될 하느님 나라, 사람들이 함께 만들어가야 하는 그 나라에 대한 복음은 사회윤리적 의무에 동기를 부여한다. 이 동기는 예수가 자신을 따르는 척도로 제시한 이웃사랑이라는 핵심 계명에 매우 중요하게 작용한다. 왜냐하면 이 계명은 인간적인 제반 한계와 차이를 넘어서서 모든 사람을 똑같이 끌어안기 때문이다. 모든 사람은 출신, 신분, 인종, 성, 심지어는 모든 종류의 적대감과 무관하게 하느님의 모상인 피조물이고 예수 그리스도 안에서 서로 형제처럼 결합되어 있다.

이웃사랑의 계명을 특징짓는 모든 사람의 근본적인 동등성과 함께 제약될 수 없는 보편성은 국가와 사회가 사람들을 구분하고 배제하는 모든 현상을 약화시킨다. 동시에 그 두 가지 특성은 필연적으로 사회 비판적 능력을 최소한 잠재적으로라도 부여한다. 사회 비판적 능력은 이웃사랑에 대한 예수의 복음을 훨씬 더 분명하게 드러내는데, 그 이유는 예수의 복음이 종말의 완성에 대한 약속 안에서 이해되기 때문이다. 황제의 것은 황제에게 충성스럽게 돌려줘야 하고(마르코 12,17), 심지어 황제를 존중해야(티모 2,1-3, 3,1-8) 하는 것처럼, 세상의 관심사를 소홀하게 보아 넘겨서는 안 된다. 그럼에도 세상의 정치적 권위는 결코 궁극적 의미를 갖지 못한다. 하느님에게 돌려드려야 할 하느님의 것이 황제에게 돌아가야 하는 것보다 훨씬 더 많기 때문이다. 국가권력이 희생을 요구하고 스스로 절대자가 되고자 할 때, 그리스도인들은 하느님을 경외하는 의미에서 국가에 대한 충성을 가차 없이 멈출 것이다. 이는 순교자들이 피로써 증거 한 바와 같다.

전체주의 국가 이데올로기가 그리스도교에 대해 늘 의혹의 눈초리로 바라보는 것처럼, 그리스도교 신앙은 사회를 비판하는 동기를 품고 있다. 이 동기는 비판하는 데에서 만족될 수 없다.

오히려 모든 사람의 근본적인 동등성을 실현시키기 위한 적극적인 참여로 이어져야 하며, 형제애의 정신 안에서 사회를 이끌어가기 위한 고유한 활동들로 전개되어야 한다. 신앙인들이 평등하게 지내지 못한 코린토 공동체에게 바오로가 한 훈계(1코린 11)나, 도망친 노예 오네시모를 해방시키고자 필레몬에게 보낸 바오로의 서간은 노예제도의 실행에 대한 신앙적인 제약을 보여준다. 이것은 그 당시엔 사회 비판적 경향이 전혀 전개되지 않았다는 사실을 말해준다. 예수의 복음이 사회 정치적 폭발력을 가졌음에도 불구하고, 바오로의 견해는 사회적 맥락에서보다는 우선적으로 공동체 안에서 영향력을 발휘했다. 말하자면, 예전에 이방인들과 유대인들이 한 공동체에서 함께 생활할 수 있도록 보장하거나, 노예나 구제책이 없는 가난한 사람들을 차별하지 않고 예배와 사랑의 봉사 안으로 통합시키는 효과가 있었다.[01]

이 작은 교회 공동체들은 사회적 차원에서 어떤 현상을 일으키거나 영향을 끼치지 못했다. 그들을 박해하는 로마에 대한 그들의 충성심은 놀라울 정도였다. 그들은 제국에 바치는 세금을 거부하지 않았고, 도망친 노예를 그 주인에게 다시 돌려보냈다. 사회를 만들어 나가는 잠재력을 가진 그리스도교 신앙의 특징은 공동체라는 일차 집단에 국한되었다. 박해받던 작은 교회들의 힘이 아직은 넓게 미치지 못했다.

---

01 사도의 역사에는 이와 관련한 수많은 갈등이 있었다. 이 갈등들은 마침내 이른바 사도회의(사도 15,1-35)에서 조정되었다. 이 예는 코린토 1서 11,17-34에 쓰인 바오로의 훈계에도 나타난다.

2. 인도적 발의와 초기 제도들

312년 콘스탄티누스 황제가 그리스도교를 공식적으로 인정했지만, 그리스도교 활동은 근본적으로 변하지 않았다. 그리스도인들은 비인간적인 검투사 시합을 폐지시키거나, 노예제도를 약화시키거나, 노예들의 석방을 촉구하거나, 또는 자선적인 사랑의 활동을 좀 더 폭넓게 확장하는 등 개별적인 차원에서 인도적 개선을 위한 활동에 전력투구했다. 사회제도를 구축한다거나 구조적 변화를 위한 일에는 참여하지 않았다. 그 당시 세상의 질서로부터 거리를 둔 수도회 운동만이 제도를 비판하는 계기를 제공했는데, 이는 예외적으로 그리고 엄밀한 의미에서 사회적이라고 할 만한 비판을 강화시킬 수 있었다. 예를 들면, 콘스탄티노플의 주교 요한 크리소스토무스(Johannes Chrysostomus, 407년 선종)는 궁전이 사치스럽다고 비판했다. 물론 그는 403년 추방형을 받고 자신이 행했던 비판을 속죄해야만 했다.[02]

---

02 Ch. Baur, Der Heilige Johannes Chrysostomos und seine Zeit, 2 Bd., München 1929-30.

이 사실은 그리스도교 사회윤리 차원의 일이 얼마나 만만치 않은가를 이미 예고해준 것이라고 할 수 있다.

사회비판의 영향력이 명확하고 광범위하게 미치게 된 것은 중세에 들어서다. 여기에는 세 가지 중요한 계기가 있었다. 하나는 교회와 세속 권력자들에 대한 비판이다. 이 비판은 알비파와 카타리파, 그리고 이른바 걸식수도회 내지는 탁발수도회에 의해 시작되었다. 그 수도회들의 가난운동은 특별히 아시시의 프란치스코 활동의 결과로 사회비판을 폭넓게 불러일으키는 물꼬를 텄다. 이 운동은 교회와 사회에 받아들여졌고, 정의와 사람됨을 고려한 제도 개선을 어느 정도 성취할 수 있었다. 이에 대한 예로, 이탈리아의 여러 도시에서 죽은 자와 병자들에게 봉사하던 수도회들이 빈궁한 사람들의 기본욕구를 채워주기 시작했으며, 고리대금업에 반대하여 프란치스코 수사인 펠트레 출신의 베르나르도(Bernhardin von Feltre, 1494년 선종)가 공설 전당포 제도를 도입하고 촉구했다는 것이다. 또 다른 하나의 계기는 앞 장에서 말한 현세에서의 일곱 가지 자비로운 선행에 대한 윤리론이다. 이 윤리론은 사회제도들을 구축하는 토대가 되었으며, 본디 사회윤리라고 할 만한 경향들을 보여주었다. 마지막 세 번째 계기는 정치적 차원에서 제기된 전제군주 암살에 대한 이론이다. 이 이론은 정당방위라는 의미에서 옳지 못한 권력 행사에 대항하는 투쟁을 허가할 뿐만이 아니라, 심지어 경우에 따라서는 그런 투쟁을 명령하기도 했다. 물론 이런 경향들은 아직 체계적으로 완성된 이론으로 이어지지 못했다.

이 정치적 이론은 오히려 16세기와 17세기에 일어났던 민족들

의 권리 내지는 자연법에 근거한 보편적 인권에 대한 숙고에 해당
된다. 이와 관련해 앵글로색슨 영역에서, 특히 17세기 이른바 "명예
혁명"(glorious revolution)이 진행되는 동안, 국왕에 대항하여 귀족과
시민의 자유권과 정치권이 촉구되었다는 사실이 중요하다. 이 권리
들은 13세기 "대헌장"(Magna charta libertatum)을 근거로 요구되었다.
16세기 스페인에서는 모든 민족들의 권리를 옹호하는 신학자들이 있
었다. 이들은 새로 발견된 아메리카 인디언들을 위해, 어떤 실정법
과도 무관하게 인권을 조건 없이 존중해야 한다고 촉구했다. 물론 이
이론들도 그리스도교 사회윤리를 성숙시키지는 못했다. 궁전에 사는
특권을 가진 권력자들의 정치적 술책과 그 이후 프랑스 혁명이 초래
한 고대 성직제도의 변화는 오히려 교회 안에서 제기되는 사회윤리적
경향들을 거의 완벽하게 무효화시켰다. 그리스도인들은 대부분 구체
적 활동, 특히 계몽주의의 정치적, 정신적 발단을 구조적으로 비판
하는 이론 활동들을 통해 사회를 함께 만들어 나가는 대신 자선적 구
제를 위한 관용적 실천에 머물렀다. 물론 이 관용적 실천은 놀랄만한
일을 자주 해내곤 했다. 그렇더라도 이런 실천은 정신적·정치적 관심
사를 거부함으로써 사회와 정치를 개혁할 수 있는 아주 좋은 현세적
인 기회를 복음의 정신으로 이용하지 못했다.

3. 늦어진 출발

사람들에게 서로에 대한 책임을 호소하고, 그것을 단지 세속적인 자비심에 의한 선행으로 공표하는 방식으로는 점차 복잡해져 가는 사회에서 더 이상 공동선을 만족스럽게 보장하지 못한다. 이 사실은 이미 근세 초기에, 특히 16세기에 스페인 항해사들이 신대륙을 발견했을 때 분명해졌다. 재단들과 수도회들이 공익을 위해 세웠던 기관들 외에도 법을 제정하고 재판에서 사람됨을 보장할 수 있는 규범론이 필요해졌다.

이런 방향에서의 선구적 작업은 앞서 언급한 영국에서의 법 발전이다. 영국의 법은 13세기 초부터 계속 실용적 발전과정을 거쳐 과세부담과 관련하여 법정에서 법적으로 보호받을 권리를 굳혔다. 이렇게 사람들은 권력을 가진 왕권을 권위적인 통치권으로 보기보다는 공동선에 봉사하는 기능으로 이해하기 시작했다. 1215년 "대헌장"을 통해 받아들여지기 시작한 요구들은 1689년 오라니엔 지방 빌헬름 3세의 "권리장전"을 보장하는 것으로 확실하게 마무리되었다. 이 과정에는 우여곡절이 많았다. 하인리히 8세와 엘리자베스 1세가 전체주의적 권력을 휘둘렀고, 1649년엔 카알 1세가 그 당시에 전례가 없었던 사형을 받게 되었다. 그러나 이런 실제적인 정치적 발전보다 더 의미심장한 것은 이와 나란히 진행된 이론적 성찰일 것이다. 특히 토마스 홉스(T. Hobbs, 1679 선종)와 존 로크(J. Locke, 1704 선종)의 사회 계약설은 이런 이론적 성찰을 잘 보여주고 있다. 이 철학자들에 따르면 국가는 정의를 보장하기 위한 인도적 견지에서 건립된 것으로 볼 수 있다. 국가 안에서 인도적 질서를 통해 모든 민족의 공통된 기본권은 보장된다. 국가가 기본적으로 사람과 공동선에 봉사한다는 통찰은 사회윤리적 중요성을 강력하게 견지한다.[03]

앞에서 언급한 스페인의 만민법 옹호자들이 스콜라 자연법의 새로운 사상에 힘입어, 비록 짧은 기간이기는 했지만, 만민법 사상을 스페인 제국의 법질서로 도입하는 데 성공했고,[04] 정치적으로 상당한 효과를 거두었다. 앵글로색슨 영역에서는 실천과 이론 두 방면에서 동시적으로 더욱 크게 작용했다. 네덜란드인 위고 그로티우스(Hugo De Groot, 1645년 선종)는 자연법과 만민법에 대해 여러 책을 썼으며, 모국으로부터 독립을 선언한 아메리카 국가들이 법적 토대로 삼은 첫 인권선언이 1776년에 공표되었다.

아메리카 국가들의 독립 선언서는 실제 경험과 이론적 성찰을 통

---

03 J. Rawls, Eine Theorie der Gerechtigkeit, Frankfurt 1975; O. Höffe, Politische Gerechtigkeit, Frankfurt 1987.

04 인디언들을 보호하기 위해 1542년 시행되었던 이른바 "새로운 법"(Leyes nuevas)은 "스페인의 이해관계에 해가 되는 것으로" 파악되어 5년 만에 폐지되었다. J. Höffner, Kolonialismus und Evangelium, Trier 21969; 이 책의 VI장 3.2단락 참조.

해 작성되었으며, 윤리적 책임을 지닌 사회에 대해 구상한 것이다. 선언서를 기초한 조지 메이슨(G. Mason, 1792년 선종)과 토마스 제퍼슨(T. Jefferson, 1826년 선종)이 자신감을 가지고 그리스도교 신앙에 대한 확신으로 그 구상을 옹호했다. 때문에 그 사회구상에서 드러난 조항들은 실제 그리스도교 사회윤리의 초기 문헌들에 표현되었을 것이다. 그 구상은 미국 그리스도인들 사이의 종교적 차이를 함축한 것으로 또는 그와 무관한 것으로 체험되었다. 그렇지만 이런 평가는 가톨릭교회의 도덕신학 영역에서는 전혀 인정되지 않았다. 그 이유는 16세기에 교회가 분열된 이후로 가톨릭 세계가 앵글로색슨의 발전으로부터 전혀 영향을 받지 못했다는 사실에 있다기보다는, 오히려 인권사상이 1789년 프랑스 혁명에 수용되는 반전에 있었다.

그 당시 혁명의 압력에 의해 소집된 국민의회에서 성직자 대표들은 종교의 자유를 포함한 인권사상을 외면하지 않았다.**05** 국민의회는 1790년 전문에 인권을 명시한 헌법을 제정했는데, 이 헌법은 교회의 자유를 박탈했고 성직자들은 이 헌법에 선서하도록 강요받았다. 선서하지 않은 성직자들은 합법적인 박해를 받았고, 교회와 국가의 관계는 끊어졌다. 이런 과격한 현상은 결코 인권사상에서가 아니라, 고대 갈리카니즘(Gallikanismus: 교황의 수위권을 크게 제한하는 프랑스의 권

---

05 하인리히 4세가 1598년 공표한 낭트칙령(신교에게 자유를 인정한 칙령, 역주)을 1685년 루드비히 14세가 폐지했다. 그럼에도 낭트칙령의 전통은 여전히 암묵적으로 남아 있었다. 어찌 되었든 그 칙령의 폐지는 경제적으로 부정적 결과들을 초래했는데, 그 결과들은 성직자들이 종교의 자유를 외면할 수 없게 하는 결정적 역할을 했다. R. Aubert, Die katholische Kirche und die Revolution in: Hdb. der Kirchengeschichte VI, 1, Freiburg/Br. 1971. 3-104; F. Furger/ C. Strobel-Nepple, Menschenrechte und Katholischen Soziallehre, Freiburg/ Schweiz 1985.

리, 역주)에서 유래된 것이었다. 이 현상은 신앙인이 인권, 특히 종교 자유에 대한 기대를 잃어버리게 만들었고, 교황 그레고리오 16세와 비오 9세가 교회에 대한 그 모진 유죄판결을 "오류이며 불합리"[06]한 것으로 규정하는 계기가 되었다.

이로 인해 교회는 자신을 거부하는 상황에서 어느 정도 이해를 얻을 수 있었다. 하지만 결국 세상이 교회를 거부하는 것은 그리스도교의 원천에 근거한 윤리적 발전에서 교회의 판단이 사안에 따라 옳지 않기 때문이라고 알려지게 되었다. 뿐만 아니라, 교회는 현대화되어 가는 세계에 사회윤리적 권한을 가지고 개입할 수 있는 가능성을 잃었다. 교황 요한 바오로 2세가 1980년 프랑스를 방문했을 때 프랑스 혁명의 슬로건인 "자유, 평등, 형제애"를 너무나 당연하게 그리스도교 사상의 근본정신이라고 말했지만, 1948년 유엔에서 인권선언을 완성할 때조차도 교회는 참석하지 않았다. 물론 그 준비과정에 개별적으로 초대된 두 명의 그리스도인, 마리탱(J. Maritain, 1973년 선종)과 떼이야르 드 샤르댕(P. Teilhard de Chardin, 1955년 선종)이 협조하는 것은 허용되었다. 가톨릭교회에서 인권은 1963년 요한 23세의 회칙 『지상의 평화』를 거쳐 제2차 바티칸 공의회에서 처음으로 공식 인정을 받았다. 반면에 "전통적으로 인권과 거리를 두었던 독일과 앵글로색슨 이외 지역의 프로테스탄트 교회는"[07] 1950년대에 이미 그 벽을 허물기 시작했다.

---

06 1832년 교황 그레고리오 16세의 회칙 『미라리 보스』(Mirari vos)와 1864년 비오 9세가 동시대의 오류를 적은 "실라부스"(Syllabus)에서 인권에 대해 유죄판결을 내렸다.

07 W. Huber, H.E. Tödt, Menschenrechte, Stuttgart 1977. 45-55.

물론 이 모든 일련의 사건들은 단순히 교회가 사회윤리적 책임에서 물러섰음을 의미하지 않는다. 반대로, 1945년 전쟁에서 패망한 이후 독일 연방공화국이 수립되면서 가톨릭 사회론은 정치적으로 실질적인 영향을 뚜렷하게 미쳤고, 여러 단체들의 수많은 활동, 노동사제들, 자체 기관 설립 등을 통해 발전했다. 그러나 이 활동들은 대부분 감동스러운 자선적 구제 활동을 넘어서지 못했으며, 사회구조를 만들어나가는 데 중요한 것도 아니었다. 그리스도교 사회윤리적 참여는 대부분 변죽만 울리는 데 머물렀다. 교회가 현대사회를 함께 만들어나갈 수 있는 가능성은 인권에 입각한 법적 토대가 만들어진 때부터 족히 150여 년간 전혀 없었다.

그러나 초기 산업화 시기에 산업화와 함께 심화되던 산업 노동자의 빈곤은 새로운 자극을 주었다. 곧 사회문제를 제기하고, 앞서 토대를 닦은 사회윤리의 능력을 어느 정도 드높일 수 있게 했다. 그때부터 사람들은 새로운 문제들에 관심을 갖게 되었고 그 문제들을 복음의 뜻 안에서 깊이 생각했다. 또한 그리스도교의 책무와 통찰을 근거로 사회와 국가를 만들어 나가는 일에 대한 새로운 요구들이 뚜렷하게 나타났다. 바로 이로부터 오늘날 현대 그리스도교 사회윤리가 본격적으로 시작되었다. 이제 현대 그리스도교 사회윤리의 발단을 좀 더 면밀히 살펴봐야겠다. 여기에서 무엇보다도 중요한 점은 그리스도교 사회윤리가 처한 그 문화적 환경 안에서 살펴보아야 한다는 것이다.

4. 19세기 사회문화적 환경 - 개요

    그리스도인들은 사회문제에 참여할 때 결코 구체적인 역사의 장을 벗어나지 않는다. 그리스도교다운 것은 세상과 동떨어진 종교적이거나 순전히 저승만을 지향하는 것이 아니다. 오히려 그리스도인들은 각 사회문화적 맥락으로 끊임없이 녹아 스며들어야 한다. 사회윤리의 도전은 사회문화적 맥락을 받침대로 삼아 신앙의 뜻 안에서 일깨워지고, 그 안에서 구체적으로 입증되어야 한다. 기술발전의 결과가 매우 빠른 속도로 전 지구적 범위에 미치는 현대사회에서 정신사적·문화적·신앙적 차이들이 사회문제의 논쟁거리가 되지 못하지만, 그 차이들은 오늘날에도 여전히 분명하게 느껴진다.[08] 19세기 사회문제에 몰두하기 시작할 시기엔 그 차이들은 훨씬 더 심했다. 사회윤리의 더 폭넓은 발전을 이해하기 위해 최소한 지적되어야 할 다음의 결정

---

[08] 이 차이는 강력한 해방신학운동 및 제3세계 신학자들의 다양한 회의들(EATWOD)이 보여주는데, 아시아, 아프리카, 라틴아메리카 지역에서 온 대표자들이 제안들을 어떻게 결정하느냐에 따라 그 차이들은 현저하게 나타난다.

적 상황들은 그 차이들을 뚜렷하게 보여준다.

먼저 독일제국에서는 가톨릭 신자들이 비스마르크에 의해서 시작된 문화투쟁의 가혹한 조치에 맞섰다는 사실은 다른 사안들을 바로 추측할 수 있게 한다. 곧 프로테스탄트의 지역 교회들은 국가와 긴밀하게 관련되어 있었기 때문에 사회 비판적 활동을 전개하기가 매우 어려웠으며. 그래서 사회문제에 맞서는 초기 활동들이 자유교회 영역에서 일어났다는 점이다. 자유교회의 초기 활동에 뿌리를 두고 있는 "종교 사회주의"적인 교회의 다양한 비판 운동은 하나로 통일된 독일에서 가톨릭의 경향과는 다른 특징을 가졌다. 왜냐하면 문화투쟁이 가톨릭 제도교회를 위협하면서 신자들이 이른바 "가톨릭주의" (가톨릭 신자들 사이의 분열을 조장하는 비스마르크의 정책에 반대하여 신자들이 더욱 단결해서 대항하던 운동, 역주)를 위해 뭉치도록 했기 때문이다. 이 운동으로 가톨릭 영역은 손쉽게 정치적으로 중요한 힘을 행사할 수 있었던 반면, 프로테스탄트 영역은 오히려 개별적으로 반응하는 여러 중심부를 두고 있었다.

이탈리아에서는 사보이 왕가 아래에서 민족통일 운동이 두 단계로, 1850년과 1871년에 진행되었다. 이 흐름은 그리스도교 국가를 폐지시켰다. 이 정치적 결과에 대한 교황들의 반응은 가톨릭 신자들이 새로운 국가 건설에 정치적으로 멀리 떨어져 있도록 지시한 것이다. 이 지시는 "선거하지도 말고, 선택되지도 않을 것(Ne eletti, ne elettori)"이 요구되는 분열을 일으켰고, 이 분열은 교황 비오 9세와 레오 13세의 "저울질하지 말라"(Non expendi)[09]는 슬로건 아래 첨예화되었다. 이 분열은 비오 10세와 베네딕토 15세(1905년과 1919년) 때에야 비로소 완화되었다. 역사적으로 보았을 때 정치적 상황은 비슷했지만, 이렇게 독일과 이탈리아의 가톨릭 신자들은 대조되는 반응을 보였다. 한편에서는 정치적 사회참여를 불러왔고, 다른 한편에서는 정치 참여가 금지되었다. 덧붙이자면, 다른 그리스도교 교회에서는 사회 정치적 참여 단체들이 전혀 없었기 때문에 참여 활동은 공식적으로 가톨릭교회의 그늘 아래에 있던 주변 그룹으로 제한되었다.

이 밖에도 사회문제에 대한 가톨릭의 문제의식과 관련하여 아주 일반적인 다음의 사실을 지나쳐서는 안 된다. 곧 유럽에서 전통적으로 가톨릭 지역이었던 곳은 산업화가 늦어졌기 때문에 사회문제에 대한 본격적인 문제의식이 대체로 19세기 후반에 이르러서야 발전될 수 있다는 점이다. 프랑스 혁명 이후에 사회가 계몽되고 발전하면서 비로소 출신과 사회적 신분 때문에 어려움을 갖게 된 사람들 사이에서 노동자의 사회적 곤궁함에 대한 염려가 생겨났다. 사회문제를 앞장서서 해결하려는 귀족들은 눈에 띌 정도로 몇 명 되지 않았다. 이런 점에서 제안된 조치들이 무엇보다도 예전과 같이 자선적이고 가부장적이었고, 새로운 사회구조의 형성을 목적으로 하는 개혁이 전혀 일어나지 않았다는 점은 그리 놀랍지 않다. 근본적인 변화는 아직 인식되지 않았다. 사람들은 예전의, 겉보기에 더 좋은 시절로 눈길을 돌렸으며, 윤리적으로는 보수적이었다. 1891년 교황의 첫 번째 사회

---

09 이는 가톨릭 신자들이 "선거인"(elettori)이 되거나, "선발되는"(Eletti) 것은 유익하지 않다는 뜻이다.

회칙 『새로운 사태』는 그 자체로 변화의 시작이었고, 이 변화는 일반적인 실천 경향을 아주 천천히 극복해 나갔다. 이와 반대로 프로테스탄트 영역에서는 새로운 혁명적 사상이라기보다는 자유교회의 특성을 더 많이 가진 경향들이 널리 퍼졌고, "종교 사회주의"는 마르크스주의 사상을 접하는 데 불안해하지 않았다.[10]

가톨릭 영역에서도 산업화와 관련하여 뚜렷한 비동시성이 확인된다. 1830년 프로테스탄트 국가인 네덜란드에서 가톨릭 지역이 분리되어 건립된 벨기에가 유럽에서 낙후된 산업지역으로 구분되었다. 반면, 지중해 남부는 제2차 세계대전 이후, 그러니까 20세기 후반에 이르러서야 산업화의 소용돌이에 완전히 휩쓸리게 된다. 이와 함께 계속되는 정치적 혁명과 프랑스의 세속주의 운동은 교회들이 일치하여 행동하는 것을 어렵게 했다. 세속주의는 교회를 비공식 기관으로 몰아대면서 가톨릭 신자들이 제도적으로 행동하는 것을 대대적으로 방해했다. 다른 국가들에서는 초기 파시즘과 국가사회주의가 순종하지 않는 비판적 주장들과 활동들을 전체주의 방식으로 방해한 반면, 프랑스에서는 교회의 사목적 개입이 확장되었다.

이 밖에도 민주적인 다당제 통치체제를 갖춘 국가를 주목할 필요가 있다. 이런 국가는 직접적인 영향력을 미칠 수는 있지만, 다원주의적 세계관을 지닌 환경 때문에 자신의 목적과 이상을 늘 절충하는 형태로 입법권의 질서에 의해 실현할 수밖에 없다. 이런 환경에서는 종교의 일치된 협력이 명백히 요구되지만 오랜 종교 대립 때문에

---

10 A. Pfeiffer(Hrsg.), Religiöse Sozialisten, Olten-Freiburg/ Br. 1976.

매우 더뎌진다. 심지어 스위스에서처럼 사람들이 사회적 곤궁에 대해 염려하고 있음에도 불구하고, 당 정치가 대립적으로 결성됨으로써 또 다른 파멸을 자초하기도 한다. 결국 정치적 상황이 마치 공산주의 정치처럼 교회와 신학적 성찰을 완전히 매장시킨다면, 그리스도인들의 사회윤리적 숙고는 사라지지는 않겠지만, 사회윤리적 행동 방식과 중점은 분명하게 바뀔 것이다. 폴란드와 멕시코, 칠레에서 현재 진행되는 예들은 이 점을 너무나 분명하게 입증해준다. 요약하자면, 사회윤리적 책임의식은 문화적, 역사적 상황에 따라 다양한 내용과 방법을 가진 행동으로 표출된다는 것이다. 이 다양성이 단일한 특성을 가진 윤리신학의 도그마 안에 묶이기는 매우 어렵다.

이 말은 무엇보다도 이미 주어진 구체적인 각 사회문제들과 씨름하는 일에서 유효하다. 더 나아가 등급이 다른 교회 문헌들을 작성하는 데에도 타당하다. 교회 문헌들은 보편타당성을 지향하기는 하지만, 각 문헌의 저자나 최종 작성자의 사회문화적 배경과 성향은 그들 문서에 반드시 나타난다. 아울러 존재 그 자체로 통일되어 있는 보편 교회의 문헌들과 입장들이 읽히고 받아들여지는 방법에도 적용된다.

앞에서 말한 내용은 신앙고백이 다른 교회들에서 나오는 문헌들을 이해하는 데에도 특히 유효하지만, 가톨릭 영역에도 해당된다. 왜냐하면 개별 주교나 교황도 그런 근본 경향에서 벗어나지 않기 때문이다. 예를 들자면, 로마 귀족의 성향을 가진 유제니오 파첼리 (Eugenio Pacelli, 비오 12세), 북이탈리아의 진보적인 몬티니 가문에서 출생한 바오로 6세, 그리고 폴란드 출신인 요한 바오로 2세는 각기 다른 시각을 갖고 있었다. 사람들은 신앙적 확신에서 나온 기본원리들

을 통해 예수의 복음을 우리 시대의 사회현실에 구체적으로 적용시켜
야 한다는 관점에는 일치한다. 그럼에도 다양한 문화적 조건을 총괄
해 보면, 가톨릭 사회론 안에도 어두운 그림자가 드리워져 있다는 사
실이 그리 놀랍지 않다.

기타 참고문헌

A. Auber, Die katholische Kirche und die Revolution, Handbuch der
　　Kirchengeschichte VI/1, Freiburg 1971, 3-104.

F. Furger, Politische Theologie erst heute? Freiburg/ Schweiz 1972.

F. Furger, Weltgestaltung aus Glauben, Münster 1989, Teil III.

D. Hollenbach, Justice, Peace and Human Rights, New York 1988.

H. Maier, Revolution und Kirche, München ²1988.

III.
그리스도교
사회윤리 이론들

1. 가톨릭 사회론
– 여러 발전 단계들과 역사적 다양성을 지닌 하나의 길

1-1. 1891년 이전의 경향

앞에서 개괄한 19세기의 사회문화적 상황에서 태동한 가톨릭 사회론의 초기 경향들은 교회 교도권과 결속하지 못했고, 일관된 구조를 보여줄 수 없었다. 가톨릭 사회론의 사상이 늘 뒤늦게야 작용했기 때문에 사회윤리는 맨 먼저 이런 상황에 해석학적 관점으로 주의를 기울여야 했다.

영국의 초기 산업화 시기를 돌아볼 때, 무산계급으로 전락한 사람들, 특별히 아일랜드 출생의 가톨릭 신자들 사이에서 "사회문제"에 대해 주목할 만한 감수성이 증가했다는 사실은 놀라운 일이 아니다. 영국 국교에서 가톨릭으로 개종하여 이후에 런던의 대주교가 된 매닝 추기경(H. E. Manning, 1892년 선종)은 빈민 지역에 사는 노동자들에 대한 선교 활동과 알콜 중독과의 투쟁에 특별한 업적을 남겼다. 타협할 줄 모르는 교황의 무오류성주의자였던 매닝 추기경은 제1차 바티칸 공의회에서 노동자의 권리를 투쟁적으로 옹호했으며, 1889년 부두 노동자들이 파국적인 파업을 벌일 때 중재자 역할을 했다. 그러나 사회문제의 구조적 차원에 관여하는 사회윤리의 본디 의미에서 엄밀하게 보면, 매닝 추기경은 사회윤리 활동을 했다고 볼 수는 없다. 마찬가지로 유럽대륙에서 발생한 "사회문제"와 씨름하기 위한 노력도 사회윤리적이라고 볼 수 없다. 이런 상황에서 신앙적 책임에 근거하여 산업 노동자의 비참함에 관여하기 시작한 그리스도인들이 생겨났다는 점은 주목할 만하다. 이들은 자유주의적 시민계급에 맞서 그 계급이 구상하는 자본주의 경제를 거부하는 계층에 분포되어 있었다. 자유주의적 시민계급은 프랑스 혁명 이후에 강한 세력을 얻었고 로마 가톨릭에 반대했다. 칼 마르크스가 시민 출신인 것과는 달리, 이들 가톨릭 비판가들은 오히려 농민 출신과 귀족 가문의 사람들이었다. 이들은 대대적으로 보수적 입장을 옹호했다. 보수적 입장은 지나간 사회를 낭만적으로 치장하고 가부장 질서를 좋은 것으로 이해하는 경향을 띠었다. 벨기에의 역사학자 아우베르트(R. Aubert)는 다음과 같이 올바르게 서술했다.[01] "1848년 위기에 뒤따르는 반항의 물결에도 불구하고 마르크스는 1864년에 제1인터내셔널을 창립하고 산업 노동자가 공동의 희망을 갖도록 격려한 반면, 구조개혁의 불가피성을 파악한 대부분의 가톨릭 신자들과 교회 당국은 1900년대 말경까지 입을 다물었다."

가톨릭 신자들에게 결핍된 것은 "레미제라블"(1862년 노동자들의 빈곤에 대해 쓴 빅토르 위고의 소설 제목)에 관한 염려가 아니라, 사회구조

---

01 R. Aubert, Vom Kirchenstaat zur Weltkirche(1848-1965), in: L.J. Rogier u.a. (Hrsg.), Geschichte der Kirche V/1, Zürich 1976, 125.

의 개혁을 통해서만 인간적이고 윤리적인 발전을 이룰 수 있다는 관점이었다.

이 사실은 특히 이탈리아에서 분명해졌다. 이탈리아에서는 이른바 "오프스 데이"(opera dei congressi)와 토니올로 교수(G. Toniolo, 1918년 선종)가 창립한 "이탈리아 사회연구를 위한 가톨릭 연합"(Union cattolica per gli studi sociali in Italis)이 그 당시 사회의 빈곤화 현상에 집중했고, 동시에 자유주의 국가와 그에 상응하는 경제 질서에 맞서 싸웠다.[02] 중세의 조합을 다시 받아들이는 등의 복고적인 사고방식들은 그리스도교 윤리의 의미로 볼 때 자본과 노동 간의 대립을 극복하는 데 도움을 주기도 했다. 이 때문에 사람들은 과거의 봉건적 속박으로부터의 해방과 진보가 산업화 덕택으로만 가능해졌다고 생각하지 않을 것이다. 토니올로 교수가 교황 레오 13세의 고문 역할을 수행했다는 점에서 매우 큰 사목적 책임을 진 이 운동은 큰 영향을 끼쳤다.

이와 마찬가지로 프랑스의 경향도 복고적이고 가부장적인 특징을 가졌다. 이곳에서도 사람들은 노동자들의 숙명을 덜어주려고 그들을 위한 생각을 했지만, 결코 그들과 함께 할 계획은 없었다. 그럼에도 불구하고 프랑스에서는 이탈리아와는 다른 강조점이 있었다. 프랑스에서는 사회문제와의 씨름으로 사회적 분위기가 이미 일찍부터 실질적으로 격앙되었고, 결국 1848년 혁명으로 분출되었다. 물론 이 일에는 가톨릭 신자들도 관여되어 있었다. 교회와의 갈등에도 불구하

---

02 이 운동은 사회 참여적인 주교 라디니-테데시 (G. Radini-Tedeschi, 1914년 선종)와 밀접한 관련이 있다. 라디니 주교에게는 이후에 교황 요한 23세가 된 젊은 신부가 비서로 있었다.

고 가톨릭 신자의 사회적 양심을 일깨웠고, 심지어는 독일의 바더(F. von Baader, 1841년 선종)에게도 영향을 미쳤던 드 라므네(F. de Lamennais, 1854년 선종)와 같은 가톨릭 신자들은 자신들이 이 일에 관여되어 있다고 느꼈다. 이들은 이미 이전부터 발전되어 오고 있었던, 가령 생시몽(C.H. de Saint Simon, 1825년 선종)의 사상과 같은 초기 사회주의 이념과 가톨릭 사회사상과 활동에 심취해 있었다. 이런 활동 단체로는 오자남(A.F. Ozanam, 1853년 선종)에 의해 설립된 빈첸시오나, 드 묜(A. de Mun, 1913년 선종)에 의해 창립된 "가톨릭 노동자 모임" (Oeuvre des cercles catholiques ouvriers) 등이 있었다. 이 단체는 가톨릭 노동자 모임이라는 이름에도 불구하고 사회활동에 대한 책임을 직접 노동자에게 과감히 넘겨주지는 못했다.

이 모든 경향들은 사회에 대한 책임의식을 형성했다는 의의를 갖지만, 사회를 만들어 나가기 위한 구체적 대안을 제시하지는 못했다. 그 사회활동들은 철저하게 예전의 사회형태에 향수를 갖는 특징을 가졌으며, 드러난 문제들을 미래지향적으로 극복하는 데에 거의 도움을 주지 못했다. 과거에 대한 낭만적 회상으로부터 얻게 된 이점도 있었다. 중세 스콜라 철학이 다시 연구되기 시작하여 소유권 이론이 새롭게 이해되었다. 곧 소유권은 공동선에 의해 자연법적 한계를 가져야 한다고 이해되었다. 이와 관련하여 이미 토마스 아퀴나스 (Thomas von Aquin, 1274년 선종)는 그의 저작 『신학대전』(Summa theologica)에서 이 세상의 재화가 우선적으로 공동 유산임을 분명하게 밝혔다. 이렇게 스콜라 철학이 새롭게 계승됨으로써 사람들은 재화를 소유하는 데 훨씬 더 신중해졌고, 재화의 관할권이 더욱 분명해지면서 갈등의 위험이 줄었다. 이때에 비로소 재화에 관한 문제는 이차적으로 실제적인 사유재산 문제로 넘어갔다.[03] 사유재산에 대한 관심은 이제 사회 비판적으로 새로운 영향을 미칠 수 있게 되었으며, 국가는 더 넓은 범위의 공동선을 위해 합법적으로 사유재산에 개입할 수 있는 권한을 갖게 되었다. 이로써 사회주의나 마르크스주의가 주장하는 사유재산의 폐지를 요구하지 않고도 사회문제에 대한 이론적 핵심 문제가 던져졌다. 경제는 애덤 스미스가 설명한 것처럼, "보이지 않는 손에 이끌리듯" 자체적으로 완전하게 조정되지 않기 때문에 윤리에 입각한 법으로 규제되어야 한다는 확신이 생겼다. 이것은 사회문제에 참여하는 그리스도인들에게 점차로 공동재화에 대한 윤리적 확신이 되었다.

경제 과정에 어떻게 구체적으로 개입할 수 있는지에 대한 방안들은 계속 대립되어 갔다. 일명 "앙제(Angers) 학파"는 윤리적 동기를 가진 개인의 활동을 우선적인 목표로 삼았던 반면, 1886년, 1887년, 1890년 사회회합이 열린 장소의 이름을 딴 일명 "뤼티히(Lüttich) 학파"는 국가 개입주의를 옹호했다. 후자의 학파에는 오스트리아 사람 포겔장(K. von Vogelsang, 1890년 선종)이 있었는데, 그를 계승한 히체(F. Hitze, 1921년 선종)는 처음에는 국가 정책에 비판적이었지만, 나중에는 사회정치 활동에 직접 참여했고, 독일제국 의회에서 사회 입법에 현격한 영향을 미쳤다. 마침내 그는 베스트팔렌 주의 뮌스터 대학에서 가톨릭 사회론의 첫 교수직을 맡게 되었는데, 이로써 가톨릭 사회

---

03 S. th. II II 66,2.

론이 제도적으로 대학의 학문으로 자리 잡게 되었다. 이 학문에는 당연히 앞에서 말한, 전혀 주목받지 못했던 경향들도 포함되었다.

이와 대조적으로 "앙제 학파"를 지도한 벨기에 사람 페린(Ch. Périn, 1905년 선종)은 1871년 『그리스도교 사회의 부(富)』(Reichtum in den christlichen Gesellschaften)04라는 그의 주요저작에서 국가의 개입을 명백히 거부했다. 이 벨기에 사람이 "네덜란드에 대한 기억" 때문에 국가에 회의적이었다는 점과, 오랜 기간 비스마르크의 문화 투쟁에 영향을 받았던 빌헬름 케틀러 주교(Wilhelm von Ketteler, 1877년 선종)가 국가를 비판하는 입장으로 기울었다는 점은 놀라운 일이 아니다. 이 사실들이 암시하는 더 중요한 점은, 이론적 입장들이 그들의 구체적인 상황과 사회적 배경에 얼마나 많이 의존하고 있는가 하는 점이다.

여기에서 언급된 사람들, 마인쯔 주교 케틀러나 히체가 보여주는 바와 같이, 산업화가 낙후된 독일에서조차도 사회사상은 일치되어 발전하지 못했다. 사람들은 국가가 개입하지 않는 해결책을 요구한 뒤에 이어서 보험과 법에 대한 사회 제도를 마련하라고 몇 년간 요구했다. 이 사실에서 분명하게 알 수 있는 점은, 사람들은 단순히 복고적이고 자선적인 해결책에 결코 만족하지 않는다는 것이다. 케틀러 주교는 파리 분쟁의 해이자 마르크스의 『공산당 선언』이 출판된 해인 1848년에 이미 『현재의 중요한 사회문제』에 대한 유명한 강론집을 출판함으로써 사회적 차원의 문제들을 언급했으며, 1864년 『노동문제와 그리스도교』에 대한 문헌에서 사회문제들을 다시 한 번 명시했다.

---

04 이 책의 프랑스 제목은 『그리스도교 국가의 부』(De la richesse des nations chrétiennes)다.

케틀러 주교의 저서에서는 개별적 문제들을 구제하는 조치가 아니라, 국가가 산업 노동자와 농부·수공업자도 배려할 수 있게 하는 국가의 법 개혁이 눈에 띈다. 19세기 중반에 케틀러 주교가 강력히 주장해서 형성된 가톨릭 노동 연합과, 콜핑(A. Kolping, 1865년 선종)이 창립한 일명 "장인 조합"이라 불리는 가톨릭 수공업자 연합체들은 곧바로 가톨릭 영역에서 사회개혁 사상들이 더 폭넓게 자리 잡을 수 있게 했다. 뿐만 아니라 그에 상응하는 의식을 형성하면서 사회 전체에 대한 구상의 초석을 놓을 수 있었다. 더 나아가 "독일 가톨릭 연합 중앙위원회(Zentralkomitees der katholischen Vereine Deutschlands)" 위원장인 뢰벤슈타인(K. zu Löwenstein, 1921년 선종)의 발의에 따라, 1883년 사회문제들의 해결책으로 일명 "하이더 강령(Heider Thesen)"이 제시되기도 했다.

이 강령은 여전히 중세의 신분 국가 모델을 따랐고, 자발적 단체보다는 외압에 의해 만들어진 단체들을 먼저 배려했기 때문에, 현대 동원 산업사회의 요구에 알맞을 수 없었다. 그럼에도 불구하고 하이더 강령은 나름대로 구조적인 사회윤리의 이론적 줄기를 갖추었다. 이 이론은 이후에 브란트(F. Brandt), 빈트호르스트(L. Windthorst), 히체(F. Hitze)가 1890년에 설립한 "가톨릭 독일을 위한 민족연합(Volksvereins für das katholische Deutschland)"의 폭넓은 교육 활동과 묀헨글라드바흐에 있던 이 단체 중심부의 적극적인 활동으로 계속 알려질 수 있었다. 물론 누구보다도 포겔장이 옹호한 신분 국가 질서에 대한 사고방식은 그때까지도 여전히 영향을 미쳤다. 자본과 노동 간의 대립을 넘어선 조합과 비슷한 질서는 이른바 "직업 신분질서"라는 의미로 사회에 영향을 미쳤으며, 계급 갈등에 기초를 둔 마르크스의 생각과는 반대로 사회의 조화모델을 생각하고 있었다. 1930년대 오스트리아에서 민족주의적 낭만주의를 실현하려는 구체적 시도가 실패로 입증되었지만, 이 기본 사상은 다시 생각해 볼 여지가 있다. 1937년 스위스에서는 기업인들과 노동조합이 사회적 파트너로서 첫 번째 "평화조약"을 체결했다. 이 조약은 사회조화 모델에 입각하여 완전히 새로운 방식으로 사회정의를 철저하게 바로 세우는 현실적인 방법을 보여주었다. 뿐만 아니라, 사회조화 모델은 과거를 그리워하지 않고 미래를 내다보며, 다름 아닌 그리스도교의 특성을 지닌, 다시 생각해 볼만한 사회윤리의 관념들을 끌어들이는 데 관심을 가지고 있었다.

실제로 뒤늦게 산업화된 스위스에서는 뒤에서 설명할 프로테스탄트 교회의 활동들 외에도 가톨릭 신자들이 조합과 같은 방식의 독자적인 모델을 매우 일찍부터 발전시켰다. 카푸친 수도회원인 피렌체의 테오도시우스(Theodosius Florentini, 1865년 선종)는 그의 공장을 인도적이고 그리스도교적인 생산 동맹으로 조직함으로써 사회개혁을 시도했지만 실패했다. 그러나 데쿠르틴스(C. Decurtins, 1916년 선종)와 파이겐빈터(E. Feigenwinter, 1919년 선종) 같은 사회 정치가들은 사목신학자 벡(J. Beck, 1953년 선종)과 함께 그리스도교 사회운동을 시작했고, 그 사회개혁 사상은 가톨릭 단체들과 "가톨릭 보수" 정당에 영향을 미칠 수 있었다. 더욱이 의미심장한 점은 이런 조건 덕택으로 스위스의 프리부르에서 사회윤리적 참여자들이 뭉칠 수 있었다는 사실이다. 이들의 연합체는 1885년 "프리부르 연합"이라는 이름으로 "사회와 경제 연구를 위한 가톨릭 연합"을 창립했다. 이후에 추기경이 된 그 당시 주교 메르밀로드(G. Mermillod, 1892년 선종)는 이 연합체에 힘을 북돋아 주었을 뿐만 아니라, 유럽의 여러 단체에서 참여자들을 충원해 주었다. 실제로 프랑스 노동연합 연구위원회와 경제와 사회 문제에 대한 이탈리아 연구 모임의 대표자들, 또 이후에 포겔장의 발의에 따라 1893년에 설립된 독일 오스트리아의 "가톨릭 사회 정치인의 자유 연맹"의 구성원들은 스위스 동지들과 모임을 가졌으며 그들의 사상을 함께 발전시켰다. 공식적으로 보도된 바는 없지만, 메르밀로드 추기경은 여기에 관심을 가지고 있었던 교황 레오 13세(1903년 선종)에게 이 작업의 진행을 정기적으로 보고했다. "프리부르 연합"은 자청하여 1889년 로마로 진출했고, 1891년 『새로운 사태』(Rerum novarum)라는 제목으로 출판된 교황의 첫 사회회칙의 실질적인 토대를 마련했다.

구성원들 사이의 이론적 차이를 완전히 조정하지 못하고 있었던 이 "연합체"는 대화의 실용적 현실주의를 견지했고, 특히 단순한 자선적 조치에 만족하지 않고 사회문제를 해결하겠다는 의지를 가지고 있었다. 이들 단체의 그런 특성은 분명히 회칙의 본문으로 녹아 들어 갔다. 따라서 첫 번째 사회회칙에 대해 오늘날 특별히 주목할 만 한 점은 바로 "아래로부터", 교회의 바닥으로부터 싹트는 사상과 논쟁을 발전시켰다는 점이다. 다시 말해, 전적으로 교회의 전문가들에 의해 "위로부터" 구상된 것이 아니라는 점이다.[05] 더 의미심장한 것은 시대

---

05 L. Roos, Politische Theologie und Katholische Sozialehre - Versuch einer historisch vergleichenden Analyse im Interesse eines besseren gegenseitigen Verständnisses, in: Internat. kath. Zeitschrift "Communion" 10(1981), 130-145.

적 조건에 따른 모든 차이에도 불구하고 이 회칙이 폭넓은 신학적 동의를 받아 그리스도인들의 사회적 책임을 하나로 묶어 낼 수 있었다는 점이다. 이 사실은 독일 황제 빌헬름 2세가 짧은 소견으로 밝힌 다음의 말이 근본부터 틀렸다는 점을 입증했다. "사목자들은 그들 공동체의 영혼들을 염려해야 한다. 이웃사랑을 장려해야 하지만, 정치에 개입해서는 안 된다. 그들은 정치에 대해서는 아무것도 할 수 없기 때문이다."06

1-2. 회칙『새로운 사태』(Rerum novarum)와 각양각색 수용

사회문제에 대한 첫 번째 교황 회칙은 군드라흐(G. Gundlach)가 지적한 대로 노동문제에 대한 "대헌장"으로서, 곧 노동문제를 그리스도교 신앙을 현실화시키는 핵심 고민 사안으로 만든 기념비를 세웠다. 이 회칙은 사회관계를 의도적으로 바꾸어 나가는 발전을 근본적으로 거부하지 않았다. 이 견해는 19세기 초 몇 십 년 동안 그리스도교적이고 귀족적인 사회낭만주의자들이 지향한 바와 다르고, 변증법적 유물론의 관점을 가진 칼 마르크스의 견해와도 달랐다. 곧, 과거로 되돌아가는 것도 혁명도 아닌 그리스도교 이상에 따르는 진정한 진보를 추구했다. 이 회칙은 어떤 면에서 독일 사회학자 헤르틀링(G. Hertling, 1919년 선종)의 견해인 "협동사상"을 계속 이어가고자 했고,

---

06 W. Heierle, Kirchliche Stellungnahmen zu politischen und sozialen Fragen, Bern 1975, 29.

사회적 약자인 노동자들의 권리 보호를 기본 의무로 제시하는 개혁 정치를 주요하게 다루었다. 시장의 조건에 따른 자본과 노동의 관계도, 자연법적인 사회계약도 핵심적인 관심사가 아니었다. 왜냐하면 그런 관념들은 사람의 노동을 상품으로 전락시키기 때문이다. 이 회칙은 오히려 노동을 수행하는 사람 자체와 그 사람의 존재론적 인권 보호를 중점에 두었다.

덧붙여 노동자의 관심사를 더 잘 대변할 수 있는 구조적 조치로서 단결권을 요청했다. 여기에서는 고용주와 고용인이 합쳐진 조합이 소개되었지만, 분명히 노동조합과 같은 이익단체가 배제되진 않았다. 노동자들이 자신들의 이해관계를 강자에 맞서 관철시키는 방법에는 심지어 파업투쟁 조치들도 최후의 가능성으로 인정되었다. 이 밖에 노동자의 독립성을 보장하기 위해 그들도 사유재산을 가져야 한다고 요청했다. 이를 위해서 국가와 입법이 어떤 역할을 수행해야 할지에 대해서는 해결되지 않은 문제로 남겨 두었다. 어찌 되었든, 이 회칙은 더 이상 사람들 관계 사이에서의 윤리적 행위가 아니라, 처음으로 사회구조의 변화를 추구하는 진정한 사회윤리의 요청을 다루었다.

이 회칙에서 "그리스도교 사회주의"나 "직업 신분질서"에 근거하는 개혁 사상들은 개혁의 모델로 인정받지 못하고 직접적인 지지도 받지 못했다. 이 회칙은 중립적인 노선을 채택했는데, 견해의 차이를 전면에 드러내지 않고 뒤로 밀어내는 일종의 교황 실용주의였다. 이런 실용주의는 암묵적으로 느껴진다. 이렇게 교황의 문헌은 교회가 사회에 접근하는 데 긴급하게 필요했던 일치를 확실하게 부여했다. 교황의 권위는 1870년 제1차 바티칸 공의회 이래로 비판의 목소리들이

나올 때마다 신속히 조용하게 만들었다. 이런 경향은 견해들이 계속 분열되는 상태에서 중재 판정과 같은 기능을 했다. 더 나아가 이 회칙은 생산수단을 사유재산으로 소유할 수 있는 무조건적 권리를 자연법 윤리에 근거하여 제한하는 피상적 실용주의 사상에 존재론적, 창조신학적 토대를 부여했다. 이는 전체 가톨릭 사회론의 공동선을 위한 것이었다. 이런 사상적 토대는 이후 여러 개혁 사상들을 비판적으로 묶어 낼 수 있었다.

이로써 이 회칙은 전체 노동자를 단계적으로 통합하는 "그리스도교 사회 민주주의 진로에 대한 통찰력"[07]을 열어주었다. 그래도 이 회칙은 노동자를 통합하는 방법을 규정하지 않고 열어두었다. 대부분의 주교들과 교황 비오 10세가 지지한 이른바 독일의 "베를린 노선"에 부합해야 하는지, 아니면 이와 대조적인 "쾰른 노선"을 따라야 하는지 이 회칙은 최종적으로 결정하지 않았다. "베를린 노선"은 사회와 국가가 성직자가 지도하는 정당이나 단체에 의해 가능한 한 그리스도교의 영향을 받아야 한다는 견해였고, "쾰른노선"은 성직자로부터 벗어나 모든 종교를 끌어안는 단체에서 가톨릭 신자들이 협력하는 방식을 취하는 견해였다. 교황 비오 10세에서 비오 12세에 이르기까지 촉구되었던 이른바 "가톨릭 행동"은 분명하게 전자의 노선을 나타냈다. 물론 그렇다고 해서 "사회에 참여하는 가톨릭 신자들"이나 "벨기에 민주연맹"(ligue democratique belge)이 교회나 1907년에 공포된 회칙 『파센디』(Pascendi)에서 거부되지 않았고, 근대적이라고 비난받

---

07 Aubert, a.a.O., 132.

지도 않았다. 그 당시 독일에서는 이른바 "그리스도교적인", 정확히 말하면 그리스도교 신앙이 혼합된 노동조합이 생겨났다. 이 노동조합은 때때로 주교의 지원도 받았다. 오늘날, 특히 제2차 바티칸 공의회 이후 대부분의 가톨릭 신자들은 다시금 "쾰른 노선"을 더 염두에 두는 것처럼 보인다. 이런 현상은 절대로 가톨릭 고유의 가르침에 단절을 만드는 것이 아니라, 결코 포기할 수 없는 다양성이 하나의 기본 방향 위에서 진행되는 현상이다. 가톨릭 활동은 가톨릭 사상을 관철시키기 위해 배타적 성격을 지닌 "압력단체"나 누룩과 같이 침투하는 방식을 뛰어넘어, 그리스도교 이상이 전달되어야 하는 각 사회의 상황에 맞게 영향력을 행사할 수 있는 방식을 추구해야 한다.

그럼에도 이 다양한 방식들은 서로 간에 확실히 인정받지 못했다. 프랑스 북부에서는 이른바 "민주주의를 주창하는 성직자들"(Abbés démocrates)에 의해 노동자들과 노동 단체들은 자신들에게 책임이 있는 관심사를 자각하기 시작했다. 이들은 윤리적으로 책임을 지는 그리스도교 사회민주주의에 기대를 걸고 활동을 벌였다. 이들의 활동은 성직자들로부터 지원을 받았지만, 반대로 근대주의의 "인테그럴주의자들"(Integralismus: 종교적 확신에 기초하여 정치나 사회활동을 한다는 신념, 역주)로부터는 의심을 받았다. 이 의심으로 노동자들과 노동 단체의 활동들은 어느 정도 과격해졌고 결국 비난까지 받게 되었다. 그러나 1904년 도입된 이른바 "프랑스 사회주간"(Semaines sociales de France)이라는 후속 교육기관 덕택으로 가톨릭 활동은 독창적이면서도 사회에 매우 개방된 적극적인 특성을 갖게 되었다. 이 특성은 가톨릭 사회론이 사회를 만들어 나가는 데 실질적인 영향을 미칠 수 있게 했다. 이것은 다시금 이른바 "악시옹프랑세즈"(Action Francaise: "프랑스적 행동"이라는 뜻을 가진 프랑스 국수주의적 정치단체, 역주)**08** 같은 전통주의 입장에서 정치에 참여하는 가톨릭계의 새로운 항의를 초래했다. 1950년대 사회운동들로부터 노동사제 운동이 생겨났다. 이 운동은 논쟁의 여지는 있지만 오늘날까지 영향력을 미친다. 노동사제 운동은 가톨릭 사회론과 그로부터 영감을 받은 운동들이 늘 역동성을 가질 수 있다는 사실을 보여주었다.

가부장적이고 반자유주의적인 "오프스 데이"가 계속 존속하던 이탈리아에서도 회칙『새로운 사태』와 결부되어 새로운 사회 동향이 생겨났다. 민주주의 경향에 대한 계속되는 의혹과 비오 10세 아래에서 강화된 이른바 "반근대주의"에 당면하여, 새로운 사회 동향들의 운명은 정말로 변화무쌍했다. 그 동향들의 관심사, 특별히 사회 입법에 관련한 관심사의 일부분은 "가톨릭 행동"에 포함되었다. 이 활동은 이탈리아 국가와 교황이 화해를 이룬 이후, 특히 제2차 세계대전 이후 내지는 "그리스도교 민주당"에 의해 새로운 이탈리아가 건설된 이후에 실제 정치적인 중요성을 지니게 되었다.**09**

---

08 이 단체의 활동은 결과적으로 성과를 거두지 못했다. 이 단체는 인테그럴주의에 입각하여 적극적인 노동 사목자들과 제2차 바티칸 공의회의 개혁 노선에서 중요한 인물이었던 주교들과 추기경 아킬레 리에나르드(achille Liénard von Liie, 1973년 선종)를 공공연히 규탄하는 활동을 벌였다. 그 당시 인테그럴주의에는 전통주의적 반체제 인사인 주교 마르셀 르페브르(Marcel Lefèbvre)의 가족이 속해 있었다.

09 브레시아 주에 살던 몬티니 집안의 상황이 전형적일 것이다. 베르가모의 주교 라디니-테데시(G. M Radini-Tedeschi, 1914년 사망)와 그의 비서 론칼리(A.G. Roncalli, 1963년 선종)는 '시타디노 디 브레시아'(Sitadino di Brascia) 편집장이었던 (몬티니) 아버지의 집에 자주 출입했다. 테데시 주교는 평소 개방적 성향을 지녔고 근대주의라는 의혹에서 벗어나지 못했던 인물이다. 개방된 풍토에 대한 사회적 관심은 이탈리아에서 중요

앞에서 살펴본 내용들을 총괄해 보면, 회칙 『새로운 사태』가 지난 시기의 경향들을 묶어 냈다는 아주 중요한 의미를 쉽게 확인할 수 있다. 여기에서 중요한 것은 첫째로, 그리스도교 사회적 관심사들이 허용되었다는 점과 그 관심사들이 자유민주주의 국가 조직의 형태로 통합되었다는 점이다. 물론 이 과정은 교회의 통제 아래 이루어졌다. 둘째로 중요한 점은 노동자의 정당한 요구들이 자연법에 근거하여 보장되었고, 분산되었던 다양한 견해에 교황의 권위가 확실한 일치를 부여했다는 점이다. 셋째로는 이 일치가 고유한 "이론"(Lehre)을 형성하기 시작했다는 점이다. 이 경향은 독일어권 국가들에서 계속 이어졌고, 여러 대학에서 "그리스도교 사회과학"(Christliche Sozialwissen-schaften)을 위한 교수직이 마련됨으로써 특별한 후원을 받았다.

그러나 여전히 현저한 견해 차이들이 있었는데, 그 차이는 특히 정치적 현실에서 살아가는 평신도의 자율성과 관련해서, 그리고 사회적 요구를 보장하는 국가의 역할에 관련해서 두드러지게 나타났다. 물론 이 견해 차이들은 1958년까지, 즉 비오 12세의 교황직 말기까지 잠재적으로 남아 있었다. 잠재적이라는 말은 영향을 미치지 못했다는 뜻이 아니다. 잠재적인 견해 차이들은 제2차 바티칸 공의회를 준비하기 시작하면서, 요한 23세 아래 교회쇄신이 시작되면서 다시금 분명하게 감지되었다. 그러나 겉으로 보이는 인상은 차이가 아니

한 인물이 된 상원의원 몬티니를 1960년 사회 변혁에 끌어들였다. 뿐만 아니라 이 두 사람, 교황 요한 23세(론칼리)와 바오로 6세(몬티니)가 지속적으로 친밀하게 지낼 수 있도록 했다. 이 두 교황이 가톨릭 사회론의 발전에 미친 결정적 영향력은 이런 배경 없이는 결코 생각할 수 없다.

라 일치였다. 이런 인상은, 확실하게 체계적인 특징들을 보여준 비오 11세의 1931년 회칙『사십주년』을 통해 더욱 강화되었다.

1-3. 『사십주년』(Quadragesimo anno) - 이후 30년을 주도한 전환점

앞에서 요약한 가톨릭 사회론의 발전을 헤아려 볼 때, 가톨릭 사회론은 체계를 갖췄다기보다는 오히려 "개방된 원리들의 결합"(H.J. 발라프)이라는 특성을 갖는다. 개방적 특성은 유연한 역동성을 갖기 때문에 다양한 사회들이 구체적으로 필요로 하는 점과 각 사회의 발전 상황을 닫힌 사상보다 더 잘 고려할 수 있다. 그럼에도 불구하고 각 사회를 더 잘 고려할 수 있는 기회는 그즈음 부담으로 느껴졌다. 1920년대 이후 공산주의로 발전한 마르크스주의와 국가사회주의의 집단적이고 전체주의적인 이데올로기에 당면하여, 교회가 배타적이고 체계적인 논거를 가진 고유한 입장을 갖는 것이 더 중요하게 여겨졌기 때문이다. 직접적인 사회 변화보다는 이데올로기가 부각되는 정신적 여건들은『새로운 사태』가 출간된 지 40년이 지나서야 교황이 새로운 입장을 알려야 할 필요성을 일깨워 주었다. 그 당시 예수회 총장이었던 레도코브스키(V. Ledochowski)의 발의로 교황 비오 11세는 새로운 회칙을 구상하도록 했다. 이에 따라 예수회 총장은 그 일을 독일의 예수회원 오스발트 폰 넬-브로이닝(O. von Nell-Breuning)에게 위임했다.『새로운 사태』가 쓰일 때 "프리부르 연합"이 사회 영역의 다양한 활동을 끌어들일 수 있었던 것과는 달리, 이때는 작업자를 선택하면서부터 이미 일치와 체계의 방향이 주어졌다. 다양한 학파의 노선들은 그렇게 뒤로 밀려났다.

물론 넬-브로이닝 혼자만 작업한 것은 아니다. 그는 개인적으로 일명 "쾨닉스빈터 동아리"(Königswinter Kreis)에 속해 있었는데, 이 동아리는 사회에 관심을 가진 가톨릭 사회운동 옹호자들이 "직업 신분의 원칙과 능력 사회의 원칙들에 따른 사회와 경제를 다시 조직"하는데 대해 깊이 고민하고 있었다.10 여기에서 넬-브로이닝은 전문적인 자격을 갖추고 동참하는 동료들과 함께 매우 신중한 자세로 제기된 문제들을 중립적으로 논의하면서 격려하고 비판할 수 있었다. 이 "익명의 전문가 집단"의 지도자는 군드라흐(G. Gundlach, 1963년 선종)였다. 넬-브로이닝은 후에 스스로 다음과 같이 고백했다. "군드라흐는 사회철학적인 원칙상의 문제들뿐만 아니라 사회정책에 대한 원칙상의 문제에 대해서도 쾨닉스빈터의 입장을 결정적으로 규정했다."11

군드라흐는 토론에서 신스콜라의 철학-신학적 관점을 체계의 토대로 삼았다. 본디 철학자이자 신학자인 그는, 사회학자인 페쉬(H. Pesch SJ, 1926년 선종)의 동료이며 베를린에서 그 유명한 좀바르트(W. Sombart, 1941년 선종)에게서 국민경제학 박사 과정을 마쳤다. 이때 페쉬가 말하는 이른바 "가치 판단 논쟁"을 배웠던 군드라흐는 사회과학

---

10 J. Schwarte, Gustav Gundlach(1892-1963), Paderborn 1975, 38. 아래 인용 부분은 뮐러(F.H.Müller)의 진술이다.

11 Ebd. 39. 프랑스인들이 처음에 기획했던 사목에 관한 부분은 최종편집 전에 "삽입"된 듯하다. 이 책에 관한 정보는 다음 책에 있다. D. Mangenes, Le mouvement social catholique en France an XXe siècle, Paris 1990.

의 실증주의적 견해를 거부했다. 그의 특별한 관심사는 가톨릭 사회론에 형이상학적 철학의 토대를 마련하는 것이었으며, 그 토대를 인격의 관점에서 세우는 것이었다. 그는 이런 관점을 "쾨닉스빈터"에서 대변했으며, 앞으로 나올 회칙을 위해 이 관점에 대해 넬-브로이닝과 논의했다. 『새로운 사태』의 40주년을 기념하기 위해 1931년 발간된 회칙 『사십주년』은 그렇게 넬-브로이닝에 의해 구상되었지만, 정신적으로는 군드라흐의 체계적 특징을 지니고 있다. 이 회칙은 다음과 같은 두드러진 특성들을 보여준다.

이미 『새로운 사태』는 이 세상의 재화를 공동의 것으로 규정하고, 이와 결부하여 노동자가 사유재산을 소유할 것을 요청함으로써, 또 노동자 스스로가 그들의 문제를 해결하는 방법과 국가에 알맞은 사회정책을 강조함으로써, 인격을 경제적 기능보다 우위에 두었고 사람들 사이의 올바른 연대를 요청했다. 그러나 앞서 설명한 바와 같이, 이 요청들은 한편으로는 새로운 문제 제기이기 때문에, 또 다른 한편으로는 다양한 견해들을 조정하려는 시도 때문에 여전히 서로 뒤범벅이 된 채 체계적으로 구성되지 못했다. 이런 상황에서 이 회칙은 사회 형태와 사회 이론에 대한 원칙을 완성하는 데 목적을 두었다. 이 원칙에는 사유재산이 사회적 의무를 지닌다는 점과 보조성의 원리에 근거해 개인들과 그 개인들이 모인 작은 집단들은 보호되어야 한다는 사상이 유지되었다. 이로써 "보조성"은 "연대성"과 균형을 이루는 원리로서 전면에 부각되었다. 이 원리들의 관계는 사람이 사회적이고 공동체적인 측면뿐 아니라 인격적이고 개인적인 측면을 지니고 있다는 점을 파악할 수 있게 했다. 이로써 확실시된 "직업 신분질서"는 포겔장과 같은 몇몇 선구자에서 나타난 낭만주의적 향수를 통해 표출되지 않았다. 달리 말해, 중세 때 길드와 같은 신분질서를 복구하는 것에 관심을 두지 않았다. 그럼에도 계급적 대립, 특히 마르크스주의자들이 요구하던 계급투쟁과 반대로 생산 공동체인 개별 기업들의 수직 구조가 사회질서의 원리가 될 수밖에 없었다. 이제 사회와 경제의 기본 단위인 독자적인 하위 집단들은 가능한 국가의 개입과 조정 없이 윤리적 책임을 자신의 권한으로 인지해야 했다. 이런 관점은 최근에 특히 미국에서 이른바 "기업윤리"(corporate ethics)로 새로운 주목을 받고 있다.[12]

그 당시에 군드라흐는 처음부터 큰 세력으로 몰아닥치는 마르크스주의적 공산주의와 국가사회주의와 같은 집단주의의 위험성을 분명하게 지적했는데, 이 위험성을 고려한다면 가톨릭 사회론이 그런 원칙을 내세운 것은 사회문제를 조정하는 데에 필요한 조치였다. 이런 원칙에 따른 실행은 군드라흐가 1938년 로마 교황청립 그레고리안 대학에 전임교수가 되고, 1939년부터 새 교황 비오 12세의 사회적 관심사에 대한 중요한 조언자가 되었을 때부터 가톨릭 사회론 안에서 더욱 분명하게 강조되었다. 1929년 독일 프라이브룩의 가톨릭의 날 행사에서 그 당시 베를린의 교황대사였던 유제니오 파첼리(비오 12세)는 인상 깊은 말을 남겼다. "계급 간의 충돌에서 신분들이 조화를 이루는 협력으로"라는 그의 언급은 이미 군드라흐의 정신을 발산하고 있었으며, 가톨릭 사회론의 발전에서 기본 특성이 되었다. 이로써 가

---

12 K.W. Dahm, Unternehmensbezogene Ethikvermittlung, in: ZEE 33(1989), 121-147.

톨릭 사회론에 특징을 부여하던 여러 견해 중의 하나인 독일 노선이 전면에 등장하게 되었다. 모든 세계관의 한계를 뛰어넘어 연대적 결속을 변호하고, 세속적이고 다원적인 사회를 더 잘 고려했던 다른 견해들은 뒤로 밀려났다. 밀려난 견해들은 특별히 로마와 프랑스 지역에서 장려되었는데, 예를 들어 정기 간행물 "떼무아냐즈 크레디엔" (Témoignages chrétiens: 그리스도인의 증언이라는 뜻, 역주)이나 노동사제 운동이 그러했다. 그러나 노동사제들이 비오 12세에 의해 거부되고 금지되었듯이, 그런 견해들은 그 당시 가톨릭 사회론의 눈길을 끌지 못했다.

이런 전개 과정의 결과로 한편으로는 신스콜라주의의 철학적 토대와 그 자연법 이론 위에 기초 지어진 닫힌 체계론이 가톨릭 사회론을 특징짓기 시작했다. 이런 체계론은 가톨릭 사회론에 깊은 흔적을 남겼고, 독일어권에 있는 가톨릭 신자의 사회적 견해를 특징지었다. 독일어권 국가들에서는 계급적 대립이 다른 국가들에서보다 심하지 않았으며, 가톨릭은 연합체의 구조를 띠고 있었다. 이런 점에서 그 국가들은 가톨릭 사회론이 그런 특성을 갖는 데 매우 유리한 조건을 갖추고 있었고, 그들의 민족주의 역시 가톨릭의 사회적 견해가 실천되는 것을 방해하지 않았다. 1945년 독일이 분단된 이후 서쪽에서 가톨릭의 영향이 점차 강화될 수 있었다. 무정부적 공산주의인 "동쪽으로부터의 위험"은 부차적으로 서쪽의 모든 신자의 견해를 더욱 그런 방향으로 몰고 갔다.

이와 달리 유럽의 다른 국가들, 특히 프랑스와 이탈리아에서는 사회주의에 호의적인 경향이 작용하고 있었다. 물론 이 경향은 지속적으로 관심을 끌지 못했다. 사회주의에 호의적인 경향을 보여주는 전형적인 예는 프랑스의 노동사제 운동이다. 이 운동은 독일이 자기 국가를 점령하는 데 반대했던 저항 운동에서 싹텄으며, 마르크스주의, 심지어는 공산주의 경향과 접촉하는 데에도 불안감을 갖지 않았다. 현대 산업사회에서 그리스도교 정신의 이런 증언 형태를 교도권은 이해하지 못했다. 1954년 노동사제가 금지된 사실은 사람들이 그런 형태를 교회의 공식적인, 곧 순수한 그리스도교적인 것으로 얼마나 잘 이해하지 못했는가를 보여준다. 사회참여에 대한 불신임은 그런 좁은 견해가 이미 가톨릭 사회론 안에 얼마나 널리 퍼져 있었는지를 보여준다. 이와 관련하여 1954년 밀라노의 대주교로 임명되기까지 장관의 대변인이었던 교황 바오로 6세가 가했던 비판이 생각날 것이다. 또는 1959년 "고데스베르크 강령"(Godesberger Programm)을 펼친 독일 연방 공화국의 사회민주당(SPD)처럼, 분명히 사회민주당으로 여겨지는 정당들이 펼쳤던 새롭고 온건한 프로그램에 대해서도 사람들이 의심했던 사실이 떠오를 것이다.

교회의 이런 조치에도 불구하고 사회주의에 호의적인 정신적 성향들이 쉽게 사라지지 않고 계속 영향을 미쳤을 가능성이 크다. 그때까지도 그런 성향들이 전혀 철저하게 규명되지 않았기 때문이다. 그 성향들의 전염성은 비오 12세가 선종하면서 되살아났고, 그 순간에 정말 예상 밖으로 격렬한 문제가 발생했다. 당시에 이미 나이가 많이 들었던 안젤로 론칼리(Angelo Guiseppe Roncalli)가 교황에 선출되면서, 사회에 개방적이고 이탈리아 사회를 비판하는 계열에 속해 있던 사람이 교황 좌를 위임받게 되었다. 새 교황은 그때까지 잘 알려지지 않았던 인물로서, 이전에 베네치아의 대주교였고 그 이전에는 소피아와 이스탄불, 파리의 교황대사였다. 이 새 교황은 혁신적인 공의회를 소집했고 『새로운 사태』가 반포된 지 70년이 되는 1961년에 사회회칙을 발표했다. 이런 움직임은 곧바로 가톨릭 사회론에 새로운 바람이 불어오는 징후를 내비쳤다. 1945년 이후 특별히 독일에서 싹튼 전통적인 가톨릭 정신 안에 급격한 변화가 일고 있다는 점과 그 변화가 가톨릭 사회론에 받아들여지고 있었다는 점은 처음에는 감지되지 못했다. 하지만 그 변화는 오늘날까지 지속되는 강한 인상을 주기 시작했다.

1-4. 『어머니요 스승』(Mater et magistra) – 새로운 출발

요한 23세가 교황 직 첫해인 1959년 교회의 "현대화"(Aggiorna-mento)라는 슬로건으로 공의회를 통지했을 때, 전 세계가 이에 귀를 기울였다. 그만큼 『어머니요 스승』이라는 제목을 단 그의 첫 사회회칙은 혁신적 요소를 보여주었다. 이 사회회칙은 논쟁하는 방식과 고지하는 방식에서, 그간 모든 가톨릭 사회론이 보여준 원칙적 일관성과는 다른 새로운 양식을 보여주었다. 『새로운 사태』를 기념하는 이회칙의 처음 윤곽은 그때까지 조언자였던 군드라흐가 구상했다. 그러나 그의 구상은 더는 만족스럽지 못했고, 불어를 사용하는 전문가들의 도움으로 마무리되었다. 프랑스 전문가들로는 대체로 도미니코회원인 쉐뉘(M .D. Chenu, 1990년 선종)와 르브레트(L. J. Lebret, 1966년 선종), 비고(P. Bigo)와 파방(P. Pavan, 1903년 출생)이 일컬어진다. 이들에 의해 완성된 구상은 그때까지의 전문가들이 반전이라고 고백할 만큼 강한 인상을 주었다.

실제로 이 새 회칙은 그때까지 완전히 거부되었지만 실제 정치에서 고려할 만한 가치가 있는 요소들을 받아들였다. 심지어는 생산수단의 사회화 과정, 곧 생산수단의 "사회화"와 그것이 경제적 사안들에 미치는 영향도 고려했다. 이로써 자연법에 기초해 보장되었던 사유재산의 위상은 역시 자연법에 기초해서 보다 근본적으로 명확하게 제한되었다. 그때까지는 개인이 소유한 재화의 사회적 의무를 강조하는 데 있어, 자연법에 기초하여 자본적 수단을 자유롭게 사용할 권리가 중점에 놓여 있었다. 그러나 이 회칙에서 중점이 바뀌었다. 개인의 독자성을 부각시키던 보조성의 원리 대신에 연대성을 관심의 전면으로 올려놓았다. 이는 전 세계적 차원을 고려하고, 산업 분야를 넘어 농업의 관심사도 배려하는 참으로 광범위한 연대였다. 이른바 "함께 행동"(Cogestion)하는 모든 과정에서 함께 결정하고, 생산 활동의 이윤과 소유에 함께 관여하는 것은 "참여"라는 슬로건 아래 사람의 인격적 존엄성을 토대로 하는 당연한 윤리적 요청이 되었다. 비록 명확하게 적용되지는 않았지만, "자본에 우선하는 노동"이라는 슬로건은 대립을 일으켰고 혁신적으로 토론되었다. 이 슬로건은 공개 담론에서 자주 마르크스주의에 근거한 노동 존중주의로 쉽게 잘못 이해되었다. 그러나 이 내용은 절대로 계급 투쟁적인 노동 존중주의의 뜻으로 해석되어서는 안 된다. 이 회칙은 명백하게 노동하는 사람의 인격과 권리, 요구들을 중점에 두었다. 여기에서 물질의 가치는 노동

과정에 존재하는 인간으로 인해 확실하게 제한되었다. 물론 물질이 그것을 소유한 사람과 관여되어 있고 소유자의 인격적 권리를 지니기 때문에, 이 회칙은 물질적 가치를 제한하는 것이 그 소유자에게 위험 부담을 줄 수 있다는 점을 잘 알고 있었다. 그럼에도 이 회칙은 물질적 가치보다는 노동하는 인간 자체에 더 중점을 둔 것이다.

이 회칙의 기본 개념들을 통해 알 수 있는 내용적 변화 외에 표현 양식에서도 뚜렷한 전환을 확인할 수 있다. 더 이상 추상적이고 신스콜라주의의 자연법적 주장이 주된 줄기가 되지 않고, 사회학적 분석을 통해 사상을 이끌어 냈다. 경제학뿐 아니라 모든 인문과학 지식과의 대화가 가르치는 일보다 먼저 시행되었다. 이런 경향은 이미 프랑스와 이탈리아의 사회 전통과 사회적 양심을 형성하기 위한 활동들이 가졌던 특성이었다. 독일과 프랑스의 사회적 배경을 오랫동안 주목해온 취리히의 사회윤리학자 데이비드(J. David)는 이 상황을 정확하게 꿰뚫고 있었다. 그는 다음과 같이 서술했다. "대다수의 사람들은 예전 고지들이 가졌던 표현의 정확성과 논증의 엄정함을 아쉬워하고, 또 다른 사람들은 안도의 한숨을 내쉰다. 마침내 텍스트에 대해서가 아니라 사안에 대해 참답게 토의할 수 있는 길이 열렸다."[13]

이 회칙은 특히 제2차 세계대전이 끝나면서 시작된 세계적인 탈식민화 현상과 이로부터 인식된 이른바 "제3세계"의 문제에 당면하여 연대성 원리를 강조함으로써 사회윤리의 중점을 필연적으로 바꿀 수밖에 없었다. 전 세계적으로 경제가 날로 밀접하게 연계되면서

---

[13] Orien. 25(1961), 202.

사람들은 다국적 기업의 세력권에 대해 토의할 수 있었으며 토의해
야 했다. 사람들은 경제 발전의 비용에 대해서, 또 가끔씩은 직접적
으로 억압을 행사하는 권력과 지배 관계에 대해서 공개적으로 물음
을 던지기 시작했다. 그리고 이에 상응하는 책임성과 윤리적 의무에
대한 강조는 시장경제의 메커니즘이 경제 기적을 이끌어 온 곳에서
나, 또 이른바 "사회적 시장경제"가 교회의 사회론에 의해 윤리적으
로 성취되었다고 여겨지는 곳에서는 당연히 부당한 비판으로 느껴졌
을 것이다. 또 독일처럼 지속적으로 국가 경제에 걸맞은 메커니즘을
가지고 있던 나라는 글로벌 경제에 대해 사회윤리적으로 책임을 져야
하는 질서를 전제할 필요가 없었다. 이런 상황에서 이 회칙이 "자유
주의적"인 보조성에서 "훨씬 더 사회적"인 연대성으로 강조점을 옮긴
것은 특별히 글로벌 맥락과 그와 결부된 윤리적 문제들을 참작한 것
이다. 이 결과로 연대성이 더욱 또렷하게 강조된 점은 사회윤리적으
로 환영할 만하다.

사회문제를 다루는 요한 23세의 두 번째 사회회칙 『지상의 평화』
(Pacem in terris, 1963)는 평화 문제의 틀 안에서 처음으로 인권에 대해
긍정적인 입장으로 받아들였고,[14] 인권운동과 같은 방향으로 전개되
었다. 『어머니요 스승』을 마무리한 이후, 그때부터 적극성을 띤 파방
이 내부 책임을 맡고 회칙 『지상의 평화』의 중점을 주장했다. 이 회칙
의 주제는 특히 프랑스와 벨기에의 전통에서 포착되었고, 특별히 제
3세계에 대한 책임감에서 『오늘날 세계 안에서의 교회』를 논하는 제

---

14 F. Furger, Weltgestaltung aus Glauben, Münster 1989, 74-109; Menschenrechte als
Gestaltungsprinzip.

2차 바티칸 공의회의 사목헌장에 제안되었다. 이 제안은 공의회에서 일명 "제13안"으로 브뤼셀의 추기경 요셉 수에넨스(Josef Suenens)에 의해 논의되었다.

집안 내력으로 보아 수에넨스 추기경에게 별다른 것을 전혀 기대할 수 없었고, 이 관심사는 다름 아닌 죠반니 몬티니 추기경(Giovanni Battistia Montini, 1978년 선종)으로부터 확실한 지지를 받았다. 죠반니 몬티니 추기경은 1963년 교황으로 선출된 교황 바오로 6세로서 공의회와 사목헌장을 진행시켰다. "기쁨과 희망"(Gaudium et spes)이라는 제목으로 반포된 공의회는 1965년부터 교회가 세계와 연대적 책임을 가지고 실질적으로 출발하는 바탕을 마련했다. 이 이후로 교회의 연대적 책임은 민족들의 발전을 위한 수많은 그리스도교 구호 단체들의 활동을 통해 금전적으로, 특히는 개인적 투신에 의해 구체적으로 실행되었다. 이 관심사는 신학적 차원에서 특별히 라틴아메리카의 해방신학적 각성을 이어나갔다. 해방신학은 연대성과 이른바 "자립"으로 이해할 수 있는 자기 스스로의 책임에 대한 성찰로부터 시작되어 독자적인 사회신학으로서의 의무를 느끼기 시작했다. 이런 성찰과 의무는 주교들이 완성한 기초 문헌들에 의거하여 일어났다. 1968년 메델린과 1979년 푸에블라에서 열린 라틴아메리카 총 주교 회의(CELAM)에서 발표된 내용들은 교회와 가톨릭 사회론에서 논쟁할 만한 내용들이 토론되는 발전을 이끌어 냈다.

1891년 『새로운 사태』가 19세기의 "사회문제", 곧 산업 노동자의 빈궁함을 관심 있게 다뤘다는 점에서 "노동문제의 대헌장"으로 표시된다면, 저발전으로 인한 세계의 가난을 주제로 다룬 1967년 바오로

6세의 사회회칙『민족들의 발전』(Populorum Progression)은 "그리스도교의 세계 연대성에 대한 대헌장"으로 역사에 등장했다. 말 그대로 발표되기 바로 전에 선종한 르브레트가 구상한 이 회칙은 연대 참여가 출범하는 문을 열었다. 연대 참여의 특성은 1965년 공의회가 끝난 이후로 가톨릭 사회론을 특징지었으며, 경제학 전문가들이 공유하는 관심사뿐만이 아니라, 전체 그리스도교 일치를 위한 관심사와 특별히 전 세계 사람들의 폭넓은 관심사까지 보장했다. 회칙『민족들의 발전』이 반포된 지 20주년을 계기로 교황 요한 바오로 2세는 그의 회칙『사회적 관심』(Sollicitudo rei socialis, 1987년)에서『민족들의 발전』을 높이 평가했다. 이 평가는 그 회칙이 갖는 의미가 가톨릭 사회론에서『새로운 사태』가 갖는 중요성에 얼마나 가까운가를 공식적으로 보여 준다.

회칙『새로운 사태』의 80주년인 1971년에 바오로 6세가 발표한 교황 서한『80주년』(Octogesima adveniens)과 90주년을 기념하기 위해 요한 바오로 2세가 반포한 회칙『노동하는 인간』(Laborem exercens)은 하느님이 그리스도교에 세상을 위탁하심을 근거로 공의회에서 이미 강조된 글로벌 연대성을 재차 강조한다.『80주년』과『노동하는 인간』은 자본과 노동의 관계에 대한 고전적 문제에 관련하여 노동을 우선적으로 보호해야 할 대상으로 분명하게 분류했다. 이 견해는 더 이상 민족의 영역에 국한해서가 아니라 지구적 차원에서 전개되었다. 이로써 단순한 노동 존중주의에 빠지지 않고 물질적·비물질적 측면에서 노동하는 주체의 권리와 관심사들, 말하자면 공동 결정, 일자리의 지속적 보장 등에 대한 요구들이 노동의 객관적 가치들에 대한 권리와 관심사들보다 우선해야 하는 것으로 제시되었다.**15** 『노동하는 인간』은 직접 고용주인 기업인과 특히 "간접 고용주"인 국가와 국제 질서에 그 구체적인 우선권들을 보장하도록 그리스도교 윤리의 계명으로서 요청했다. 사회질서와 경제질서를 하나의 전체질서 안에서 이해하는 이런 요구들은 가톨릭 사회론에서 사회윤리의 참다운 지위를 찾아 주었다. 물론 사회질서도 개인들의 결단에 근거하기는 하지만, 이 회칙은 사회 형태를 결정하는 질서에 관한 문제를 중요시하며, 더는 사람들 관계에서 일어나는 직접적인 행동을 다루지 않았다.

회칙 『사회적 관심』은 이런 방향을 다시 한 번 입증했다. 이 회칙은 라틴아메리카 해방신학자들의 관심사들을 비판적으로, 그러나 총체적으로 관찰하고 오랜 논의 단계를 거쳐 아주 긍정적으로 가톨릭 사회론의 영역으로 받아들였다. 동시에 그 관심사들을 도덕신학의 전체 체계에 통합되는 요소로 파악했다(41항). 이 새 문헌 역시 더는 이론적 양식이 아닌, 그리스도교의 책임에 의해 필히 비판적으로 경고하고 용기를 북돋우어 사랑의 계명에 책임을 지도록 참여를 촉구하는 권고의 양식이다. 국가에 대한 염려, 곧 정치적 책임은 복음이 그리스도인들에게 줄기차게 요구하는 본질적인 책무에 속한다. 이를 명시하고 구체적으로 수행하는 일은 가톨릭 사회론의 명백한 과제가 되었다.

---

15 『노동하는 인간』은 노동의 주관적 가치와 객관적 가치를 구분한다. 노동의 주관적 가치는 노동하는 인간 그 자체로서 사람의 인격적 가치를 말한다. 반면, 객관적 가치는 노동 종류에 대한 사회적 판단 및 노동이 산출하는 가치, 자본의 발전 등으로 이해된다. 특별히 6항 참조.(역주)

이 모든 설명은 그리스도교 사회론의 초기 발전단계, 말하자면 1891년에서 1961년 동안에 전개되었던 내용을 부정하는 말이 아니다. 왜냐하면 사람의 인격적 발전이라는 기본적인 목표 설정은 사회적 맥락에서, 곧 공동선의 요구를 전제해서 지속되며 순전히 개인주의적이고 자유주의적이거나, 또는 집단적이고 사회주의적이기만 하는 사회질서를 거부하기 때문이다. 이 두 가지 사회질서는 공동체와 사회 안에서만 인격을 갖추게 되는 사람의 존재에 알맞지 않다. 따라서 보조성 원리와 연대성 원리 사이에 균형을 잡기 위한 노력도 역시 사회윤리가 지속적으로 도전받는 내용으로서 그리스도교 사회론을 구성하는 요소가 된다. 왜냐하면 개인의 독립성이나 개인들이 모인 작은 집단들은 늘 다른 사람들과 함께하는 맥락에 놓여 있기 때문이다. 이 도전은 추상적으로 생각될 수 없고, 시간과 공간을 초월해서 유효할 수 없으며, 각기 다른 맥락·변천하는 시대·문화의 변화 안에서만 실현될 수 있고, 역시 그 안에서만 생각될 수 있다.

모든 사회윤리는 자기 고유한 원리들의 강조점과 중점을 시대적 맥락에 맞게 바꾸어야 하고, 그 특별한 쟁점들을 비판적으로 그리고 새로운 가능성들 안에서 인식해야 하며, 동시에 사회변동을 고려하여 다양한 해결책을 염두에 두어야 한다. 이에 대한 전형적인 예는 사유재산의 사회적 의무에 대한 이해다. 사회론이 거의 백 년 동안 이룩한 발전과정과 사유재산을 책임 있게 사용하는 구체적 방법은 사회적 시장경제 질서로부터 개별적 직업 부문과 생산 부문들이 사회화되는 일정한 형태에 이르기까지 얼마나 풍부할 수 있는지를 보여준다. 사회윤리의 원리들은 알맞은 해결책을 선험적으로 결정하지 않는다. 오히려 "원리들의 뜻" 안에서 추구되는 실효성과 실행능력을 구체적 상황에 적합하게 결정한다. 여기에서 그리스도인들이 사회정책을 형성하는 데에 어떤 방식으로 영향력을 미치는지에 대한 물음은 명백하게 뒷전으로 밀려난다. 그리스도인들이 영적 지도 아래 교회의 이익단체들을 통해 직접적으로 사회정책에 영향력을 행사하는지, 아니면 개별적으로 복음에 대한 의무감에서 사회의 다양한 이익단체에 참여함으로써 세속적이고 간접적으로 영향력을 행사하는지에 대한 문제는 사회윤리에서 본질적인 문제가 아니다. 그보다는 보조성과 연대성을 고려하는 공동선 안에서 사람의 품위가 실현되도록 늘 새롭게 추구하는 일이 더 중요하다. 이 일은 비판적 태도와 기본 원리들이 주는 역동적인 자극을 통해 이루어져야 하며, 구체적인 문화·사회는 최선의 가능성과 예측을 통해 복음과 사랑의 계명이 갖는 역동성에 따라야 한다. 다원적이고 세속화된 현대사회의 맥락 안에서 그리스도교의 동인은 바로 복음의 뜻에 따라 인간애의 누룩으로 작용하는 것이다. 이 말은 구체적 논쟁이 발생하거나 그리스도인들 사이의 다양한 관점과 중점 때문에 문제나 갈등이 생겨 평화롭게 공존하지 못할 때 더욱 유효하다.

사회윤리가 결정적으로 요청하는 것은 이미 주어진 예정된 조화가 아니다. 그보다는 개인들 사이의 논쟁이 공정하게 이루어지도록 논쟁의 경계를 정하는 것이며, 그럼으로써 서로 보완능력이 있는 의견들을 요청하는 것이다. 그리스도인들은 이런 사회윤리의 요청을 몸으로 느껴야 한다. 이런 일들이 구체적인 윤리적 책임성 안에서 어떻게 이루어질 수 있는지를 구체적으로 보여주는 예들이 있다. 해방신학에 관해 1984년과 1986년 로마의 신앙성성이 발표한 훈령들이다. 그리고 교회 안의 광범위한 영역에서 발표되는 독자적인 고지들이다. 1983년 평화 문제와 1986년 경제정의를 위한 미국 주교들의 사목서한, 그리고 오스트리아 주교들이 1990년 발표하기로 기획한 사회적 사목서한을 내다보며 이끌었던 "기초문집"에 대한 토론 등이 바로 그것이다. 이 문서들은 구체적으로 윤리적 책임을 실행하기 위해 "신앙인들의 신앙적 감각"(Sensus fidelium)을 완전히 새롭게 존중하는 방식을 보여준다. 바로 이렇게 보완되고 수정된 문헌들은 요한 바오로 2세의 교서 『사회적 관심』에 어느 정도 직접적인 영향을 주었다. 덧붙여 말하면, 이 회칙이 작성되기 이전에 전 세계적으로 폭넓게 지지를 받았던 설문 조사가 여러 주교회의에서 실행되었다. 이 문헌들은 그런 관점이 교회의 중요한 사회 윤리적 고지 안에도 얼마나 대단하게 받아들여지기 시작했는지를 보여준다. 비록 1891년 첫 사회회칙이 발표된 이후에 사회론에 대한 교회의 많은 학술적 논의 안에서 편견과 경직성이 보이긴 했지만, 이미 그 당시 사람들을 경청하게 했던 교회의 사회고지가 갖는 역동성은 유지된다고 여겨진다. 지금 다양하면서도 부분적으로 확실하지 않은 견해들로 인해 느껴지는 현재의 불확실성은 불안에 대한 표시가 아니라, 오히려 사회적으로 중대한 가르침을 내리기 위한 불가피한 현실적 과정이자 생생한 대립의 표시이다. 이럴 때에만 그리스도교 사회윤리는 전 세계의 관심을 받을 수 있다. 이에 대한 수많은 분명한 징조는 사회윤리 문제에 폭넓은 관심들이 증가하는 데에서, 또 위원회와 학술 단체들이 발행하는 전문적 출판물에서 나타난다. 가치 관념이 또렷하게 거론되고 동시에 학술적인 정확한 정보가 올곧은 윤리적 주장과 함께 토론되는 한, 그리스도교 사회윤리는 귀를 열고 경청하는 사람들에게 강력한 영향을 미치게 될 것이다.

그리스도교 사회윤리 안에 이런 견해가 강해지고, 더 나아가 이런 견해가 사회적으로 중요하게 영향력을 미칠 수 있게 하기 위해서는, 마땅히 그리스도교 사회윤리의 견해가 넓은 뜻에서 일치하고 동시에 하나의 그리스도교 신앙에 국한되지 않아야 한다. 비록 가톨릭 사회론이 고유한 내적 체계를 갖추고 닫힌 성향을 가지고 있더라도, 다른 교회들과 종교들 속에서 가톨릭 사회론과 무관하게 생겨나는 다양한 사회윤리의 경향들과 논쟁을 벌여야 한다. 특히 산업화 초기 똑같은 사회적 조건 아래서 생겨난 개혁교회들의 사회윤리적 자극들과 대화를 해야 하며, 서로 격려하고 비판도 해야 한다. 이런 과정은 제2차 세계대전이 끝난 이후, 제2차 바티칸 공의회에 의거하여 분명하게 시작되었다. 이 과정에서 반드시 필요한 일은 각 사회윤리의 경향들이 갖는 독자적 역사를 인지하는 것이다.

기타 참고문헌

A. Amstad, Das Werk von Götz Briefs, Berlin 1985.

R. Aubert, Der Katholizismus und die soziale Frage, in: L.J. Rigier u.a. (Hrsg.), Geschichte der Kirche V/1, Zürich 1976, 125-142.

J.Bruhin, Christliche Soziallehre und Politik heute, in: Civitas (Schweiz) 43 (1988) 281-287.

R. Hennig, Christliche Gesellschaftslehre im 20. Jahrhundert, in: H. Vorgrimler, R. v.d. Gucht (Hrsg.), Blianz der Theologie im 20. Jahrhundert, Freiburg 1970, 361-370.

O. Köhler, Die Ausbildung der Katholizismen in der modernen Gesellschaft - Die Gesellschaftstheorien, Handbuch der Kirchengeschichte VI/2, Freiburg 1973, 207-216.

N. Monzel, J. Stegmann, Die Katholische Kirche in der Sozialgeschichte, 2 Bde., München 1980 u.1983.

C. Ruhnau, Der Katholizismus in der sozialen Bewährung, Paderborn 1980.

J. Schwarte, Gustav Gundlach SJ (1892-1963), Paderborn 1975.

2. "종교 사회주의"

2-1. 첫 출발

19세기에는 프로테스탄트 신자들도 가톨릭에서와 마찬가지로 점점 심화되는 산업 노동자의 빈곤에 점차 눈길을 주기 시작했다. 특히 독일과 앵글로색슨 영역의 프로테스탄트 신자들이 많은 관심을 가졌다. 물론 기선을 제압하던 지방교회들은 전혀 그렇지 않았다. 그 교회들은 기업을 경영하거나 자유주의적인 상류 시민 계급들과 정치적으로 밀접하게 연관되어 있었다. 산업 노동자의 빈곤화에 관심을 갖기 시작했던 교회들은 바로 경건주의에 영향을 받은 자유교회였다. 이에 대해서는 감리교와 그 안에서 성장해서 분리되어 1878년 부스(W. Booth, 1912년 선종)에 의해 창시된 구세군, 그리고 남독일에서 바트 볼(Bad Boll)이 요한 크리스토프 블룸하르트(Johann Christoph Blumhardt, 1880년 선종) 아래에서 시작한 계몽운동을 들 수 있다.

이 범주에서 유래한 여러 활동들은 그리스도교의 이웃사랑을 사회 정치적 성과들과 연결시켰다. 이에 부응하여 사람들은 자신들을 산업 노동자의 궁핍에 공동책임을 느끼는 그리스도인으로 이해했다. 보델쉬빈크 부자(Bodelschwingh 부자父子)는 베델에서 버려진 장애인들을 돌보는 자선사업을 했고, "바젤 선교단"은 민족 간의 이해와 합의를 이끌어 내는 문화중재 산업을 통해 아시아에서 경제와 사회의 발전을 이룩하기 위해 적극적으로 중요한 활동들을 벌였다. 또 항해 사목(Schiffsseelsorge)은 해외 이주자들을 돌보는 활동들을 벌였는데, 이 활동들은 모두 그런 방향에서 작용했다.

이런 활동들은 대부분 직접적인 도움을 주는 자선 활동으로 처음 시작되었지만, 곧바로 정치적 영역에 영향을 미치기 시작했다. 요한 크리스토프 블룸하르트의 아들 크리스토프 블룸하르트를 그런 사람으로 언급할 수 있다. 그는 사회 구조적 문제에 민감했고, 독일제국의 국회의원으로서 정치에 적극적으로 관여했다. 사회윤리적으로 깊이 고뇌하는 이론이 이끌어 낸 자발적 참여는 사회적 차원을 점차 중요하게 인식하게 하는 성과를 가져왔다. 그 이유는 특별히 루터교의 전통에 있었다. 루터교 전통은 한편으로 행위 의인(선행으로 하느님께 의義를 인정받음, 역주)을 부인했고, 그래서 사람의 개별 행위를 규범에 맞게 성찰하는 도덕신학을 전혀 발전시키지 못했다. 또한 루터교 전통은 두 왕국론에 입각하여 세속의 관심사를 조정하는 일을 국가 권위에 위임했다.

가톨릭 전통에서는 자연법과 만민법 등 사회윤리의 규범을 찾으려는 노력이 오랫동안 발전해 온 반면에, 프로테스탄트 특히 루터교 영역에서는 그런 이유로 사회적 입장이 없었다. 이 때문에 프로테스탄트 영역에서 만들어진 구상들은 국가 차원에서 전개하는 비판 운동들을 즉시 질책하는 것으로 받아들여졌다. 이런 경향은 사회문제에 참여하는 프로테스탄트 신자들이 사회주의 경향으로 다가가는 조건이 되었다. 그 결과 복음에 대한 책임으로 사회적 문제에 참여해야 한다고 주장하는 자들에게 이후 "종교 사회주의자"라는 명칭이 붙었다는 점은 쉽게 이해된다. 이런 의미에서 칼 바르트(K. Barth, 1968년 선종)는 1915년에 "그리스도인이 그리스도교의 개혁을 진지하게 수행하고자 한다면, 진정한 그리스도인은 사회주의자여야 한다. … 사회주의자에게 사회주의 개혁이 중요하다면, 진정한 사회주의자는 그리스도인이어야 한다"고 말했다.[16]

바르트의 이 말은 차별성 있는 사회주의가 중요하다는 것을 분명하게 보여주었다. 비록 그의 사회주의 사상은 전적으로 초기 마르크스주의와 연관되어 있지만, 초기 마르크스주의를 사회 조직의 모델 또는 그 부분 영역들에 국한했기 때문에, 그의 차별성 있는 사회주의 사상을 결코 글로벌 차원에서 하나의 세계관으로 이해하려고 해서는 안 된다. 이렇게 제한된 사회주의 사상에도 불구하고 프로테스탄트의 사회윤리는 사회주의의 사회개념들과 접촉하는 것을 여전히 불안해했다. 그 불안은 가톨릭 사회론에서 최소한 일정 기간이나마 확인될 수 있는 것보다 더 편협했다. 그럼에도 간과할 수 없는 점은, 프로테스탄트 사회윤리에는 분명 사회민주주의 운동들과 빈번하게 밀접

---

[16] 그는 스위스 사회민주당(SPS: The Social Democratic Party of Switzerland)에 입당한 후 1915년 "전쟁, 사회주의와 그리스도교"라는 강연에서 그렇게 직접 말했다. 이 강연으로 그 당시 바르트와 블룸하르트가 가까운 관계를 유지하고 있었다는 사실을 알 수 있다.

한 관계를 맺었던 전통이 있다는 것이다. 이 관계는 교회들과 프로테스탄트 신학이 사회윤리를 연구하는 공식적인 방식에서 오늘날까지 부분적으로 영향을 미치고 있다. 이런 모습은 정말 오래된 꾸준한 전통이다. 이미 뵈미쉬의 목사인 토트(R. Todt, 1887선종)는 1877년 출간된 『독일의 급진적 사회주의와 그리스도교 사회』라는 그의 논문에서 무신론과 순진한 진보 낙관주의를 분명하게 거부하면서 사회주의와 그리스도교를 합류시킬 것을 제안했고, 이 제안은 그 당시 종교 사회주의자들의 논증 형태를 규정했다. 특히 종교의 잘못된 부분인 저승과의 연관성을 해체함으로써, 인간의 현실을 "두 왕국"으로 나누는 루터교의 이론을 극복했다.

　루터교의 견해에서는 종교와 교회가 사회현실과 궁핍 문제에서 쉽게 분리되기 때문에, 마르크스가 "공산주의자들의 랍비"인 모제스 헤스(Moses Hess, 1875년 선종)를 인용하여 표현한 바와 같이 "민중의 아편"으로 쉽게 타락한다. 교회의 이런 타락은 바로 예수의 복음을 위해서 반드시 피해야 하는 일이다. 이와 같은 시기에 역사 비평적인 성경 연구는 교회 질서의 확실한 전통적 형태들을 파악할 수 있게 했다. 이 연구 방법은 이론적 특권으로 보호될 것이 요구되었으며, 동시에 초기 교회 공동체의 "공산주의"적 특성과 포괄적인 사랑의 계명을 논박할 수 없는 복음의 굳건한 내용으로 제시할 수 있었다. 마침내 사람들은 토마스 뮌쩌(Thomas Münzer, 1525년 선종)가 봉기한 이후로 이미 사회 비판적 동기들을 늘 내포하고 있었던 개혁 전통을 의식하기 시작했다. 게다가 일상의 지평에서는 스피노자(Spinoza, 1677년 선종)에서 칸트(I. Kant, 1804년 선종)에 이르는 계몽철학자들의 신학비판이 사회윤리적 문제들과 사회주의적 해결방안에 대한 개방성을 불러일으키는 종교 성향을 바로 도덕 영역으로 옮겨놓게 만들었다. 이 밖에도 가톨릭 도덕신학자 슈타인뷔켈(T. Steinbüchel, 1949년 선종)의 논문은 가톨릭교회 안에서도 사회주의적 요소들이 완전히 무시되지 않았다는 사실을 보여준다.[17]

종교 사회주의는 실제 그 뿌리를 앵글로색슨 세계에 두고 있다. 심지어 그 명칭은 영국의 "그리스도교 사회주의자"에서 유래한다. 이 점에서 예전에 잘 알려졌던 이름 로버트 오언(R. Owen, 1858년 선종)을 지적할 수 있다. 그는 경제적으로 완벽하게 성공한 사람으로서 19세기 초반에 이미 자신의 공장 경영에 사회개혁을 끌어들였다. 그는 채 10살도 안 되는 어린이의 노동을 감소시켰고, 건강보험조합과 고령보험조합을 도입했으며, 노동시간을 하루 10시간 30분으로 규제하도록 요청했고, 또 소비조합 상점을 통해 노동자들의 필요를 더 잘 만족시키려고 노력했다. 오언은 이런 조치들의 일부분을 법으로 확립하려는 노력도 했다. 이로써 그는 영국의 사회 입법과 공장 입법에서 앞서가는 사람이 되었을 뿐만 아니라, 그의 사상은 그 시점을 뛰어넘어 사회윤리의 중요한 내용에 포함되었다. 이후 계속된 시도들, 예를 들어 미국에서 "공산주의" 마을을 형성하려는 시도 등은 실패했지만, 이런 경향은 라우쉔부시(W. Rauschenbusch, 1918년 선종)의 지도로 마침내 사회 계몽운동에 불을 붙였다. 이 운동은 "사회적 복음"이

---

[17] T. Steinbüchel, Der Sozialismus als sittliche Idee. Ein Beitrag zur christlichen Sozialethik, Düsseldorf 1921. 이 연구는 11개 언어로 번역되고, 1923년 16번째 출판된 가톨릭의 정평 있는 책(V. Cathrein, Der Sozialismus, Freiburg 1901)의 판단을 약화시켰다.

라는 슬로건 아래 역사에 등장했다. 이 운동의 바탕에는 사회적으로 구원받았을 때만이 사람은 완전한 의미에서 구원받는다는 견해가 놓여 있었다. 이 견해에 부합하는, 곧 불의에 투쟁하고 인종주의에 대항하는 사회 정치적 차원의 활동들은 명백히 사회윤리적 요청으로 발생했다. 마틴 루터 킹(M. Luther King, 1968년 선종)이 이끈 흑인들의 법적, 사회적 동등성을 위한 운동은 이런 경향의 역동적이고 실제적인 작용이 20세기 후반까지 계속 이어졌다는 사실을 증명한다.

이 운동들은 신학적으로, 순전히 내세적 종말론으로 이해되던 하느님 나라가 다시 현세의 관점에서 이해되기 시작했다는 점을 뜻한다. 여기에서 종말론은 마르크스가 말한 바와는 완전히 다르게, 세상 안에서 단순히 세속화되는 것이 아니라, 이후 사람들의 말처럼 "종말론적인 유보 아래" 저승과 연관될 뿐만 아니라 이승에서도 영향력을 미치는 것으로 이해되었다. 이미 시작되었지만 아직 완성되지 않은 하느님 나라에 대해 예수가 알려준 대로, 사람들은 더 큰 정의와 인류애를 위해 사회, 정치적 관심사들 안에서 구체적인 법률이 제정될 때까지 참여해야 한다. 바로 그 일들을 통해 하느님 나라가 건설되는 데 협력하게 된다. 물론 이 점에서 하느님 나라를 자신의 능력으로 직접 세울 수 있다고 잘못 생각해서는 안 된다. 하느님 나라는 하느님의 일이다. 사람은 은총에 대한 하느님의 약속 안에서 함께 건설하도록 부르심을 받았고 윤리적 요청을 받는다. 이런 차원의 일들은 오래전부터 남독일의 경건주의와 바트 볼의 운동에 전적으로 의지하고 있었다. 이렇게 점차 명확하게 사회윤리로 드러나는 새로운 경향들은 이 시점에서 쉽고 정당하게 기반을 잡을 수 있었다. 이에

대한 아주 탁월한 예는 위에서 언급한 신학자이자 국회의원이었던 크
리스토프 블룸하르트다.

2-2. 전개

종교 사회주의 사상들은 루터교의 개혁적 특성보다는 츠빙글리교
의 전통사상에 더 가까웠다. 그 성향은 스위스에서도 종교개혁에 성
공한 독일어권 영역에서 강했다. 정부에 의해 엄격하게 조직된 지역
교회에 비해 츠빙글리교는 개별 목사에게 훨씬 더 많은 자유를 허용
했다. 때문에 그 신학 전통은, 이미 설명한 독일의 사상들이 신속하
게 격앙된 반응을 보일 정도로 사회윤리의 새로운 요구들을 쉽게 용
인했다. 이 신학 전통은 위에서 말한 공동체 원리와 같은 내용을 가
지고 있었으며, 오래전부터 사회 정치적으로도 중요했다. 노이뮌스
터 목사였던 취리히 출신 쿠터(H. Kutter, 1931년 선종)는 스스로 사회
주의자가 되거나 직접 정치에 개입하지 않고, "정치는 평신도가 해
야 한다. 목사는 일깨우는 사람이다"라는 슬로건 아래 노동자와 노동
자들의 문제에 대한 "교회의 구태의연한 태도"를 비판하는 데 참여
했다. 또 처음에는 해방신학적 의무에서 시작했지만, 블룸하르트를
통해 사회적 문제를 지적했던 대단한 인물로 라가쯔(L. Ragaz, 1949년
선종)가 있다. 그는 스위스에서 종교 사회주의를 특징짓는 인물이 되
었다. 그는 일찍이 그라우뷘덴의 라이헤나우에서 목사를 지냈고, 이
후에 취리히에서 실천신학 교수를 지내면서 적극적으로 사회문제와

세계평화 문제에 몰두했다. 이것은 종국에 쿠터와 여러 가지 긴장을 겪은 이후 취리히 산업 지역에서의 노동사목에 대한 교수직 과제에 전념하기 위해서였다. 그는 실천하는 예언자처럼 교회의 사회윤리가 폭넓게 발전하는 데 영향을 미쳤다. 이와는 대조적으로 일생 동안 블룸하르트와 밀접한 관계를 맺었던 이른바 "직조공 사목자" 오이그스터 취스트(H. Eugster-Züst, 1932년 선종)는 그리스도교에 대한 책임에서 직접 정치에 참여해야 한다고 생각했다. 그는 목사직을 단념하고 사회주의 노동조합원이 되었고, 스위스 칸톤 주의 행정 요원이자 국회의원으로서 세기의 전환 이후에 자신이 담당하는 지역의 사회정책을 결정하는 데 크게 이바지했다.[18]

사회윤리학자인 리히(A. Rich, 1910년 출생), 그리고 칼 바르트와 그의 제자들은 스위스에 있는 이 학파에서 지성을 키웠다. 그들의 지성은 스위스의 사회 민주주의와 밀접한 관계를 유지하면서 1918년 총파업 때를 제외하면 지속적으로 발전한 셈이다. 그들 지성의 노선은 제네바에 본부를 두고 있는 교회 일치위원회의 신학에 영향을 끼쳤다.

1918년 전쟁 패배로 인한 "국가 재난"의 발생으로 깊이 고민할 수밖에 없었던 독일의 프로테스탄트 교회들은 이와는 근본적으로 다른 방향으로 발전했다. 그 당시 군종 목사였던 틸리히(P. Tillich, 1965년 선종)와 샤프트(H. Schafft, 1959년 선종) 같은 저명한 신학자들은 독일이 제1차 세계대전에서 패망한 이후 민족들이 서로 이해하도록 하는

---

18 L. Specker(Hrsg.), Politik aus der Nachfolge, Zürich 1984.

일에 참여했을 뿐만 아니라 당시 절박해진 사회문제들을 적극적으로 다루었다. 이 밖에도 뎀(G. K. Dehm, 1970년 선종)이 창설한 "종교 사회주의자 연합"과 1920년에 포르츠하임의 목사 에케르트(E. Eckert)가 창설한 "프로테스탄트 산업 노동자 연합"이 활동을 전개했다.

이런 여러 가지 경향들은 분명 내부에 모순이 존재했음에도 똑같이 산업 노동자에 관한 문제들을 사회 정치적으로 극복하려는 방향으로 작용했다. 1924, 26년에는 공동연구 모임을 가졌으며, 그 얼마 후에는 "독일 종교 사회주의자 연합"을 설립했다. 이 모임에서는 늘 "궁극적 진리의 내세 지향성과 사회주의의 도구성"[19]을 다루었는데, 이 내용은 사랑과 정의라는 그리스도교의 기본 성향에 맞서는 자본주의를 분명하게 거부할 것을 기본 명제로 요청했다. 이 때문에 라가츠가 공식화한 바와 같이, 그리스도교의 총체적 진리를 올바로 이해한다면 종교 사회주의를 요구하게 되었을 것이다. 여기서 종교 사회주의는 신앙을 넘어서는 학문은 아니었고, 단순한 개혁을 뛰어넘는 사회 변화에 대한 믿음이었을 것이다.

모든 종교 사회주의는 인문학적 학식이나 정치적 영향력을 또렷하게 제한했던 국가 경제에 대한 정확한 지식에 기초했다기보다는 이상주의에서 동인을 얻어 출발했다. 게다가 신학적으로 중요한 부분, 곧 세상 현실에 대한 인식론에서 오류가 있었다. 그 오류는 실용적으로 생각하는 스위스의 츠빙글리 신자들보다는 루터교 신학에서 더 많이 발견되었다. 이로 인해 프로테스탄트 교회들의 사회적 입장은 그 당

---

19 스위스 목사 블룸(E. Blum)의 말이다.(Pfeilffer, a.a.O. 251 인용).

시 또렷하게 체계적 모습을 갖춰가던 가톨릭 사회론과 근본적인 차이를 갖게 되었다. 결국 1933년 권력을 장악한 국가 사회주의는 사회주의의 "다른" 모든 형태들을 냉정하게 거부하고 다른 사회주의에 동조하는 사람들을 어떤 방식으로든 박해하고 추방하거나 파멸시켰다.

가톨릭교회는 1931년 회칙 『사십주년』에서 마르크스주의 경향들과 논쟁을 벌일 때, 그리스도교와 사회주의의 결합이 이성적이라기보다는 차라리 신봉하듯이 추구되는 데 대해 분명하게 이의를 제기했다. "종교 사회주의, 그리스도교 사회주의는 그 자체로 모순이다. 진정한 가톨릭 신자가 동시에 진정한 사회주의자가 되는 것은 가능하지 않다."(120항, 한국어 번역판 49항, 역주) 왜냐하면 "사회에 대한 사회주의 관념과 그리스도교 관념의 대립은 조정될 수 없기 때문이다." (117항, 한국어 번역판 48항, 역주)

이로써 국가 사회주의자들이 권력을 장악한 초기부터 교회들이 일치될 수 있는 협력은 명실상부하게 불가능해졌다. 그들이 사회주의와 종교의 제반 형태뿐만 아니라 그리스도교가 사회를 만들어 나가는 활동에도 억압을 가했기 때문이다. 이 결과로 국가 사회주의의 전체주의적 지배 아래서 그리스도교의 사회윤리적 책임은 더 이상 공개적일 수 없었고, 기껏해야 지하에서 박해의 부담을 안고 실행될 수밖에 없었다.

그리스도교 사회윤리학자들에게 교회 일치를 위한 대화가 반드시 필요하며, 이 대화는 미래를 위해 종교 사회주의의 전개 과정에서 나타난 부정적 체험을 분명하게 인식해야 한다. 교회의 협력은 근본적으로 책략 이상이어야 한다. 서로 차이 나는 입장은 사안 자체에서보다는 오히려 극단적인 표현들에서 발견된다. 따라서 입장 차이를 서로 간의 대화에서 파악할 것이 아니라 보다 근본적으로 정확하게 파악하고 철저하게 규명할 필요가 있었다. 마르크스 사회주의 요소를 참조하는 데 관해서는, 틸리히가 이미 강조했듯이, 마르크스주의 세계관과 그 사회분석은 구별될 수 있다. 사랑에 기반하는 정의를 실현하기 위해서 극심한 사회적 대립을 해결하는 방법으로 계급투쟁이 분명코 필요하다면, 그 계급투쟁은 정당방위이기 때문에 반드시 계급적 증오로 변질되지 않는다. 또 생산수단의 소유를 국유화하라는 요구는 지금에 와서도 반드시 집단적 공산주의를 뜻하거나 사람의 존엄성을 부정하는 것이 아니다. 가장 최근에 라틴아메리카의 해방신학자들에 의해 쇄신된 내용과 다시금 논쟁의 여지가 있는 것으로 제시된 내용은 그 당시에 이미 깊이 고민되어야 했다. 또한 그런 이론적 통찰들을 성급하게 실존하는 "사회주의" 체제와 어리석게도 동일시해서는 안 된다는 점에 주의해야 한다. 순진한 전체주의가 사회주의와 마르크스주의 내지는 "프롤레타리아 독재"라는 슬로건 아래 인권과 정의를 억압하면서 불러왔던 필연적 결과와 부분적으로 여전히 실행하고 있는 것을 반드시 이론적 사회주의와 같다고 볼 필요는 없다. 전체주의적 실행들이 일당체제와 그 기능을 통해 권위적 사회형태를 가져올 위험에는 주의를 기울여야 한다.

해방신학자들이 극단적인 사회적 불의를 참작해서 제기한 사회주의에 대한 요구들은 대부분 세분화되지 않았고, 철저하게 사회학적 근거를 대고 있다. 반면 취리히의 사회 윤리학자이자 스위스 사회민주당(SPS)의 구성원이었던 리히의 요구들은 사회민주주의 발전이나 사회주의적 관념들을 깊이 고민하여 동의하는 모습을 보여주는 전형적인 사례였다.[20] 이 사려 깊은 모습들은 독일 사회민주당(SPD)의 "고데스베르크 강령"에서 어느 정도 나타났다. 마찬가지로『사십주년』이후 새 교황의 교서들에 나타난 언명들은 근본적으로 좀 더 세분화되었고 사회민주주의 개혁 사상들에 전혀 적대적이지 않았다. 『사십주년』이 사회주의를 엄격하게 공식적으로 거부한 것은 그 시대적 조건을 전제하여 이해할 수 있다. 어찌 되었든, 프로테스탄트 전통에서 나오는 "종교 사회주의자"의 유산과 가톨릭 사회론의 유산 사이에 일치를 이루기 위한 대화는 다원주의적으로 세속화된 사회에서 서로 보충하고 복음 정신에서 나오는 공통된 증언을 함께 하기 위해 그 어느 때보다도 더 절박해졌다.[21]

2-3. 교회일치를 위한 협력과 새로운 제안

닫힌 조직과 협력하려던 종교 사회주의자들의 처음 시도들은 그 당시에 실패했다. 그 외적 이유로는 국가 사회주의로 인한 곤경 때문

---

[20] A. Rich, Wirtschaftsethik, Bd. 1, Gütersloh 1984. (2권은 준비 중에 있다)

[21] 1964년 바젤에 설립된 전 신앙을 포괄하는 국제단체 "사회윤리"(Societas ethica)가 교회의 일치를 이루는 대화에 특별히 헌신했다. 이 대화를 통해 도달한 입장을 가장 잘 알려주는 책은 다음이다. A. Hertz, W.Korff, T.Rendtoff u. H.Ringeling(Hrsg.) Handbuch christlicher Ethik, Freiburg-Gütersloh 1978-82. 이 3권짜리 책은 유일하게 교회 일치의 협력을 통해 이런 책이 나올 수 있다는 사실을 보여주었고, 하나의 전환점을 이루어 냈다.

이지만, 내적 이유는 닫힌 이론의 단점들과 일어난 불화였다. 이 시도들이 실패한 모습은 푹스(F. Fuchs, 1971년 선종)의 운명이 전형적으로 보여준다. 종교 사회주의자였던 그는 국가 사회주의 시기에 그의 교수직을 잃고 쫓기며 생존해야 했다. 그는 1949년 독일민주공화국(DDR) 라이프찌히에서 새로 교수직을 맡았다. 그의 사회주의적 희망과는 반대로, 그는 신학자로서 큰 영향을 미치지 못한 채 살았다. 자신의 85세 생일을 맞이하여 정부 하객들이 보낸 인사에 그는 개개인에게 다음과 같은 자극적인 답을 했다. "예수 없이는 이루어지지 않는다."[22] 현존하는 사회주의에 대한 순수하지만 또렷한 이 비판은 국가 사회주의자들로부터 박해받은 이후 종교 사회주의자들의 첫 번째 운동이 정치적으로나 실질적으로 실패한 데에 대해 똑같이 타당하다. 비록 종교 사회주의 운동이 사상과 신학적인 면에서 늘 확실하게 용기를 북돋우는 역할을 하지 못했을 테지만 의미심장한 영향력을 끼친 건 사실이다. 프로테스탄트 신학과의 대다수 사회윤리학자들, 오펜(D. von Oppen), 벤드란트(H. D. Wendland), 호네커(M. Honecker), 렌트로프(T. Rendtroff) 등은 종교 사회주의 운동과 떼어 놓고는 결코 생각할 수 없는 사람들이다.

예전의 "종교 사회주의자 연합"이 1976년에 과감하게 다시 결성되었다는 점도 그리 놀랄 일이 아니다. 이 연합체의 재결성을 위해 1973년 칠레 대통령 살바도르 아옌데가 실각한 이후, 유럽에서도 널

---

22 Pfeiffer, a.a.O., 293. 프로테스탄트 영역의 전체 발전을 요약한 책은 다음이다. C. Frey, Die Ethik des Protestantismus von der Reformation bis zur Gegenwart, Gütersloh 1989.

리 확산된 기본 원칙들이 임시로 작성되었고, 칠레에서 형성된 "사회주의를 위한 그리스도인"과의 협력이 시도되었다. 그럼에도 그런 차원의 운동 시기는 지나간 것처럼 보였다. 그 시도들이 초기 경향에서 벗어나지 못했기 때문이다. 그렇게 능력 있는 두뇌들은 1960년대 제2차 바티칸 공의회에 의거하여 적극적으로 사회에 비판을 가했던 신학자들처럼 시간의 수레바퀴를 더 이상 뒤로 돌리기를 원치 않았다. 그런 신학자들로는 예를 들면, 피렌체에서 이솔로토 운동(Isolotto-Bewegung)23을 벌인 돈 마찌(Don Mazzi)나 로마 성벽 앞에 있는 성 바오로 원장 프란쪼니(Franzoni), 그리고 로마의 살레시오 회원 기라디(G. Girardi) 등이다. 개신교 사회 윤리학자들의 활동은 비판적으로 격려하는 데 그쳤으며, 사회운동이나 주요 학파는 더 이상 생성되지 않았다. 죌레(D. Sölle)와 그녀의 정치에 대한 밤 기도나 샤울(R. Shaull)의 혁명신학 등의 개별 활동들을 예외로 한다면, 일찍이 투쟁적 특성을 견지하며 새로운 사회를 만들려는 유토피아적 동기는 정의와 평준화에 맞추어 개혁하고자 하는 사회복지 국가의 개입에 굴복당하고 말았다.

따라서 일치된 투쟁 방향을 갖는 외부 조직을 형성하는 일은 명실상부하게 불가능해졌다. 뿐만 아니라 프로테스탄트 신학을 반영하는 이론적 경향이 매우 다양해졌다. 율법적 경향이, 곧 거의 근본주의적 경향들이 창조 신학적 근거나 의사소통 이론에 입각한 철학적 근거들과 동시에 존재한다. 또 종말론적으로 유보된 하느님 나라에 대

---

23 다른 사람들의 고난에 참여하는 영적 생활을 하던 공동체 운동으로 오늘날 다양한 영적인 삶의 형태를 추구하는 기초 공동체의 모델.(역주)

한 이해에 근거하여 사회현실을 이해하고 역동적으로 형성하려는 신학적 시도들은 루터의 두 왕국론에 대한 새로운 이해와 동시에 존재한다.24 두 왕국론에 대한 새로운 이해는 구원사에 입각한 모범적 해석들이나 창조 신학의 맥락에서 비판적인 자연법 견해에 부합한다. 이 모든 경향들은 인문학과 사회학의 지식들을 참조하려고 노력한 모습이다. 일종의 사실주의와 사회현실을 객관적으로 받아들이고, 그럼으로써 가능한 틀 안에서 실용적으로 대응하려는 각오를 또렷하게 볼 수 있다.

이런 여러 경향들과 창조 신학 기준들과의 재결합은 종말론적 유보를 견지하는 역동적 활동과 함께 작용하며, 교회 일치를 위한 적합한 대화를 가능하게 했다. 이로써 자연법에 의거하여 두 왕국론을 이해하는 전통적 프로테스탄트 경향들을 가톨릭 사회론은 더는 완전히 비현실적인 것으로 이해하지 않게 되었다. 이 밖에도, 대부분 우리 스스로에게 책임이 있는 과학 기술에 의해 발생하는 절박한 문제들에 당면하여, 감각적 확신을 잃어버린 사회가 그리스도교 윤리를 신뢰하고 그 의견을 듣는 것이 필요하다고 어느 정도 확실하게 인식하게 되었다. 이에 따라 교회들은 모든 신앙고백의 한계와 차이를 넘어 공

---

24 이런 경향들을 설명한 기초 서적은 다음이다. T. Rendtorff, Ethik I, Stuttgart 1980. 율법 신학의 노선에 있는 사람은 알트너(G. Altner)와 휘프너(J. Hübner)를, 창조 신학과 의사소통에 접근하는 사람으로 렌트로프를, 종말론적 역동성의 경향을 보이는 사람으로는 벤드란트와 리히를, 구원 신학에 입각한 사람은 리첼(D. Ritschl)과 판넨베르크(B. Pannenberg)를 생각할 수 있다. 두 왕국론을 비판하는 "새로운 설교"가 갖는 위상은 특별히 호네커에게서 파악된다. 이에 대한 더 자세한 설명은 다음을 참조하라. M. Honecker, Begründungsmodell evangelischer Sozialethik. In: G.Baadte, A.Rauscher(Hrsg.), Christliche Gesellschaftslehre, Graz 1989, 83-106.

동으로 해결책과 대안을 찾아야 하는 과제를 강요받게 되었다.

그리스 정교회는 이런 과제를 오늘날에도 계속 외면하고 있다. 그러나 신학의 발전과 시대적 필요들은 점차적으로 사회윤리의 영역에서 세계교회의 협력을, 최소한 가톨릭 전통과 16세기 혁명에서 싹튼 신학 형태들 사이의 협력을 촉구한다.[25] 이로 인해 가톨릭 신학은 이론 면에서 합리주의적 신스콜라주의에 강력하게 영향을 받은 자연법 체계를 벗어나 창조 신학에 의거하게 되었고, 방법론으로는 형이상학 윤리를 따르게 되었다. 또한 사회주의에 대한 순진하고 낭만주의적인 개념들과 현존하는 마르크스주의 형태들에 대해 무비판적으로 접근하는 사회주의가 비판적으로 연구되었고 이념적 대립은 해체되었다. 루터 신학은 다른 그리스도교 교인들에 대해 여전히 가지고 있던 의심, 곧 선한 행위로 의를 인정받을 수 있는지에 대한 그들의 의심을 벗어버려야 할 필요성을 인정했다. 세속적이고 구체적인 규범에 대한 요청 앞에 경직된 율법주의를 벗어나 구속력 있는 영향력을 주어야 할 필요성도 인정했다. 왜냐하면 상황 윤리와 주관적이고 개인주의적인 개인의 양심에 또다시 호소하는 일은 구속력을 갖지 못하기에, 사회윤리적 의무나 정치적 특징을 갖는 윤리적 진술이 불가능하기 때문이다. 오늘날 국가 형태와 관련한 긴급한 사회윤리적 문제들에 대해 그리스도교의 공동 지침을 여론화하기 위해서는, 여전히

---

25 이런 노선에서 우리를 기쁘게 하는 예로는 독일연방공화국(BRD)에서 모든 교회가 일치하여 완성한 "정의, 평화 그리고 창조 보전에 대한 포럼"(Frankfurt-Bonn 1988)의 입장이 있다. 특히 개별 사회윤리의 요구들에 대한 신학적 근거도 있다. 이에 대한 또 다른 참고 문헌으로는 다음이 있다. F. Furger, Gerechtigkeit, Frieden, Bewahrung der Schöpfung, in: JCSW 31(1990).

서로를 의심하게 하는 "개신교의 불신임"과 "가톨릭의 권한 요구"가 알맞은 방법에 따라 해소될 필요가 있다.

모든 교회가 협력함으로써 사회윤리의 관심사들을 성공적으로 관철시켰던 많은 예들이 있다. 이런 예로서, 정치 청문회가 열리거나 정부나 입법기관에서 공식 발표할 때, 교회들이 적절한 시기에 힘을 합쳐 입장을 표명했던 일 등은 모든 교회가 구체적으로 협력할 수 있는 가능성을 보여준다. 물론 애초에 주어져 있는 지역 환경과 여건들이 협력의 절차를 더 어렵게 하거나 더 쉽게 할 수는 있다. 모든 교회가 구체적으로 협력할 수 있는 유익한 조건은 직접 민주주의의 조직형태들과 보조성의 의미에서 큰 범위의 사회 안에서 형성된 작고 투명한 단위들, 적합하다고 검증된 도전들, 그리고 말할 것도 없이 교회가 공동으로만 진행할 수 있는 사회윤리의 과제 등이다. 학문적 주장들이 방법론적으로 "메타 윤리"26를 통해 도덕적 문제들이 신학적 담론으로 받아들여진 바와 같이, 학문적인 명쾌한 주장들은 역사적으로 형성된 신앙의 고정관념들을 탈피하여 객관적이고 사실적으로 규명하는 토론환경을 조성할 수 있다. 이렇게 되면, 권력에 대한 욕망이나 이데올로기라는 의혹을 받을 일은 없다. 엄밀한 논거는 특정 사회의 역사와 문화, 신앙적으로 개별화되는 경향으로부터 객관적 원리들을 분리시켜 준다. 더욱이 사안에 대한 인문과학의 엄밀한

---

26 메타 윤리(Metaethik)는 분석윤리라고도 한다. 규범윤리(Normative Ethik)가 선과 악, 옳고 그름에 대한 가치판단을 연구한다면, 메타 윤리는 옳은 것에 대한 의미를 규명하고 올바른 가치를 인식할 수 있는 방법론에 관심을 갖는다. 메타 윤리학의 목적은 윤리적 용어에 대한 논리적인 분석과 관찰을 통해 윤리적 현상을 명백하게 하는 것이다.(역주)

정보는 논쟁의 여지가 있는 도덕적 평가들을 현실감 있게 사실에 근거하여 논의할 수 있는 굳건한 공통의 기초적 입장을 마련해준다. 이런 방식으로 그리스도인이 시대의 사회적 문제들을 복음과 그 도덕적 원리들의 뜻 안에서 깊이 생각하고, 그 결과를 일반적인 사회 정치적 담론으로 끌어들이려 할 때, 그리스도인의 예배는 사실성과 이상을 똑같이 추구하는 윤리의 파수꾼으로서 세속 사회에 진지하게 수용될 것이다.

사회 안에서 바로 이러한 기능을 인식하는 것이 오늘날 교회들을 일치시켜야 하는 책임감을 가진 그리스도교 사회윤리의 과제다. 가톨릭 사회론은 그 전통으로부터 그 과정에 적극적으로 참여할 수 있는 가능성과 전제 조건을 가지고 있다. 때문에 가톨릭의 양도할 수 없는 원칙들과 원리들, 사안에 알맞은 적용 방법들, 그리고 이에 근거하여 문화적 사안이 된 구체적 문제들에 대해 교회가 깊이 생각하여 내리는 가르침을 유념하고 인식할 필요가 있다. 교회 일치의 경험과 새로운 시도들이 아직도 체계화되어야 할 만큼 충분히 성숙하지 않았다면, 그것들을 인식하고 제시하는 일도 상당히 중요하다. 이런 모든 격려에 힘입어, 체계적인 그리스도교 사회론은 그리스도교의 책임감으로 국가를 구체적으로 만들어가기 위한 이른바 좌표계가 만들어지도록 일관된 개요를 준비하려고 늘 새롭게 시도해야 한다.

기타 참고문헌

C. Frey, Die Ethik des Protestantismus von der Reformation bis zur Gegenwart, Gütersloh 1989.

U.Jäger, Ethik und Eschatologie bei L. Ragaz, Zürich 1971.

A. Pfeiffer (Hrsg.), Religiöse Sozialisten - Dokumente der Weltrevolution IV, Olten 1976.

T. Rendtorff, Ethik I, Stuttgart 1980.

A. Rich, Wirtschaftsethik I, Gütersloh 1990.

H. Schulze, Theologische Sozialethik, Gütersloh 1979.

H.G. Ulrich, Grundlinien ethischer Diskussion. Ein Literaturbericht, in: VF 20 (1975) 53-99.

E. Wolf, Sozialethik, Göttingen 1975.

3. 젊은 교회의 새로운 추진력과
사회윤리의 종합(Synthese)을 위한 표지

3-1. "제3세계"에서 나오는 추진력과 서로 간의 질문 교환

가톨릭 사회론은 지난 몇 년 동안 "제3세계" 젊은 교회들의 새롭고 특수한 신학적 경향들의 도전 앞에 서 있었다. 제3세계 교회들은 라틴아메리카의 "해방신학"이라는 슬로건을 통해 그들 신학의 출구를 찾았고, 이후 그 신학은 오랜 기간 동안 아시아와 아프리카에서 기반을 잡기 시작했다.[27] 그들 교회의 신학적 경향들이 그들 각각의 문화적 관습에서 유래되고 드러난 문제를 바라보는 시각에서 차이를 보인다면, 그들의 윤리적 주장이 그들의 특수한 문화와 사고방식에서 이끌어진 것이라면, 그 신학적 경향들의 공통점은 교회의 구체적인 경험으로부터, 곧 "바닥의 신앙 실천"에서 출발하여 신학적 성찰을 시도하려는 것이다. 그 때문에 "제3세계" 대부분의 사람들이 서양

---

27 F. Furger, Inkulturation - Eine Herausforderung an die Moraltheologie. Bestandsauf-
nahme und methodologische Rückfragen, in: NZM 40, (1984) 177-193 u. 241-258.

의 철학 및 신학 전통과 거리를 둔다는 사실은 쉽게 짐작될 수 있다. 왜냐하면 서양의 전통은 그리스도교 선교와 밀접한 관련이 있는 식민 세력의 일부이거나, 그 자체는 선한 의지를 갖지만 식민 세력으로부터 후견을 받아 억압하는 세력의 일부로 체험되었기 때문이다. 제3세계 국가들의 이런 체험에서 가톨릭 사회론도 자유롭지 못할 것이다. 가톨릭 사회론은 사고방식에서나 근원적인 문제 제기에서 오랫동안 신스콜라주의로부터 강력한 영향을 받았고 유럽의 특성을 띠고 있기 때문이다.[28]

유럽에서 해방신학의 경향들에 맞서 거부하는 반응이 수그러들지 않았는데, 특별히 독일어권 전통에서 가톨릭 사회론을 대변하는 사람들의 반응이 그러했다.[29] 해방신학의 경향들에 대한 비판은 여러 다른 각도에서 제기되었다. 인문과학 특히는 경제학의 지식을 고려하지 않는 견해들을 비롯해, 사회와 경제의 맥락을 이해하려고 노력하는 마르크스주의 사상들 사이에서의 차이를 전혀 고려하지 않은 채 부분적이고 선험적으로 이해하는 데서 나오는 주장들, 그리고 구체적인 사회현실의 여건에서 설정된 목적을 충분히 검토하지 않은 생각에서부터, 엄격한 논리 때문에 윤리적이고 규범적인 주장이 결핍된 생각에서 나오는 비판에 이르기까지 실로 다양했다. 이런 비판적인 견해들은 아주 진지하게 받아들여졌을 것이다. 그러나 그 견해들은

---

28 W. Kroh, Kirche in gesellschaftlichem Widerspruch, München 1982.

29 L. Roos, politische Theologie und Katholische Soziallehre, a.a.O.; A. Rauscher(Hrsg.), Soziale Verantwortung in der Dritten Welt, Köln 1983; L. Roos, J. Veléz-Carrea(Hrsg.), Befreiende Evangelisierung und Katholische Soziallehre, München-Mainz 1987. 이 논문들에서는 부분적으로 매우 다른 관점들이 나타난다.

대화하고 싶은 감정이 들게 하기보다는 교육적이라는 느낌이 더 많이 들게 했고, 또 구조적인 불의에 정당한 사회비판을 가하는 대신에 지배적이고 특권을 가진 계층들의 관심을 배려하려 한다는 의혹에 쉽게 빠졌다. 그 때문에 해방신학의 경향들을 판단하는 관점은 아직까지도 결정되지 않고 있다. 다양한 지역의 해방신학적 경향들 사이의 교류가 "제3세계 신학자 협의회(EATWOT)"[30]의 영역에서 폭넓게 진척되고 있는 반면에, 서로 보완하고 힘을 합해 결실을 맺기 위한 피할 수 없는 대화는 여전히 출발선 상에 머무르고 있다.

가장 최근에 교황의 가르침들은, 비판적이긴 하나 해방신학 사상의 정치적 사안에 주목했다. 결국 해방신학의 새로운 경향들을 가톨릭 사회론 전체 안에 하나로 합칠 것을 강조하면서 서로가 보완할 수 있는 대화를 독촉했다.[31] 이런 대화는 『어머니요 스승』(Mater et magistra, 1961) 이후 가톨릭 사회론의 발전을 참작하면 거뜬히 가능할 것처럼 보였다. 각자가 자신의 사회 정치적 입장들을 증명하려고 가톨릭 사회론의 내용을 기회주의적으로 선택하거나, 또는 가톨릭 사회론 본문이 궤변적으로 해석되고 적용되는 출처로 전락하는 것을 막기

---

30 이 용어는 "Ecumenical Association of Third World Theologians"(제3세계 신학자 협의회)의 축약이다. 대다수 해당자의 증언에 따르면, 이 협의회는 1981년 5번째 모임에서야 라틴아메리카의 관점이 아시아와 아프리카의 고유사상을 의식하도록 하는 데 성공했다. 라틴아메리카의 관점은 이베리아의 전통 때문에 여전히 유럽의 영향을 강력하게 받고 있었다.

31 『사회적 관심』(1987), 46항. 여기에서 해방신학에 관련한 1984년(이때는 오히려 비판적이었다)과 1986년에 발표된 신앙성성의 두 견해에 해당되는 훈령들을 참조하여 "인간과 사회를 노예화하는 모든 형태에서 해방을 추구하는 고상하고 정당한 관심"이 언급되었다. Kongregation für das Bildungswesen, Leitlinien für das Studium und den Unterricht der Soziallehre der Kirche in der Priesterausbildung, Rom 1988.

위해 대화는 반드시 필요했다.[32] 해방신학과 교류할 필연성도 이데올로기에 근거한 비판들 때문에 발생했다. 이런 필연성은 해방신학 자체 내에서도 생겨났는데, 이는 신학 안에서 대화가 얼마나 절박한지를 알려준다.

대화와 교류를 하는 데서 전통적인 가톨릭 사회론은, 특히 대학에 개설된 가톨릭 사회론은 다음과 같은 문제 제기를 받게 될 것이다. 이른바 "사회적 시장경제"나 "사회복지 국가"라는 슬로건 아래, 국가를 구체적으로 개혁하기 위해 공동선과 개인의 존엄성, 연대성과 보조성의 기본 원리들을[33] 사회 정치적 차원에서 얼마나 실천으로 옮기려고 하였는지,[34] 또 너무 국가적 차원에만 지나치게 몰두하지 않았는지에 대한 문제 제기다. 말하자면, 가톨릭 사회론은 "가톨릭"이 요구하는 바와 반대로, 글로벌 차원의 경제와 정치적 불균형에 주의를 기울이지 못한 점을 반성해야 할 것이다. 더 나아가 가톨릭 사회론은 문화적 인식의 한계 안에서 필요할 법한, 그 문화적 지평 안에 있는 사람의 존재 양식에 알맞은 조직형태들을 성급하게 명실상부한 자연

---

32 F. Furger, Christliche Sozialwissenschaft – Eine normative Gesellschaftstheorie in ordnungsethischen und dynamische evolutiven Ansätzen, in: JCSW 29 (1988) 17-28; P. Hünermann, M. Eckholt (Hrsg.), Katholische Soziallehre–Wirtschaft–Demokratie, ein lateinamerikanisch–deutsches Dialogprogramm, Bd. 1, Müchen–Mainz 1987. (다음 권은 계획 중에 있다).

33 체계적인 더 자세한 설명은 VI을 참조.

34 이 물음은 특별히 1945년 패망 이후 독일연방공화국(BRD)이 가톨릭 사회론의 명백한 영향 아래 건국되고 1949년 기본법이 제정된 일과 분명히 관련된다. 물론 이에 대한 흔적은 "C"-정당들의 활동을 넘어 20세기 중반 이후 유럽과 다른 어떤 곳에서도 찾을 수 없게 되었다.

법의 요청으로 고지하지 않았는지에 대한 의심을 받게 될 것이다. 예를 들면, 생산수단의 개인소유와 같은 질서에 관한 것이다. 또한 그런 견해를 보편화함으로써 방법론적으로 이른바 "자연주의적인 잘못된 추론들"을 얼마나 많이 발생시켰으며, 그럼으로써 글로벌 차원에서 정당할 수 없는 자신의 우월한 지위를 이념적으로 어떻게 안정화시켜나갔는지에 대해서도 문제제기 될 것이다. 실제로 교도권이 설명하는 내용들에서 나타나는 미묘한 차이, 특별히 앞에서 언급했던 비오 12세에서 요한 23세로 교황 직 과도기에 나타난 차이는 논쟁 되지 않는다. 그런 차이는 종종 아주 대수롭지 않게 처리되거나, 미리 생각했던 내용을 위해 채택한 문헌을 그 본디 뜻과 맞지 않게 사용함으로써, 그 차이들이 제멋대로 사용되는 일이 부정할 수 없을 정도로 분명하게 일어났다.

이와 관련해서, 제3세계 신학자들이 비록 유럽에서 공부하고 아마도 대부분 불어권에서 사회문제에 접근하도록 격려 받았겠지만, 그들 사회의 절박한 문제들을 해결하는 데에서 사회론 체계에 거의 도움을 기대하지 않는다는 점도 생각해야 한다. 이 밖에도 글로벌 사회문제에 종사하는 유럽 교회의 구호 단체들이 "제1세계" 신앙인들을 교육하는데 새 교황들의 회칙들을 참작하고 제2차 바티칸 공의회에서 힘을 받고 있지만, 가톨릭 사회론 체계를 이해하지 못하고 일을 진행한다는 사실은 상당히 걱정스럽다. 따라서 그 구호 단체들이 교도권으로부터 경고를 받아야 한다면 그 원리들에 대해서가 아니라, 그들의 작업을 구체화하는 데에 필요한 논리성과 관련하여 그들의 체계를 스스로 비판적으로 검토하기를 요구할 것이다.

이미 지적한 바와 같이, 해방신학적 경향들이 대부분이긴 하지만, 새로운 신학적 경향들을 다시 한 번 검토하는 일이 자체 안에서 스스로 제기될 필요가 있다. 첫 번째로, 이 신학적 경향을 출발시킨 사람들이 스스로 경고한 사실에 동의해야 한다. 곧 해방신학이 사회문제에 대한 공정한 감수성을 가지고 있지만, 윤리 신학적으로 책임감 있는 사회를 만들어 나가기 위해 규범의 개념들을 더 확실하게 발전시키지 못했다는 사실이다.[35] 그 이유는 자본주의에 대한 비판과 결부되어, "사회주의"를 매우 일반적인 정치경제의 기본 형태로 요구했기 때문만이 아니라, 실현 가능한 구상이 결핍되어 있기 때문이다. 모두에게 잘 알려진 바대로 "기존 사회주의 국가들"의 결점들, 예를 들면 보잘것없는 경제적 효율성, 개인의 활동 침체, 특권층인 주요 간부들을 위한 국민들의 자유 상실 등과 같은 문제들을 어떻게 예방할 수 있을 것인가라는 질문에 대한 답은 아직 나오지 않았다.

두 번째 검토할 문제는, 마르크스주의의 사회분석을 빌려온 주요 내용들, 이른바 "종속론"[36] 같은 이론이 사회 불의를 해명하기 위한

---

35 A. Moser, Die Vorstellung Gottes in der Ethik der Befreiung, in: Conc 20(1984), 121-126. 슈타인뷔켈(T. Steinbüchel) 이 예전에 사회주의의 경향에 대해 고찰한 것을 참조했다. (각주 16); B. Haunhorst, Der Sozialismus als sittliche Idee, eine Ethik der Gesellschaft, in: Orien. 53(1989), 39-44, 53-56.

36 신 마르크스주의의 "종속이론"은 "주변부"가 경제적 중심부에 결정적으로 종속되어 있음을 밝히고, 그 착취와 불의의 결과들을 참작하고 있다. 이 이론은 지도층의 엘리트들이 중심부와의 이해관계 안에서 중심부의 지지를 받고 있다는 사실을 폭로하기는 했지만, 지도계층 내부의 봉건적 부패를 충분히 설명할 수 없었다. 해방신학의 관점에서 본 자아비판에 대해서는 다음을 참조하라. F. Castillo, Theologie der Befreiung und Sozialwissenschaften. Bemerkungen zu einer kritischen Bilanz, in: E.Schillebeecks(Hrsg.), Mystik und Politik. FS J.B. Metz, Mainz 1988, 143-157.

요소로 경험론적으로 충분히 검증되었는지, 또 오늘날 세계 경제가 여러 문제들이 복합적으로 결합된 구조라는 점에 걸맞게 그 문제들을 이론적으로 충분히 세분화했는지에 대해서다. 물론 이런 부족한 점들을 체계적으로 채우려는 경향들은 새로운 해답을 찾기 위한 재검토 과정을 부단히 추구했으며, 이런 노력은 앞으로의 길이 곧 제시될 가능성을 내비친다.**37** 이러한 비판적 재검토는 앞으로의 논의를 활성화하는 데 이바지할 수 있다. 또 마르크스주의가 인용한 인문 사회과학과 철학적 세계관이 모든 신학은 역사의 법칙 속에서 폐지된다는 무신론적인 변증법적 유물론을 이끌어 내는 토대가 된다는 비난을 사람들이 공유하지 않는다면, 이 역시 논의를 활성화하는 데 이바지할 수 있다. 더 자세히 검토한다면, 이미 언급한 대로 그리스도교와 사회주의 결합에 대한 거부는 근본적인 판단이 아니라 시대에 조건 지어진 판단이었음이 입증될 것이다.**38** 그렇다면 신마르크스주의의 사회 이론과 그 이론이 확증하는 사회철학적 가설들은 사회의 부당한 맥락들을 심지어 다른 이론들보다 더 수긍하도록 만들 수 있을지도 모른다. 그 이론들은 경우에 따라 사회 정책적 대안들이 가져올 가능한 결과에 대해 불충분하다는 것을 근거로 삼아 검토 작업을 중단시키거나, 실제 원인들을 보다 더 확실하게 확인하도록 촉구함으로써 이데올로기에 빠질 위험성을 제거할 수 있다. 그러나 이런 일은 신마르크스주

---

37 "해방 총서"에 설명된 윤리에 대한 개괄에 대해서는 다음을 참조하라. A. Antoncich, J.M. Munarriz, Die Soziallehre der Kirche, Düsseldort 1988; E. Düssel, Ethik der Gemeinschaft, Düsseldorf 1988; B. Leers, A.Moser, Moraltheologie – Engpässe und Auswege, Düsseldorf 1989.

38 『사십주년』(Quadragesimmo anno) 120항(한국어 번역판 49항, 역주); 이 책 III장 2.2단락.

의 이외의 이론에 이데올로기 혐의를 두는 판단에서가 아니라, 사회 윤리의 참된 관심사에서 이루어져야 한다.

해방신학에 대한 재검토는 억압받는 사람들의 구체적인 욕구를 고려한다고 하지만, 실상 현장에서 사회문제에 참여하는 사람들의 실천적 에토스를 성찰하지 않고, 선험적 원리들로부터 연역적으로 사회윤리적 해결책을 찾으려는 논리적 사치로 보일 수 있다.[39] 그러나 역사가 가르쳐주는 바와 같이, 이데올로기는 불이익당하는 사람들을 더욱 불리하게 하는 권력 구조를 너무나 쉽게 조성하기 때문에 재검토는 반드시 필요한 일이다. 지금은 해방신학을 철저하게 규명하고자 하는 경향이 점차로 증가하고 있다.[40]

3-2. 예견되는 역동적 요소들

해방신학의 경향들에서 윤리적 견해에 대한 일치된 설명을 찾기 어려울 만큼, 그들 안에 윤리에 대한 공통된 뜻매김이 전반적으로 부족하다. 이들 신학적 관점들은 그들 각각의 가장 깊은 관심사에 기반하는 사회윤리적 특징을 가졌기 때문이다. 다시 말해, 사회적으로 불의한 상황에 직면하여 구체적 해방을 위해 신앙을 실천하고자 사회문

---

39 D. Mith, Autonomie oder Befreiung - zwei Paradigmen christlicher Ethik, Conc. 20(1984), 160-166; F.M. Rejón, Auf der Suche nach dem Reich und seiner Gerechtigkeit, ebd., 115-120.

40 이에 대한 참고문헌을 수록한 책은, A. Lienkamp, Der sozialethischen Ansatz der christlichen Befreiungsehtik Lateinamerikas, in: JCSW 30 (1989), 149-188.

제에 참여하는 그리스도인들과 새롭고 정의로운 사회를 만드는 데에 영향을 미치고자 하는 "바닥 공동체"보다 더 중요하게 그들의 사회윤리를 특징짓는 것은 없다. 해방신학의 경향들은 "공동체 윤리"가 그들의 "기초 신학"으로 명명될 수 있는 사회윤리의 색깔을 갖는다. 왜냐하면 "공동체 윤리"가 "해방신학의 전제들, 곧 신학 담론이 될 수 있는 조건들을 철저하게, 총체적으로"[41] 특징짓기 때문이다. 사회윤리는 해방신학의 다양한 경향들이 결합되는 이 공통의 신학적 견해를 장래성 있는 독특한 역동적 요소로 파악할 필요가 있다.

이렇게 말할 수 있는 타당한 이유는, 해방신학의 경향들이 사회현실에 대한 경험으로부터, 말하자면 "아래로부터" 시작하기 때문이다. 사람들은 복음의 뜻으로 현실을 판단하고, 또 현장에서 요구되는 가난한 사람들에 대한 염려를 판단한다. 더 나아가 사회를 사람이 살만한 곳으로 만들기 위한 조치들, 곧 실천과 규정을 찾아내기 위해 직접적이고 구체적인 체험들을 인문과학으로 분석하고자 한다. 이런 과정은 13세기 토마스 아퀴나스의 사상과 19세기 말 가톨릭 사회론이 생겨난 이유에 들어맞는다.[42] 해당자 스스로가 신학적이고 윤리적인 성찰의 주체로서 관여하는 방식은 새롭기도 하지만, 마땅히 문화

---

41 E, Dussel, a.a.O., 231. 여기에서 처음으로 해방신학 관점의 윤리적 체계가 제시되었다.

42 수아레즈 이후 신스콜라주의가 이성주의적이고 선험적인 자연법 사상을 비판했다면, 이 비판은 방법론에 있어서 정당하지만, 그 편협성은 "보편 교사"(Docktor communis)"라는 선천적인 신학 전통에 걸맞지 않다. "보편 교사"에 따르면, "사람은 먼저 감각적으로 느낄 수 없는 것을 숙고할 수 없다"(nihil in intellectu, quod non prius in sensu)라는 격언이 윤리에서도 인식론적으로 중요하다.

에 알맞게 가톨릭 사회론을 수용하는 방법으로서[43] 지속적으로 독창적일 수 있는 방식이기도 하다. 점차로 글로벌 차원으로 넓혀지는 가톨릭 신학 안에서 정말로 마땅히 인식되어야 하는 것은, 신학을 논하는 조건이 구체적인 사회 역사와 문화의 배경에 의해 처음부터 주어진다는 점이다. 사회와 문화적 배경은 선험적으로 확립된 규범들을 구체적 상황에 적용하는 두 번째 단계에서 중요한 것이 아니다. 여기에서 계시의 윤리적 판단기준과 사랑·정의에서 나오는 구체적 가르침들은 내적인 통일성을 갖는다. 그러나 여전히 분명해지지 않은 결과들은 신학적이고 윤리적인 담론에서 매번 새롭게, 성경의 개별 언명들에 대한 순박한 감정에 의해서가 아니라 이성적으로 검토되어야 한다. 이때, 성경 원문에 대한 비판적 해석과 아울러 가톨릭 사회론의 전통에서 창조 신학적이고 인간학적으로 근거 지어진 공동선과 인간 존엄·연대성 및 보조성 원리들, 그리고 인류애와 정의를 존중하기 위해 그 원리들이 구체화하는 내용들은 마땅히 인권 안에서 참조되어야 한다. 이 작업은 해방신학자의 다음과 같은 주장을 보다 분명하게 명시하는 데 도움을 줄 것이다. 곧 그들은 어떤 특정한 문화적 제약을 받는 질서관(Ordnungsvorstellungen)을 보편적인 것으로 요구하는 것은 새로운 제국주의 같이 잘못된 것이라고 거부했다. 늘 무조건적으로 요구되는 불이익 당하는 사람들에 대한 우선적 배려로부터 생

---

43 이런 방식으로 1986년 미국 주교단의 경제 사목서가 만들어졌다. 이 사목서는 세 개의 수정 원고에 의해서 폭넓은 의견을 경청하여 완성되었다. 전적으로 위계질서에 따른 교회의 교도권을 옹호하는 사람들은 이런 과정에 어느 정도 의구심을 가졌지만, 이 과정을 통해 미국에서 학교가 만들어지기 시작했다. 이 사례는 사회윤리의 규범을 발견하고 알리는 모범적인 예가 될 것이다.

겨나는 정언명령들은 매번 다른 모양새로 형성된다. 그래서 개별적 조치들의 모든 결과들을 자아 비판적으로 그리고 인권의 토대 위에서 검토하는 통제가 필요하다.[44]

더 나아가 죄에 대한 해방신학의 견해가 원칙적으로 계몽주의에 비판적이라는 사실은 사회윤리에서는 일반적 내용이지만, 그리스도교 맥락에서는 매우 중요한 뜻을 갖는다. 계몽주의에 비판적인 견해는 궁극적으로 인간학적으로 비현실적인 계몽주의의 진보 낙관주의와 그 안에 내포된, 모든 문화에 절대적으로 타당한 "객관 정신"(G. W. F. 헤겔[45])의 보편화와 또 이와 결부된 경제 자유주의를 거부한다. 뿐만 아니라 이 견해는 개인적 차원을 넘어서는 사회 구조적인 죄의 요소들을 늘 감시한다. 어떤 새로운 사회에서 가난과 불의가 극복된다고 하더라도 신학은 여전히 죄를 다루어야만 한다. 왜냐하면 사람은 시간과 역사 안에서 늘 절개를 굽히며, 신학 전통이 원죄인 욕정으로 표현하는 불손과 이기주의의 성향 안에 존재하기 때문이다. 사람은 늘 개별 행위자 차원을 넘어서서 사회적 차원에서도 죄를 저지르며, 다른 사람의 희생을 대가로 이기적 행동을 저지르려는 유혹 앞에 서 있다. 이런 유혹은 악의 결합 체계를 생겨나게 하며, 그 체계는 사회를 특징짓는 중요한 구조라고 해방신학은 올바르게 지적한다. 이런 죄의 구조는 개인들에게 이미 주어져 있는 것이며, 겉으로 보기엔 개인들이 무기력하게 대립하는 강제된 것이다. 죄의 구조에서는 심지

---

44 A. Lienkamp, a.a.O., 각주 57. 이 외에도 수많은 출처가 있다.

45 뒤셀과 헤겔과의 논쟁, 전형적인 유럽의 문화 식민 정책적인 보편성 요구에 대해서는 다음을 참조하라. A. Lienkamp, a.a.O., 170-174.

어 어떤 특수한 "도덕"이 생겨난다. 이것은 특수하게 합법화된 규칙들과 통치방식을 결정할 수 있는 철학들을 발전시키는 억지스러운 태도다. "법과 명령"이나 "국가 안보"라는 슬로건들은 이런 태도를 특징적으로 표현한다. 그리스도교 사회윤리는 사회구조의 죄에 대한 교도권의 경고들을 최근에 아주 진지하게 수용하고 있다.

"반(反) 도덕성"은 개별적 행위나 호소를 통해서가 아니라, 함께하는 사회적 실천을 통해서만 극복될 수 있다.[46] 그런 사회적 실천의 첫 단계는 반도덕적인 "도덕"을 불의한 통치가 내세우는 살인적 이데올로기나 특권을 안정화하는 수단이라고 폭로하는 것으로서 때로는 위험스러울 수 있는 비판이다. 윤리적 동기에 의한 비판은 이런 불의한 법들과 질서들을 논박해야 한다. 이 일은 쉽게 불법적인 것으로 보이며 박해가 따라오기도 한다. 게다가, 예를 들어 시장이나 경쟁에서의 불의와 같이 장소와 시간에 결부된 현상들에 대한 해방 신학자들의 비판이 구체적으로 당면한 문제의 틀에서 파악되지 않고 성급하게 일반화된다면, 윤리적 비판이 오히려 비난받을 수 있는 부담이 있다. 물론 무엇이 일반화된 판단인지, 당면한 구체적 틀 안에서 파악된 판단인지를 구분하는 일은 매우 어렵다. 그럼에도 불구하고 그리스도교 사회윤리가 그리스도교 현실주의 안에서 인간의 죄의 성향을 진지하게 인정하고, 하느님 나라의 역동성 안에서 그런 성향을 극복하는 데 협력하고자 할 때 더 이상 밀어낼 수 없는 통찰들을 해방신학들은

---

[46] 요한 바오로 2세가 인간적이고 정의로운 노동조건에 관련하여 "직접" 고용주와 "간접" 고용주를 구분한 것은, 이 분야에서 죄를 통해 똑같이 조건 지어진 구조문제를 언급한 것이다. 『노동하는 인간』(Laborem exercens) 1981. 17항.

주제화한다. "고통에 대항하는 투쟁에서 일깨워진 고통"[47]이라는 말은, 사회적 투신이 늘 십자가 차원의 일이라는 점을 사람들이 얼마나 신학적 견지에서 중요하게 인식하고 있는가를 보여준다. 이로써 사회윤리에 대한 그리스도교 자체의 견해에 전형이 될 만한, 이제까지 거의 주제화되지 않았던 다른 동기가 언급된다. 곧 해방의 윤리는 십자가를 통해 단지 "부정의 부정", "억압의 억압"을 추구하는 것이 아니라, 우선적으로 "실제로 존재하는, 역사적으로 다른" 모든 사람들을 늘 긍정하고자 한다는 점이다(E. 뒤셀). 이를 위해, 구체적 실천을 통해, 그 실천 안에서 새로운 사회구조들을 찾아야 한다. 그래서 비판하고 용기를 북돋우는 특성을 가진 그리스도교 윤리의 특수한 동기가 또 다른 측면에서 새롭게 드러나도록 하는 요소들을 발견해야 한다.

이 신학적 경향들은 개인윤리와 사회윤리의 요소들이 얼마나 긴밀하게 연결되어 있는지를 더욱 또렷하게 드러낸다. 한편으로 "정치적인 것", 말하자면 사회를 만들어 나가는 일을 지향하는 개인의 덕 윤리와, 다른 한편으로 최대한의 정의를 목적으로 하는 사회구조에 대한 규범 윤리는 서로 간의 연결구조 안에서만 생각될 수 있다. 따라서 해당자가 직접 참여하는 생생한 신앙 실천에서 나오는 사회윤리와, 복음·사랑의 계명에 일치하는 역동성 아래서 그것들의 역사적·문화적 근원을 참작하는 일, 또 개인적 차원이나 사회 구조적 차원에서 진지하게 인정하는 죄, 개인윤리와 사회윤리의 밀접한 연결구조 등

---

47 L. Boff, Das Leiden, das aus dem Kampf gegen das Leid erwächst, in: Conc. 12(1976), 547-553.

은 해방신학 경향들이 갖는 고무적인 동기들이다. 이 동기들이 시대의 도전을 충분히 만족시킨다면, 앞으로 그리스도교 사회윤리 안으로 통합될 수 있을 것이다.

시대의 요구에 대한 반응으로서 정치에 관여하는 신학은 예전부터 다양한 중점들을 갖고 있었다. 아우구스티누스(Augustinus, 430년 선종)의 『신국론』(Civitas Dei)이나 토마스 모어(Thomas Morus, 1535년 선종)의 『유토피아』 같은 국가 이상형에 대한 고찰들은 중세에 교회와 국가의 관계를 조정하기 위한 "양검론"(Zwei-Schwester-Theorie)**48**과 같은 현실 정치론에 대립한다. 심지어 마키아벨리(N. Machiavelli, 1527년 사망)의 『군주론』 사상이나 1535년경 베스트팔렌 주(州)의 도시 뮌스터에 세워진 잔혹한 재세례파의 나라는 여전히 그리스도교적인 것으로 이해된다. 마키아벨리는 가문 간의 불화로 서로 괴롭히는 이탈리아의 도시 국가들에 대해 절망하는 마음에서 그런 무정부 상태를 잔혹한 권력으로 제압하는 군주의 통치를 주장했다. 윤리 신학적 고찰과 사목적 고찰은 19세기 말경 산업 노동자의 불행에 대한 반응으로서, 말하자면 시대적 요구의 반응으로서 등장하면서 본연의 사회윤리를 발전시키기 시작했다. 이런 고유한 역사적 발전을 배경으로 오늘날 사회윤리는 그 자체에 안주하지 않는 개방된 이론으로 인식되고 있다. 사회윤리의 고유한 전통에 대한 역동적 신뢰 안에서 젊

---

48 교황 보니파시오 8세(1294-1303)가 프랑스의 왕 필리프 4세(1285~1314)에 대하여 교황권의 우위권을 주장한 칙서 『Unam Sanctam』에 적은 말이다. "양검론"은 '세속의 칼'과 '영적인 칼'로 정치적·영적 권한을 뜻하는데 모두 교회에만 위임되었다고 주장한다.(역주)

은 교회들과 교회일치의 경향들에 대한 존중은 앞으로 사회윤리의 지속적인 발전 방향을 제시해줄 것이다.**49** 그럴 때에만 사회윤리는 다원적이고 세속화된 세상 안에서 "사회에 관심을 둔 도덕 신학"으로서 기쁜 소식, 곧 해방하고 구원하는 예수 그리스도의 복음 선포로 이해될 수 있다. 동시에 인류 생존을 위해 점차로 필수적인 일, 곧 사회와 사회구조를 인간화하는 절박한 일에 이바지할 수 있다.

---

49 1991년 5월 1일은 첫 번째 사회회칙 『새로운 사태』가 백 년 되는 날이다. 이날을 기념하기 위해 쓴 이 책이 인쇄되기 바로 직전에 요한 바오로 2세의 회칙 『백주년』(Centesimus annus)이 발간되었다. 이 회칙은 "재강연"으로서 이천 년 기 말에 생겨나는 도전들에 대응해서 교회의 사회고지를 계속 발전시키고자 했다. 이 회칙은 구체적으로 1989년 이후 현실 사회주의 붕괴가 그리스도교 사회윤리의 많은 경고들을 확증했다고 언급하고, 동시에 자본주의와 시장에서의 경쟁만이 유일한 대책으로 여겨질 위험이 초래되는 동유럽의 변화를 고려했다. 이런 위험에 맞서 회칙 『백주년』은 분명하게 『사회적 관심』의 노선 위에서, 시장이 자발적으로 인권의 조건을 보장하는 일은 전 세계적 차원에서 윤리적으로 반드시 필요하다고 절박하고 명확하게 경고했다. 결론적으로, 국제적으로 관철되는 진정한 "사회적" 시장경제는 세계평화의 안정을 지향하여 인간 존엄을 증진하는 사회를 만드는 데 윤리적 책임을 갖는 구조로 구상된다.

기타 참고문헌

C. Boff, Theologie und Praxis, München-Mainz 1983.

L. Boff u.a. (Hrsg.), Werkbuch: Theologie der Befreiung, Düsseldorf
1988.

E. Dussel, Ethik der Gemeinschaft, Düsseldorf 1988.

G. Guttiérrez, Theologie der Befreiung, München-Mainz 1973.

A. Lienkamp, Der sozialethische Ansatz der christlichen Befreiung-
stheologie. Ein Literaturbericht, in:JCSW 30 (1989) 149-188.

J.B. Metz (Hrsg.), Die Theologie der Befreiung: Hoffnung oder Ge-
fahr für die Kirche?, Düsseldorf 1986.

L. Roos, J. Veléz-Correa (Hrsg.), Befreiende Evangelisierung und
Katholische Soziallehre, München-Mainz 1987.

IV.
사회 환경

1. 현대사회의 정신사적 풍토

1-1. 머리말

사회적 맥락과 분리되어 이상적으로 전개되는 윤리를 이론에서
는 상상할 수 있다. 마치 헤르만 헤세(H. Hesse, 1962년 선종)가 『유리
알 유희』01에서 엘리트 집단들의 유희와 삶의 규칙을 고안해 낸 것처
럼 말이다. 그러나 그런 상상은 현실적으로는 불가능하다. 그런 상상
은 체념적으로 세상을 도피하는 것이며 이상적인 허구다. 행동을 이
끌고 결정을 내리는 윤리는 본질적으로 사회와 연관되어 있다. 윤리
는 수동적인 의미에서든 능동적인 의미에서든 각 사회를 형성하는 에
토스와 함께 규정되며, 이로부터 자유로울 수 없다. 동시에 윤리는
각 사회의 에토스에 영향을 준다. 바오로가 명백하게 복음을 거스르
는 노예 제도에 얼마나 관대하게 대처했는지를 생각해 보라. 다른 한

---

01 H. Hesse, Das Glasperlenspiel, Zürich 1943.

편으로 바오로는 도주한 노예 오네시모스를 그리스도 안의 형제로서 그의 주인에게 돌려보냄으로써 노예제도를 극복할 수 있는 단초를 놓았다.[02] 사람들은 오랫동안 노예를 신앙 안에 한 형제라고 생각할 수 없었기 때문이다. 노예는 유익한 어떤 것, 곧 임의적으로 팔 수 있고 흥정할 수 있는 존재였다.

모든 윤리가 사회와 연결되어 있다는 아주 일반적인 이 내용은 사회와 여론에 직접적으로 관련 있는 사회윤리에서 더욱 강하게 작용한다. 사회윤리가 신학적으로 구원 역사에 근거해서 알려지더라도 그렇다. 사회윤리는 자신의 중심과 관심·방법을 가지고 사회적 관계들과 여론이 벌어지는 각축장에 있으며, 동시에 적극적으로 사회에 영향을 미치고자 한다. 사회윤리는 사회에 관여할 때만 사회를 들을 수 있다. 사회윤리는 실제로 "유대인들에게는 유대인이, 그리스인들에게는 그리스인"이 되어야 한다(1코린 9,20ff). 다양한 사고방식, 가치관 그리고 주요관심은 오늘날 세속화된 다원주의 사회의 에토스라고 불리며, 하나로 묶어질 수 없는 특징을 가진다. 이 에토스는 사회를 인식할 수 있는 정신적 환경이다.

다양한 윤리적 가치와 세계관은 어느 정도 공통된 예의범절의 토대 위에서 형성되기는 하지만, 이 다양성의 차이가 사람들이 일반적으로 생각하는 것보다 점점 더 커져가고 있다는 점이 고려되어야 한다. 조화보다는 대조가 더 또렷하게 드러나기 때문이다. 다양성은 최소한 몇 가지의 전형적인 특성들로 확인될 수 있고, 그 때문에 사

---

02 필레몬에게 보낸 편지 참조.

회윤리가 고려해야 하는 중요한 사회적 조건 중의 하나이다. 동시에 오늘날 전 세계적으로 변동의 폭이 크기 때문에 모든 가치 유형을 파악하는 것은 불가능하다. 때문에 이 자리에서는 현재 서구 사회 안에서 영향력 있는 에토스의 경향들을 요약하는 것에 만족할 수밖에 없다. 물론 서구 에토스의 경향들이 점차적으로 다른 대륙과 다른 에토스의 형태들과 교류하고 있는 맥락에서 고찰되어야 한다는 점을 잊어서는 안 된다. 이와 관련하여 서구 개인주의 문화와는 달리, 공동체의 관점에서 사회문제에 접근하는 동방 문화와의 관계는 특히 중요하다. 동방 문화에서는 민족과 국가, 아프리카 문화권에서는 가족과 부족이 중요하다. 경우에 따라서는 자신의 개인적이고 정당한 이익을 희생하면서 까지도 공동체의 행복을 증진시키는 것이 그들 윤리의 우선적 요구다. 이런 윤리적 요구는 서구인에게 매우 놀랍고 낯선 것이다. 어떤 에토스가 더 좋은 것인가에 대한 가치 판단은 유익하지 않다. 이렇게 서로 다른 윤리적 접근방식은 특정한 경우로 인식되어야 한다. 가령, 다양한 문화권 사이에 사무적 관계가 증가하는 경우에 그렇다. 이 문제는 이 자리에서 더 깊이 다룰 수 없기 때문에 윤리적 요구로 남겨 두겠다.[03]

다원주의를 존중한다는 것은 윤리 상대주의를 인정한다는 의미가 결코 아니다. 모든 다양성의 배경에는 사람에 대한 공통적인 기본 사상이 있다. 곧 사람은 공동체 안에서 자신의 존재를 완성할 수 있고, 의미 있는 존재 양식을 인식할 수 있는 자유로운 존재라는 사상이다.

---

03 F. Furger, Inkulturation-eine Herausforderung an die Moraltheologie, in: NZM 40(1984), 177-193. 241-258.

이런 맥락에서 사람들은 기본적으로 "황금률"과 같은 어떤 확실한 척도를 존중해야 할 의무가 있다는 데 동의했음을 확인할 수 있다. 우리 모두에게 잘 알려진 에토스 형태인 "네가 원하지 않는 것을 다른 사람에게 행하지 말라!"라는 "황금률"의 요구가 그런 척도로 타당할 것이다. 인권의 노선을 함축적으로 나타내는 이런 기본 규율이 모든 문화권에서 발전되었다는 사실은 신중한 분석에 의해 확인된다.[04] 물론 다양성의 배후에는 이런 공통적인 기본 사상만 있는 것은 아니다. 이런 공통성에 반대하여 늘 지적되는 예들은, 옛날 인도에서 과부를 화형시키던 사티 풍습이나 북극의 몇몇 민족들이 생활력이 없어진 늙은 부모를 의례(儀禮)적으로 살해한 일이다. 그러나 이런 예들은 공통의 기본 사상이 있다는 말과 모순되지 않는다. 왜냐하면 살인을 의식화(儀式化)하는 것은 일반적 규범, 곧 이웃의 생명을 보호해야 한다는 규범에서 벗어나기 때문이다. 이런 예들이 정당한지, 정당하지 않은지에 대해서는 일반 규범의 관점에서 연구될 필요가 없다. 여기에서 파헤쳐야 할 것은 윤리를 있으나 마나 하게 만드는 형이상학적인 절대 상대주의가 아니라, 기술적인 문화 상대주의이다. 문화 상대주의는 바로 사람의 다양성 때문에, 그 다양성에 의해 서로가 수정할 수 있는 능력 때문에 윤리적 취지에서 주목되어야 한다.[05]

윤리적 경향들에 대한 정보는 마땅히 그 경향들의 주요 주장과 목표 설정을 가능한 선입견 없이 파악하고 객관적으로 인식한 결과로

---

04 유네스코가 수행한 J. Hersch의 제안. J. Hersch, Le drot d'être un homme, Paris 1968.
05 R. Ginter(Hrsg.), Relativismus in der Ethik, Düsseldorf 1978.

얻어져야 한다. 또한 그 경향들에 대한 정보가 가장 확실한 지식에 의해서 얻어질 때만, 그 윤리적 당위성과 이론의 개별적 특징들이 얼마나 목표에 일치할 수 있는지를, 인간 존엄성과 사람의 본질적 특성인 공동체성을 존중하는 시각에서 판단할 수 있다. 다음 단락에서는 현재 서구 사회에서 에토스를 특징짓는 경향들에 대해 설명할 것이다. 에토스의 각 경향은 다른 경향들과 혼합되어 존재하기 때문에, 유형별로 이해되어야 한다. 이 유형들을 관찰하는 목적은 각 에토스의 경향을 그 가지들을 통해 정밀하게 재생시키려는 것이 아니다. 오히려 각 유형을 판단하는 기초를 확립하고, 사회의 전체 에토스 안에서 무엇이 중요하게 작용하는지 보여주려는 것이다.[06]

1-2. 실용주의와 공리주의

자신의 행동을 지극히 임의적으로 욕구와 기분에 따라 결정한다고 말할 사람은 아무도 없을 것이다. 그래도 많은 사람들은 자신의 행동에 무조건 최고의 가치들을 끌어들일 필요가 없다는 정당성을 내세운다. 사람들은 일반적으로 습관적인 행동 양식에 순응한다. 이 경우 사람들은 "실제의 규범적 힘"을 말한다. 이때 이미 주어진 실제의 정황들(그리스어: Pragmata)은 의무를 지우는 특성이 있는 것처럼 보인다. 그 정황들에 순응한다는 것은 현실 감각을 증명하는 것이다.

---

06 이에 대한 자세한 설명은 다음을 참조하라. F. Furger, Begründung des Sittlichen - ethische Strömungen der Gegenwart, Freiburg/ Schweiz 1975.

혹독한 삶의 현실을 극복하기 위해 세상과 동떨어진 이상을 무관심 속에 방치하려는 현실 감각이다. 이것은 이미 주어진 조건들에서 최상을 만들어 내려는 의도이다. 자신의 행동에 대한 현실적 근거에 만족하는 사람은 현실 감각을 따르는 추세에 맞추기 위해 이미 주어진 사실들을 인문학적 분석을 통해 기필코 더 정확하게 규명하려고 시도한다. 이런 사람을 실용주의자라고 한다. 만일 이 사람이 순전히 자신의 이해관계 때문에 이런 행동을 한다면, 이 사람은 기회주의자다. 순수한 실용주의자이거나 기회주의자인 사람은 매우 드물다. 왜냐하면 구체적인 행동사례에만 의거한 논증은 때때로 윤리를 상대주의로 떨어뜨리고, 결국에는 무용지물로 만들기 때문이다. 더 나아가 실제에서 당위적인 것을 추론하는 것은, 순전히 마음에 드는 실제만을 윤리적 규범으로 격상시키는 이른바 "자연주의 궤변"의 전형적인 형태다. 결국, 처음부터 실제만을 유효하게 만들고 더 높은 이상을 배제하는 순수한 실용주의는 그 자체로 모순이다. 실제를 넘어서는 모든 가치에 대한 부정은 그 자체로 순수한 실제에서 생겨나는 진술이 아니라, 선험적인 주장이기 때문이다.

그런데도 실제의 현실을 근거로 삼는 실용주의적 관념은 계속해서 퍼져나갔다. 물론 이 관념이 윤리적으로 하찮은 것은 아니다. 현실과 관련된 윤리는 주어진 사실을 증거로 삼는 모든 것을 무시할 수 없기 때문이다. 행동 규범에 대한 확증은 주어진 목표가 없이 자체적 의미를 갖지 못한다. 이 때문에 실용주의자들은 실제의 규범적 힘을 대개 상상 속에서 확증할 수 있는 일반적 행복에 대한 관념과 연결시킨다. 행복(그리스어: eudaimonia)이 대체로 사회를 위해 유익(라틴어: utile)

하다고 간주되는 한, 실용주의는 거의 언제나 행복주의나 공리주의, 곧 행복의 윤리나 사회적 공리와 연결된다. 이런 맥락에서 사람들은 장 자크 루소(J.J. Rousseau, 1778년 선종)가 계몽의 뜻으로 한 말, "천부적으로 선"한 사람은 행복이 어디에 있는지 알고 있다는 말을 신뢰한다.

실제에 대한 현실주의적 접근, 그리고 존재하는 것을 확실하게 보수적으로 포착하는 태도, 규범과 가치에 대한 경험론적 근거를 회의하지 않는 태도 등이 실용주의 사상으로 나타난다. 실용주의적으로 이해되는 윤리는 "행동주의"의 의미에서 확증될 수 있는 행동심리학이나 인공 두뇌학적으로(kybernetisch) 규칙 범위를 이해하는 것으로 축소되고 그렇게 지양될 것이다.[07] 그러나 대부분의 앵글로색슨 실용주의자들[08]처럼 실용주의를 경험론적이고 실용주의적인 인본주의로 이해하면서 사람됨과 행복에 대한 사상을 포용한다면, 이런 실용주의는 일상에서 만연되는 사람됨에 관한 평범한 윤리가 될 수 있다. 행동주의 의미로 이해되는 첫 번째 경우에서 윤리는 마치 환자의 육체 조직을 다루는 의사와 같이 사회 조직에서 기능 장애를 교정하는 역할로 축소될 것이다.[09] 동시에 선동이나 전체주의적 압력에 의해

---

[07] 행동주의를 주장하는 사람은 왓슨(J. B. Watson, 1958년 선종)과 레비브륄(L. Lévy-Bruhl, 1931년 선종) 등이 있다. 브륄의 주요 저작은 『도덕과 습속학』(La morale et la science des moeurs, 1903)이라는 의미심장한 제목을 달고 있다.

[08] 미국인 제임스(W. James, 1910년 선종)와 실러(F. C. Schiller, 1937년 선종), 듀이(J. Dewey, 1952년 선종) 등 오늘날 잘 알려진 많은 인사들이 있다. 또 독일어로 번역된 책의 저자들, 예를 들면 무어(G. E. Moore, 1958년 선종)에 의지했던 프랑케나(W. K. Frankena), 바이어(K. Bayer) 등이 있다.

[09] 프랑스 사회학자이자 윤리학자인 뒤르켐(E. Durkheim, 1917년 선종)이 그렇게 이해했

강자들의 임의성을 적극 장려하게 될 수도 있다. 윤리는 실제 태도에 영향을 미칠 수 있는 가능성을 갖기 때문이다. 경험론적 실용주의 같은 두 번째 입장은 사람됨이라는 일상적인 선한 에토스를 보장할 수 있다. 앵글로색슨 영역에서 일상에서의 사회적 공손함과 공리주의적 실용주의의 특성을 가진 배려는 결코 단순한 이기주의적 행동 양식이 아니라는 점을 입증한다.

　실용주의 동향들이 갖는 의의는, 한편으로 사람의 행위가 사회적 맥락에 결부되어 있다는 점과 함께 이상적이고 절대적인 규범이 얼마나 많이 생성되는가를 분명하게 보여준다는 데 있다. 이런 규범은 현실의 역사와 문화에 조건 지어진 관습을 일정한 문화적 상태에서 가능한 마찰이 없는 공동체 생활로 묘사한다. 다른 한편으로, 실용주의 동향들에서 사회는 개인과 개인의 태도를 실제로 그리고 정당한 방식으로 조정하는 세력으로 인정받는다. 심지어 사회는 그에 알맞게 자발적이고 합법적인 승인까지 받음으로써 주목받게 된다. 이렇게 사회는 인정받을 뿐만 아니라 사회의 문화적, 역사적 의미 안에서 확고히 유지된다.

　이런 주목할 만한 요점들을 갖고 있음에도 불구하고, 실용주의는 사람들 관계의 단순한 기능을 넘어서서 자체적인 윤리 기준들을 제시하지는 못한다. 실용주의는 앞서 지적한 바와 같이 상대주의 경향을 보인다. 상대주의는 임의적인 근거들에 의해 필요한 권력을 손에 쥐게 될 때, 실제적으로 유효한 것들을 없애거나 개량할 수 있다. 그

다. 인간관계. 이른바 업무의 일상생활에서 "인간관계"를 개선하기 위한 그의 조직론은 널리 보급되었다.

럼으로써 순수 실용주의는 너무나 쉽게 개인을 불안하게 하고, "불의를 합법화"(J. 메스너)하며, 윤리를 임의성으로 파기시키는 결과를 가져온다. 냉정한 현실과 관계를 맺는 동안에 사회적 요소에 대한 존중과 그 요소와 자주 결부되는 문화적 다양성에 대한 개방이 하나의 목적이 될 때, 곧 앞에서 지적한 사회의 유익함과 같은 목표 설정에 순응할 때, 실용주의는 윤리적 의무로 주목해야 하는 일상 윤리가 될 수 있다. 윤리를 충분하게 기초 지었는가라는 문제 제기에 대해 해명하기 위해서는, 실용주의적 공리주의인 사회 행복주의는 계속해서 보다 정확하게 새로 쓰여야 할 것이다.

개인의 행복윤리인 행복주의는 고대 윤리학자들로부터 유래한다. 아테네의 에피쿠로스 (Epikur, 기원전 270년 선종)는 행복주의의 범례를 보였고, 이 밖에도 로마의 시인 루크레씨우스(Lukrez, 기원전 5년 선종)와 호라씨우스(Horaz, 기원전 8년 선종)가 행복주의를 추구했다. 그들은 결코 과장된 쾌락을 추구하지 않았다. 그들은 평안을 유지하기 위해 사람의 다양한 욕구를 최대한 만족시키고, 균형과 영혼의 평화를 찾고자 했다. 구체적 경험에서 나오는 개인의 행복을 극대화하려던 이런 관념을 19세기에 벤담(J. Bentham, 1832년 선종)과 밀(J. St. Mill, 1873년 선종) 같은 영국의 윤리학자들이 포착했고 사회 영역으로 확장했다. 사람들이 "사회 행복주의"라고 말하는 사상적 조류가 탄생한 것이다. 이 사상은 이후 "최대 다수의 최대 행복"을 잘 보장하려는 인간 행위의 목적이 되었다.[10] 이 이론에 따르면, 시민의 최대 다수를

---

10 이 표현은 스코트랜드의 철학자이자 경제학자인 허치슨(F. Hutcheson, 1746년 선종)에게서 유래한다. 이 이론은 스코틀랜드 자체 안에서 발전했는데, 특히 벤담과 밀에 의해

위한 최대 행복은 학문의 경험론적 방법론에 상응하여 정확히 파악된 사회 상태를 고려하면서 실현되어야 한다. 여기에서 협약과 게임 규칙의 조화, 자유경쟁, 부득이한 경우 황금률이 뜻하는 약자에 대한 보호나 배려도 유효한 주요 노선이 된다. 사람들은 언제든 쉽게 약자의 상황에 빠질 수 있기 때문이다. 자유시장경제의 경쟁 체제를 갖춘 서구 산업사회에서 그런 주요 노선에 입각한 태도가 더 만연되고, 또 개인의 자유와 행복에 관련하여 서구 사회가 다른 사회들보다 훨씬 더 유리하게 조직되어 있다는 점을 누구도 의심하지 않을 것이다. 그럼에도 불구하고 약자들은 실용주의적이고 공리주의적인 윤리에 대해 입을 닫아서는 안 된다. 이 자리에서 특별히 그 윤리의 한계들을 지적하겠다.

첫째로 인식론적 문제를 제기한다. 최대한의 보상과 최소한의 욕구 불만인 행복은 어떻게 구체적으로 측량될 수 있는가? 개인들의 욕구 만족은 물론, 특히 전체 사회의 욕구 만족에 대한 평가는 이루어질 수 있는가? 밀이 말한 작거나 큰 기쁨을 가진 가치의 눈금 잣대나 강도·지속성·확실성·시간적 거리·순수성과 해당자 수와 같은 형식적인 기준들은 아마도 행복을 어느 정도 평균화할 수 있을 것이다. 그렇지만 이것들은 객관적 척도가 되지 못한다. 그렇다면 유일하게 일치하는 것은 돈의 가치로 측량하는 행복일 것이다. 이런 행복은 그 자체만으로는 행복의 기준으로 결코 충분할 수 없다. 이 말은, 주관

서 "공리주의"라는 표어 아래서 발전했다. 공리주의는 밀이 사망한 이후 1875년에 출간된 그의 주요저작 제목이기도 하다. O. Höffe(Hrsg.), Einführung in die utilitaristische Ethik - klassische und zeitgenössische Text, München 1975.

주의와 상대주의의 잔재가 공리주의에 남아있다는 뜻 외에 아무것도 아니다. 민주적 여론은 국제적 여건들 아래에서, 예를 들면 구체적인 사회 경험들로부터 자각된 1948년 유엔 인권헌장의 준칙들에 의해서 대부분 수정될 수는 있다. 그러나 윤리를 측정하는 최종 기준은 결코 완성되지 않는다. 실용주의적 공리주의는 물질적인 돈의 가치에 의해 측정이 가능한 행복의 경제적 요인을 진지하게 받아들이고 민주적 결정에 대부분 높은 가치를 부여한다. 바로 이 점이 실용주의적 공리주의 사상을 정당화하고 지속적으로 널리 퍼지게 하는 요인들로 보인다. 그러나 조건 없는 의무(정언적 의무)는 이런 동기와 결합될 수 없기 때문에, 사회윤리는 실용주의적 공리주의 안에서 해결되지 않은 채 남을 것이다. 행복을 객관적으로 규정하는 문제점보다 본질적으로 더 깊이 생각해야 할 내용은 "최대 다수"로 행복이 제한된다는 점이다. 이 개념은 모든 사람이 아니라 대다수의 사람만을 포괄한다. 동시에 이 개념은, 경우에 따라서 다수의 행복을 위해 희생될 수 있고, 최소한의 이익도 가질 수 없는 나머지 소수자를 늘 전제한다. 이런 개념을 회페(O. Höffe)는 "정의보다 집단의 행복", 곧 "개인의 고통은 다른 사람의 행복에 대응하여 결정될 수 있다"는 말로 해석하고, 오늘날 "받아들일 수 없는 결론"으로 올바르게 지적한다.11

실용주의적 공리주의는 사람들의 예외적 상황을 충분히 참작할 수 없다. 앞에서 말한 바와 같이 황금률의 원칙에 따라 약자들도 함께 배려될 수는 있다. 그러나 누군가가 약자의 상황에 빠질 수 있는 상

---

11 O. Höffe, Die Theorie des Glücks im klassischen Utilitarismus, in: NNZ vom 16.07.78/162.

황을 상상하지 못하거나 그 상상이 매우 어렵다면, 곧바로 약자에 대한 배려는 이해심을 잃기 시작한다.

아직 태어나지 않은 생명에 대한 보호가 부족하거나, 노화와 병으로 인한 장애에 대해 사회적 비용을 아끼려고 하고, 적자 재정을 미래 세대에게 전가하려고 하는 것 등은 그런 입장을 어딘가 위험한 상황으로 이끌 수 있다. 실용주의적 공리주의자들은 결코 그런 결과들을 초래하려고 하지 않을 것이다. 그러나 그런 결과들이 이론적으로 배제될 수 없다는 점은 그들의 윤리적 견해에 한계가 있음을 보여준다.12 경제생활에서 늘 "행복으로 이해되는 자기 이익"이 말해지고, 그것이 발견법적 가설(heuristische Hypothese)일 뿐만 아니라 철학 윤리의 기준으로 일컬어진다면, 그 관점이 현재의 에토스 안에서 얼마나 큰 비중을 차지하는지를 보여준다.13

실용주의적 공리주의 윤리의 "유용성" 그리고 이미 널리 알려졌다는 점, 그 윤리의 사실상의 중요성을 고려하여, 또 일관된 윤리적 결점에 직면하여, 기초를 더 확고히 다져야 한다는 문제가 그들 안에서 제기되었다. 이는 칸트가 초월적 단서를 통해 모범적으로 달성했던 것처럼, "코페르니쿠스적 전환"을 통해서 이룰 수 있다. 실용주의

---

12 그런 위험들에 대한 지적이 결코 단순한 추측이 아니라는 점을 플랙(A. Plack)의 연구가 보여준다. A. Plack, Die Gesellschaft und das Böse, München 1967.

13 실용주의적 공리주의 관점에서 민족 경제학자 스타배티(J. Starbatty)는 이른바 "재정 거래 현상"(Arbitragephänomen)을 질서정치의 중요한 한 요인으로 언급한다. 재정 거래(보통 '차익거래'라고도 한다. 시장 간에 가격 차이가 나는 상품을 가격이 싼 시장에서 매입하여 가격이 비싼 시장에서 매도함으로써 매매차액을 얻는 거래행위를 말한다. 역주)는 불안정한 공급에 당면한 이해관계자들이 즉흥적으로 최상의 분배를 얻는 거래이다. NZZ vom 14.02.1984/27.

적 공리주의는 초월적 단서를 다시 언급해야 했다. 이것은 그 사상이 탄생한 앵글로색슨 전통의 고유한 사회적 경험 자체 안에서 시도되었다. 『정의론』이 바로 그것이다. 1970년대 초 존 롤즈(J. Rawls)가 발표한 『정의론』은 공리주의 경향들이 자기 비판적으로 지속적인 발전을 이루고 있음을 보여준다.

1-3. 공리주의를 수정하는 정의론

고전 자유주의에 입각한 국가 조직의 형태들과 그 바탕에 놓인 실용주의적 공리주의 이론은 1970년경 이후로 사회의 여러 불균형, 특히 경제 불균형에 당면하여 점차 의혹을 받기 시작했다. 사람들은 경제 영역에서뿐만 아니라 윤리에서도 그 질서의 뿌리를 둔 기준들을 검토하기 시작했다. 이런 맥락에서 경제 영역에서는 애로(K. J. Arrow)와 뷰캐넌(J. Buchanan)이 노벨 경제학상을 수상했으며, 롤즈는 『정의론』[14]을 내놓았다. 이 책은 국가라는 사회의 규칙과 제도들을 정의롭게 만드는 데 몰두했다. 이 이론 전체는 앵글로색슨의 철학 전통에 영향을 받았으며, 저자는 사회를 "서로 간의 이익을 촉구하는 기업"으로 이해했다. 그 기업 안에서 정의는 정당한 것으로 인정받기 위해, "가장 중요한 사회적 기관들을, 기본 권리와 의무들을, 그리고 사

---

14 J. Rawls, Theorie der Gerechtigkeit, Frankfurt 1979. (영문판은 1971). 이 저서는 이전에 주제로 삼았던 항목들을 계속해서 체계화하고 있다.

회적 협동의 결실들을 어떻게 분배하고",[15] 분배해야 하는지를 제시해야 했다.

분배가 "공정하게" 이루어질 때에만, 앞서 언급한 분배가 인정받을 수 있다. 인정받으려면 무엇보다도, 이성적 능력을 가진 사람들이 근본적으로 자유롭고 동등하다는 점에서 출발해야만 한다. 이 기본 가정이 구체적 인권이나 헌법에 걸맞은 규범에 이르기 위해서 사람들은 물질적 부, 사회적 지위, 성공, 명예 등과 관련하여 자기 스스로가 어떤 운명을 겪을지 알지 못한다고 가정해 볼 필요가 있다. 다시 말해 "무지의 베일"을 쓰고 사회의 질서와 규칙을 규정하거나 내지는 미래 국가의 공동생활에 대한 계약[16]을 체결한다면, 사람들이 얼마나 사회를 잘 조직할 수 있는지에 대해 생각해볼 필요가 있다. 그렇게 되면 이해관계에 조건 지어진 모든 폐단이 배제될 것이며, 동시에 이타주의를 위한 조건들이 주어질 것이다. 왜냐하면 무지의 베일을 쓴 상태에서 각자는, 타인이 자신이 될 수 있기 때문에 타인의 행복을 고려하도록 강제받기 때문이다. 구체적으로 말한다면, 이것은 적이 누군가에게 사회적 지위를 분배해주는 질서를 어떻게 보아야 할 것인가 하는 물음에 대한 답이다.

롤즈는 이 이론적이고 연역적인 취급방식에 덧붙여 경험론적이고 귀납적인 방법도 제시한다. 곧, 그는 어떤 법과 질서가 일반 시민에

---

15 Ebd., 20, 23.

16 롤즈는 하나의 가정적인 사회계약 사상을 포착한다. 계몽철학의 사회계약 사상은 1762년 간행된 루소의 저서 『사회계약론』(contra social)에서, 그리고 주요하게는 로크와 몽테스키외, 칸트에 의해 숙고되었다.

게 정의로운가, 일반 시민은 자신의 자녀들이 미래에 어떤 모습으로 변화되기를 원하는가에 대해 묻는다. 이 방법은 이론적으로 똑같은 액수의 임금이 정의로운 해결책으로 보이게 할 수 있다. 그러나 실제로 사람들은 똑같은 액수의 임금을 실적이나 참여 정도를 전혀 고려하지 않는 매우 불공정한 것으로 느낄 것이다. 여기에서 이 두 가지 방법의 수렴점은 어떤 규범과 법이 실제로 정의롭게 여겨질 수 있는가를 밝혀내는 것이다.

롤즈는 이 두 가지 취급방법을 결합시킴으로써 정의의 두 가지 기본 항목을 완성했다. 물론 이 항목들은 동등하지 않고 등급을 갖는다. 1. 모든 사람은 가장 광범위한 기본 자유에 대하여 동등한 권리를 가져야 한다. 2. 사회적, 경제적 불평등은 모든 사람의 이익에 이바지해야 하고, 동시에 모든 사람이 개방된 지위와 직책에 균등하게 결부될 것을 합당하게 기대할 수 있어야 한다. 이로써 법적 보장과 기회균등은 동등하게 유지된다. 이 두 가지 기본 항목은 공리주의 특성에 매우 가깝다. 그러나 여기에서 윤리적 기준은 최대 다수의 행복이 아니라, 모든 사람의 동등한 권리다. 이 권리는 대체로 물질로 이해되는 행복에 우선한다. 따라서 공리주의가 요구하는 이익의 극대화는 이런 권리의 틀에서만 윤리적일 수 있다. 이 권리의 틀은 다수의 뜻에 따르는 것도, 소수자를 불리하게 하는 것도 아니며, 그 자체로 유효한 것이다.

공리주의를 결정적으로 뛰어넘는 정의의 조건들을 근거 짓기 위해 롤즈는 공리주의 전제들과 결별하고 모든 사람, 심지어 아직 태어나지 않은 사람들의 무조건인 동등한 존엄성까지 수용하여 축소될 수 없는 인간 존엄성에 대한 존중을 철저하게 촉구한다. 정의론의 내용으로 보면, 이 규칙들은 공리주의 규칙들과 아주 다르지 않다. 둘 사이의 차이는 경험론적이고 실용주의적인 지평을 뛰어넘는 인간 존엄성이라는 이상적 근거를 최종적 근거로 요구한다는 데 있다. 그렇다면 롤즈는 그가 분명하게 인용한 칸트의 철학적 구상의 범위 안에서 정의론을 전개한 것이다. 롤즈가 아주 명확하게 간파한 무조건적인 인권과 그에 따른 정의는 1948년 유엔 인권헌장에서조차 또렷하게 드러나지 않은 궁극적 근거를 수용해야지만 유효하다. 위대한 세계관들의 차이를 조정하기 위해 사람들은 그 당시 그런 궁극적 근거를 포기하려고 했다. 이를 위해 사람들은 전혀 원칙적이지 않으면서 순전히 실제적이기만 한 공리적 실용주의의 유효성이 갖는 값을 셈해보았다. 롤즈는 그 당시까지의 경험을 통해 책임의식을 갖는 다른 많은 동시대인들과 함께 그 값을 지불할 필요가 없다고 확신했다. 바로여기에 롤즈의 정의론이 갖는 독자적인 에토스가 있다. 그것은 근대 윤리철학 분야에서 매우 중요한 칸트의 윤리와 관련된다. 다음에서 칸트의 윤리를 자세히 살펴볼 것이다.

1-4. 인간 존엄성 존중에 대한 무조건적(정언적) 요청

칸트(I. Kant, 1804년 선종)의 위대한 비판적 윤리저작은 그 시대 합리주의 철학과 그 철학의 자연법 사상과 논쟁하면서 출발했다. 칸트는 자연법 사상을 크리스티안 볼프(C. Wolff, 1754년 선종)와 사무엘 폰 푸펜도르프(S. von Pufendorf, 1694년 선종)의 신학적 해석에서 알게 되었다. 이들의 자연법 윤리는 토마스 아퀴나스의 중세 전성기 스콜라철학과 달리 인간의 본질, 이른바 "자연" 안에 자리 잡고 있는 정의나부모공경과 같은 요청들을 확립했다. 뿐만 아니라 무조건적인 동등한 의무임에도 실제로는 일정한 문화적, 역사적 상황에 의해서만 설명될 수 있는 구체적 요청들도 확립했다. 이로써 현존하는 지배 구조와 권력 구조들이 충분한 근거를 가지고 윤리적 관점에서 분명하게설명되었다. 계몽주의 자유사상을 따르던 칸트는 여기에 비판을 가할 수밖에 없었으며, 더욱이 그런 요구들이 얼마나 자연주의적 궤변에 근거를 두고 있는지, 또 사람의 태도가 어떻게 현존하는 실제들을근거로 윤리적 당위성을 추론하는지를 인식했다.17 칸트 철학의 출발점은 대부분 1950년대 가톨릭 도덕신학 영역에서, 그리고 신스콜라철학의 자연법에 대한 가톨릭 사회론 안에서 일어났던 토론에서 다시금 발견된다. 바로 이런 점에서 칸트의 숙고는 오늘날 그리스도교 사회윤리에서 큰 의미18를 갖는다. 무엇보다도 칸트가 단순히 눈에 보이는 권리와 그 권리 질서에 앞서 본질적으로 사람의 존엄성과 자유

---

17 이에 대한 칸트의 윤리저작으로 『인륜의 형이상학적 기초』(Die Grundlegung der Metaphysik der Sitten, 1785)와 『실천이성 비판』(Die Kritik der praktischen Vernunft, 1788)을 들 수 있다.

18 가톨릭 도덕신학의 상세한 논의에 대해서 이 자리에서는 본보기로 다음의 저서들을 지적한다. F. Böckle, Das Naturrecht im Disput, Düsseldorf 1966.; J. David, Das Naturrecht in Krise und Läuterung, Köln 1967, 1945~65.; H.D. Schelauske, Naturrechtsdiskussion in Deutschland, Köln 1968. 가톨릭 사회론에 관련해서 그 주제가 중점적으로 논의된 저서는 다음과 같다. W. Kroh, Kirche im gesellschaftlichen Widerspruch, München 1982.; O. v. Nell-Breuning, Soziallehre der Kirche im Ideologieverdacht, in: ThPh 58[1983], 88-99.

보장을 중요하게 다루었기 때문이다.

계몽을 "자기 스스로에게 죄를 짓는 미숙함으로부터의 인간 해방"으로 이해하는 칸트가 계몽 윤리에 비판을 가했다면, 그는 철저하게 사회 정치적 의미에서 비판을 가한 것이다. 그가 무엇보다도 영국의 경험론적인 공리주의 경향들을 주목했고, 특별히 허치슨과 "최대 다수의 최대 행복"이라는 슬로건에 깊은 인상을 받았다는 것은 그리 놀랍지 않다. 볼프에서 유래하는 신스콜라주의 자연법 사상이 오늘날 해방신학적 동기로 비판된 바와 같이, 공리주의에 대해서도 그 이데올로기를 비판하는 현실성 있는 윤리가 "아래로부터" 찾아져야 했다. 물론 칸트는 그 경험론적 경향에서 윤리적 구속력이 발견되지 못할 것이라는 점을 재빠르게 알아챘을 것이다. 또한 그들은 충분한 근거를 갖추지 못한 무조건적 규범론을 어느 정도 주관적인 상대주의와 맞바꾸었을 것이다. 그 때문에 칸트는 자신이 철학에서의 "코페르니쿠스 전환"이라고 말한 문제를 과제로 선택했다. 그는 진리, 혹은 진리의 참 근거를 사람의 밖, 곧 사물에서가 아니라 자신이 "초월적 주체"라고 명명한 행동하는 사람에게서 찾았다.

사람의 밖에 있는 규범과 법칙이 아니라 사람 그 자체의 책임감과 그 깊은 내면의 체험에 뿌리를 둔 "의무"가 윤리의 토대로 인식되었다. 따라서 의무는 "자율적"이다. 사람 그 자체가 법이며, 외부의 타율적인 지시에 의해 자신을 만들 필요가 없다고 말해도 될 것이다. 윤리적 의무를 위한 궁극적 토대는 사람 자체 안에, 하느님의 모상(창세 1,27)으로 창조된 존재나 그 "본성(Natura)"이 형성하는 모든 사람의 자유와 존엄 안에 동등하게 존재한다. 이런 개념들이 적용되지 않는다면 토마스 아퀴나스가 부각시켰던 내용을 다시 주제화하지 못한다. 그 내용에 의거해서 공리주의를 비판한 칸트와 롤즈가 비록 똑같은 내용을 알지 못했지만, 그리스도교 윤리의 오랜 전통 안에 서 있다. 더욱 놀라운 것은 "자율적 도덕"에 대한 논의가 오늘날까지도 신학자들 사이에서 논쟁되고 있으며, 계몽 윤리학자들이 "자율적 도덕"을 자주 독단 정도로 이해하고 있다는 점이다.[19] 이런 성향에서는 20세기 후반기에 떠오르기 시작한 인권 에토스의 근거를 찾을 수 없다. 뿐만 아니라 모든 종교와 문화를 품는 에토스를 지금의 다원주의 세계 사회에서 책임성 있게 인권에 바탕을 두고 형성할 수도 없다. 칸트 이후 거의 200년이 지났는데도 이 단초를 좀 더 상세히 연구해야 할 필요성이 여전히 남아 있다. 이 단초에 대해서 설명하자면 다음과 같다.

존재론적으로 체험된 조건 없는 윤리적 의무에 대한 좀 더 자세한 설명은 칸트가 그의 정언명령에서 두 가지로 나눠 서로 보완되는 정식들로 표현된다. 하나는 좀 더 형식적인 표현이고, 다른 하나는 실제 내용에 대한 표현이다. "너의 의지의 준칙이 늘 보편적 입법의 원리에 타당하도록 행동하라"(형식의 표현)와 "너의 인격뿐 아니라 모든 타인의 인격에 있는 사람됨을 단순히 수단으로 사용하지 말고 동시에 목적으로 사용하도록 행동하라"(실제 내용의 표현)이다.[20] 여기에서 내

---

19 이 논쟁에 대해서는 다음을 참조하라. A. Auer, Autonome Moral und christlicher Glaube, Düsseldorf, 21984. 이 책은 정확한 부록을 가지고 있다.

20 Kritik der praktischen Vernunft (Akad. Ausg.), 54, 237. 이 두 가지 정식에 대한 정확한 분석에 대해서는 다음을 참조하라. O. Schwemmer, Sittliche Praxis, Frankfurt 1971, 132ff, 157ff.

용의 표현은 양도할 수 없는 모든 사람의 존엄성을 언급한 반면, 형식적 표현은 모든 사람의 조건 없는 동등성을 반영하며, 각 윤리적 규범이 타당성을 갖기 위해 필수 불가결한 조건인 이른바 보편성을 요구한다.

이런 정언명령은 통찰될 수 있다 하더라도, 말하자면 진정한 의미에서의 "자율적" 요구로 제시될 수 있다 하더라도 신을 전제하지 않으면 칸트의 윤리를 이해할 수 없다. 그는 무조건적으로 타당한 윤리적 의무와 규범이 언젠가 죽어야 할 유한한 인간 존재 안에서 결코 근거지어질 수 없다는 점을 아주 잘 알고 있었다. 이에 따라 두 번째로 지적되어야 할 점은, 신은 모든 윤리가 "요청"하는, 변할 수 없는 전제 조건이라는 점이다. 여기에서 신은 인간의 자유와 같이 좋은 것이다. 결국 칸트가 옹호하고자 한 것은, 현대 용어로 말하자면, "신율적 윤리"(theonome Ethik, F. 뵈클레)이며, 결코 사람의 자만이 아니다.[21]

마지막 세 번째로, 칸트는 신을 주의주의적이고 자의적인 입법자로 이해하기를 거부했다. 신을 입법자로 이해하는 인간 이성의 명령은 통찰력이 없다. 이를 거부하는 관점은 아벨라르두스(Petrus Abaelardus, 1142년 선종)부터 키르케고르(Sören Kierkegaard, 1855년 선종)에 이르는 유명론적 주의주의 경향을 거듭 외면한 것이다. 동시에 이 관점은 토마스 아퀴나스와 진정한 사람됨을 염려했던 16세기 스페인의

---

21 F. Furger, Transzendentale Theologie – die Bedeutung Kansts in der aktuellen moral-theologischen Diskussion, in: A. Halder u.a.(Hrsg.), Auf der Suche nach dem verborgenen Gott, Bd. I, Düsseldorf 1987, 97-105.

만민법자들이 철저하게 대변했던 고전신학의 노선에 놓여있다.[22] 칸트의 윤리는 명백히 그리스도교 신학에 근거를 두지 않고도 절대성에 근거를 둔다. 그의 윤리는 유일하게 인권의 토대가 될 수 있는 사람의 존엄성을 조건 없이 존중하는 윤리에 대한 하나의 윤리 본보기로서 오늘날까지 제시된다. 이는 인간 스스로의 통찰에서 비롯되는 윤리이다.

그럼에도 이 단초에서 포괄적인 윤리가 피할 수 없는 세 가지 요소가 충분히 드러나지 않았다. 명석한 이성의 통찰에도 불구하고 근본적인 악은 전혀 언급되지 않았다. 근본 악은 늘 순전히 반항에서 나오며, 설명될 수는 없지만 그럼에도 인간 현실의 일부분인 자연을 거스른다. 루소의 영향으로 사람을 근본적으로 선하다고 인정하는 칸트의 계몽주의적 낙관주의는 그리스도교의 실재론(Realismus)이 죄라고 표현하는 실재(Faktum)를 충분하게 고려하지 못했다. 칸트의 성향이 어떤 의미에서 유토피아적이고 비현실적이기 때문이다. 게다가 칸트의 정식들은 추상적이기 때문에 문화와 역사의 다양성을 주시할 수 없었고, 인간적 에토스에 담겨있는 실재적이고 정당한 다양성을 충분히 고려하지 못했다. 다양성은 오늘날 점차로 함께 성장하게 된 세계에서 중요한 의미를 갖는다. 마지막으로 칸트는 사회윤리의 본디 동기들, 말하자면 개인에 관련된 윤리뿐만 아니라, 사회구조에 관련된 윤리 문제를 아직 주제화할 수 없었다. 칸트의 성향들을 계속 발전시키는 일은 사회윤리를 폭넓게 발전시키기 위해 필요한 일

---

22 J. Höffner, a.a.O..

이다.

쇼펜하우어(A. Schophenhauer, 1860년 선종)나 실러(F. Schiller, 1805년 선종) 같은 칸트의 동시대인들은 칸트의 윤리가 평안과 행복에 대해 아무런 의미도 갖지 못하는 "자기 이성에 노예가 된 도덕"(쇼펜하우어)이기에 신뢰할 수 없다고 비난했다. 칸트는 물론 다른 모든 진정성 있는 윤리론은 윤리적 의무를 준수함으로써 인간 존재가 완성되기를 기대한다. 이런 윤리는, 구속력 있는 윤리의 척도를 주관적이고 이성적으로만 검토할 수 있다는 견해를 거부한다. 바로 이 점에서 칸트의 윤리는 공리주의와 구별된다. 물론 이런 이유로 공리주의 지식들이 가볍게 여겨지는 것은 아니다. 이에 대한 증거는 특히 롤즈의 정의론이다. 이 이론에서 윤리의 감정적 동기들이 과소평가되는지에 대한 문제는 칸트를 비판하는 오늘날에도 여전히 위험성이 있는 경향인 바로 가치윤리가 제기한다.

1-5. 가치윤리

근대 서구 사회의 전형적인 특징 가운데 하나는 개인을 근대정신의 중심에 두면서 사람이 인식할 수 있는 이성의 능력과 이해 능력을 강조했다는 점이다. 근대정신의 기본입장은 17·18세기 계몽주의 철학에 뿌리를 두고 있다. 계몽주의 철학은 오늘날까지도 보편 지성뿐 아니라, 총체적인 교육 내용에, 특히 대학교육에 영향을 미친다. 칸트는 앞서 설명한 바와 같이, 이런 정신을 옹호하는 대표적 철학자였다. 근대정신의 한계와 독단성은 20세기에 와서야 드러났다. 20세기 초, 특히 제1차 세계대전의 결과와 "과학을 이용한 전쟁들"을 경험하면서 일깨워진 정신들은 근대정신의 한계를 인식했다. 윤리 영역에서 이른바 가치윤리를 옹호하는 사람들이 이에 해당된다. 가치윤리학은 칸트 내지는 형식적이고 지적 동기들을 일방적으로 강조하는 칸트주의를 의식적으로 배제하면서 윤리의 실질적 차원, 곧 가치에 관련된 차원을 윤리의 중점으로 만들었다. 가치 윤리학은 윤리를 "인식"하기 위해 지성 대신에 오히려 느낌, 곧 사람의 감정적 능력을 목표로 삼았다. 이 경우 가치 감각에 대한 인식은 지적 인식과 대등한 것으로 윤리를 통찰하는 하나의 독자적인 원천으로 여겨진다.

지적 통찰은 행동의 표준 원칙을 결정하기 위한 방법으로 소크라테스의 "산파술"로까지 소급된다. 이런 지적 통찰의 우위성을 물리치고 의지의 요소를 우선적인 동기로서 윤리의 중점에 놓은 것은 가치윤리학이 서구 정신사에서 처음은 아니다. 그런 중점 이동은 토마스 아퀴나스와 동시대에 살았던 프란치스코 회원 보나벤투라(Bonaventura, 1274년 선종)에게도 분명하게 감지된다. 지적 인식과 함께 감동·사랑·연민·호기심 등의 감정적 요소들도 인간 일체의 행동에 대한 명백하고 중요한 원인이 되기는 한다. 하지만 이 요인들을 인간 행동의 중요한 원인으로 분명하고 배타적으로 주제화한 것은 가치윤리학이 처음이다. 후설(E. Hussel, 1938 선종)의 "현상학적" 인식론과 그의 표어 "사물 자체로 돌아가기"에 의거해서 사람들은 인간 실재에 내재하는 고유한 가치들과 행동하는 인간에 호소하는 가치들의 특성에 대해 논쟁하기 시작했다. 이 논쟁은 이른바 형태 심리학이 순전히 지적 인식 과정으로 보이는 실험을 통해 감정 요인들이 중요한 역할을 한다고 설명하는 것보다 더 쉬웠다. 가치 윤리학자들이 깊이 고민하도록 만든 계기는 후설의 현상학 외에도 프라하 출신의 심리학자이자 철학자인 에렌펠스(C. von Ehrenfels, 1932년 선종)의 통찰이었다. 이 방면에서 뛰어난 대변자는 막스 셸러(M. Scheler, 1928년 선종)와 하르트만(N. Hartmann, 1950년 선종)이다. 더 나아가 독일에서는 헤센(J. Hessen, 1971년 선종), 힐데브란트(D. von Hildebrand, 1977년 선종), 라이너(H. Reiner, 1896년 출생), 빌헬름 마르크스(W. Marx, 1910년 출생)가, 미국에서는 스티븐슨(C. L. Stevenson)과 함께 이른바 감정주의(Emotivismus) 학파 등이, 폴란드에서는 보이틸라(K. Wojtyla, 1920년 출생)가 이 사상에 관심을 가지고 계속 발전시켰으며 그리스도교 윤리에 현저한 영향을 미쳤다.[23]

여기에서 가치들은 어떤 본능보다도 우선하는 것으로 여겨진다. 가치는 어떤 것이 본디 그것대로 존재해야 하는 당위적인 것으로 행동하는 사람들에게 모든 의지 활동을 존중하고 찬미하고 헌신하며 사랑하도록 요구한다. 윤리적 요구는 가치 자체에서 나오는 것이지, 행동하는 주체에서 나오는 것이 아니다. "추구하는 사람은 즐겁고 일

---

23 문헌자료들로는 다음의 저서들을 언급할 수 있다. C. v. Ehrenfels, System der Werttheorie - Grundzüge einer Ethik, 3 Bde. 1897/98; W. Scheler, Der Formalismus in der Ethik und die materiale Wertethik, Bern 51968 (Erstpublikation in 2 Bden. 1931/16); N. Hartmann, Ethik, Berlin 1926; J. Hessen, Ethik -Grundzüge einer persinalistischen Werthik, leiden 21958; D.v.Hildebrand, Christliche Ethik, Düsseldorf 1952; H. Reiber, Grundlagen der Sittlichkeit, 21974; W. Marx, Gibt es auf Erden ein Maß?, Hamburg 1983; C.L.Stevenson, Ethic and Language, Yale 1972; K.Wojtyla (Johannes Paul II), Primat des Geistes-philosophische Schriften, Stuttgart 1980.

반적인 것, 자신에게 가치가 있는 것과 없는 것을 결코 제멋대로 결정하지 않는다."[24] 이것이 행동을 통해 응답을 요구하는 가치의 주장이다.

가치를 이렇게 행위 응답으로 바꾸는 것은 물론 어렵지 않다. 왜냐하면 이미 말한 가치의 주장을 따르는 것은 윤리적 요구로서 선한 것, 곧 가치 충만한 것을 그대로 당연하게 행하는 것이기 때문이다. 윤리에서 어려운 문제가 발생하는 때는, 다양한 가치들이 경쟁을 일으킬 때와 단 하나의 가치만이 실현될 수 있을 때이다. 단 하나의 가치만 실현된다는 것은 다른 가치들을 실질적으로 부정하거나 최소한 다른 가치들에게 소홀해질 가능성이다. 이 딜레마를 해결하기 위한 다양한 해결책이 주어질 수 있다. 하나의 가능한 해결책은 가치 감각에 등급을 정하기 위해 가치 직관을 등급 직관과 연결시키는 것이다. 그러면 우선하는 규칙들은 동일한 방식에 의해 직감적으로 명료해지고, 다른 지적인 근거나 통제를 필요로 하지 않게 된다. 이런 "선결문제 요구의 허위"(Petitio Principii: 논쟁을 필요로 하는 쟁점을 이미 논증된 것으로 전제하는 허위, 역주)는 논리적 차원에서만 나타나는 것이 아니다. 오히려 역사는 직감적으로 우선하는 규칙들이 쉽게 광신으로 변할 수 있다는 점을 가르친다. 중세의 마녀사냥, 다른 민족과 유대인·집시에 대한 광포함, 동성애자에 대한 국가 사회주의의 폭력, 이슬람 근본주의 따위는 윤리를 당혹스럽게 하며, 바로 가치 감각의 지적 안정장치가 필요한가 하는 의문을 발생시키는 분명한 예들이다.

---

24 N. Hartmann, a.a.O., 140.

실제로 몇몇 가치 윤리학자들은 가치를 이성의 통찰이나 이성적으로 통찰할 수 있는 존재 질서와 다시 연결시킬 것을 제안했고, 객관적으로 중요한 가치들을 주관적으로만 의미가 있는 가치들과 구분했다. 이로써 가치 판단은 이성을 통해 검증될 수 있는, 다시 말해 칸트가 정식화한 정언명령에 의해 표현될 수 있는 사람됨이라는 포괄적인 기준을 따르게 된다. 이와는 반대로, 일반적으로 관찰되는 가치에 위계질서가 있다는 주장도 있다. 셸러의 견해에 따르면, 가치의 위계질서는 일반적으로 아래에서 위로 올라가는 순서대로 즐겁고, 고귀하고, 아름답고, 신성한 것으로 인정된다. 가치의 위계질서는 그런 식으로 또렷해지고, 그 때문에 경험론적 지식에서도 철학적 인식 비판에서도 검증을 필요로 하지 않는다. 물론 가치의 등급이 얼마나 문화에 조건 지어져 있는지, 그래서 얼마나 주관적이고 상대적인지를 간과해서는 안 된다. 아마도 가치 감각에 대한 경험이겠지만, 경험으로부터만 무조건적인 의무들이 파생될 수 있다는 반대 이론은 다음과 같은 뜻을 갖는다. 곧 무조건적인 기본 가치는 단지 감지되는 것이 아니라, 근본적으로 긍정될 때에 세속적 의무로서 보증된다는 것이다. 말하자면 힐데브란트나 라이너, 헤센의 인격주의가 뜻하는 것처럼 이미 주어진 존재 질서 안에서 작용하는 것이거나, 셸러와 보이틸라의 논쟁에서 나타나는 신 인간(神人間) 예수 그리스도처럼 무조건적인 인격에 대한 시각으로 완성되었을 때, 가치 감각은 세속적 의무로서 보증된다.

　이렇게 이해된다면, 순수한 지적 분석이 총체적 방향과 판단력을 잃어버리는 바로 그 순간에 가치 윤리는 폭넓은 에토스를 규정하는 데 이바지할 수 있다. 이점은 교황 요한 바오로 2세로 선출된 보이틸라가 1978년에 발표한, 명백하게 가치 윤리에서 영향을 받은 교회의 고지에서 감지된다. 또 이른바 "녹색" 운동이 환경의 문명화를 비판하는 데서도 분명하게 감지된다. 완전한 환경, 인간의 완전한 성생활 등 생명 가치에 대한 총체적 강조는 이들 주장의 핵심이며, 고도로 전문화되고 세분화된 사고방식에 의해 쉽게 간과되는 가치들을 고무적으로 복원시킨다. 물론 이점에서, 가능한 후속비용이나 개별적인 예외적 경우들은 고려되지 않으며, 심지어 가치들이 논증에 따른 당위적인 것으로 강조됨으로써 스스로 몰락할 수 있는 위험을 안고 있다.[25]

가치 윤리 운동은 인간 행위에 동기를 부여하는 데 중요한 의미를 두는 것처럼 보인다. 그러나 사람을 행동하도록 추동하고, 새롭게 떠오르는 문제들을 발견하고 감지하도록 하며, 외적 장애에 대항하여 사회활동을 일으키는 것이 대체로 가치 감각뿐인가. 한 사회의 에토스 안에서 일어나는 개혁 운동들은 명칭이 사용되는지 아닌지에 따라 언제나 최종적으로 가치 윤리적으로 결정되었다. 하지만 가치윤리에 입각해서 시작된 운동들은 지나침과 광신의 위험을 지속적으로 동반한다. 이런 위험을 피하기 위해서는 역사나 윤리의 인식 논리가 가르치듯이, 감각에 의해 경험되는 가치들은 궁극적 근거로 환원되어야

---

25 예를 들면, 핵에너지를 절대적으로 금지하면서 열 발전소를 사용하여, 이른바 온실효과에 의해 분명하게 진척되는 지구의 온난화에 주의를 기울이지 않는다거나 가난한 나라에 에너지를 공급하는 문제를 간과하는 현상이다. 또한 성생활과 출산의 자연적 연관성에 대한 개입이 처음부터 어떤 경우라도 윤리적 논의가 필요 없고 도덕에 어긋나는 것으로 여겨지는 현상 등이다.

하고, 뒤이어 궁극적 기준인 인간 존재에게 중요한 기본 가치들이 지적 성찰 안에서 측정되고 검토되어야 한다. 지적 성찰이 없는 윤리는 장님과 같고 가치 감각이 없는 윤리는 절름발이와 같다. 이 두 가지는 선진 기술 문명에서 살고 있는 개인과 사회의 윤리적 행동 양식을 위해 포기할 수 없다. 바로 이 때문에 가치윤리의 성향들은 충분히 기억될 만하다.

1-6. 마르크스주의 요소

칸트보다는 헤겔에 가까운 칼 마르크스(K. Marx, 1883년 선종)의 철학사상은 일종의 가치 윤리로서 독일 이상주의 지성에 상당히 비판적이다. 수많은 공세에도 불구하고 마르크스주의가 근대에 큰 영향력을 미쳤던 정신운동사에 속하는 한, 사회윤리의 징후들 아래 마르크스주의를 염두에 두지 않고는 에토스에 조건 지어지는 우리 시대의 정신적 동향을 완전하게 개관할 수 없다. 첫눈엔 윤리와 마르크스주의를 관련시키는 것이 특이할 수 있다. 마르크스 자신이 윤리를 거부했고, "상부구조"에 속하는 것으로 여겼기 때문이다. 그에게 윤리는 사람들이 부유한 자의 이익을 위해 자신의 이익을 인식하지 못하게 하는 "민중의 아편"으로서 종교와 비슷한 것이었다. "공산주의자들은 절대로 도덕을 설교하지 않는다.… 그들은 사람들에게 서로 사랑하여라, 이기주의자가 되지 말라는 도덕적 요구를 하지 않는다. 정반대로 그들은 이기주의가 헌신과 마찬가지로 하부에서 규정된 관계 안에서 개인들이 자신들을 관철시키는 하나의 필연적 방식이라는 점을 잘 알고 있다."[26] 마르크스의 초기 저작들에서 분명하게 나타나는 성향들을 간과한다면, 그의 설명들은 자유로운 사람들이 사회 현실을 자발적으로 형성해 간다는 윤리가 아니다. 오히려 사회 발전은 역사적 변증법적 유물론이라는 의미에서, 말하자면 내적 법칙에 따라 강제적으로 성취되어 간다는 설명이다.

그럼에도 마르크스는 이 발전 법칙에 사람이 개입할 여지를 남겨놓았다. 최종 목표설정인 진정으로 인간적인 공산주의 사회는 사람이 개입함으로써 이루어진다는 뜻에서 개별적 활동이 촉구될 필요가 있었다. 물론 사람의 개입은 이른바 수정주의에 의해 방해받거나 교란될 수도 있다. 바로 이런 이유로 사람들은 수정주의를 단순하게 변증법적 발전의 요소로 받아들여서는 안 된다. 오히려 수정주의는 비판되어야 하고 차단되어야 한다. 마르크스주의자들 스스로가 늘 거듭해서 강조하는 점은 역사적 변증법적 유물론에는 윤리가 실질적으로 주제화되고 논리적으로 설명될 자리가 없다는 것이다. 그러나 그들이 거부하는 윤리는 개인의 태도나 관념에 관련된 것이지, 늘 본질적으로 사회의 정치적 관계, 특히 경제적 관계에 관련된 윤리는 아니다. 따라서 마르크스주의 윤리는 항상 본질적으로 사회윤리이며, 사회윤리를 지속적으로 깊이 통찰하는 데 중요한 요소다. 비록 "마르크스주의는 결코 윤리적 토대를 갖지 않는다"고 회자되는 레닌의 명구가 있고, 스탈린주의가 지독하게 잔혹한 권력정치로 마르크스주

---

26 K. Marx u. F. Engel, "Die deutsche Ideologie" (1845), in: MEW Bd.3, Berlin 1958, 229.

의와 인도적 윤리를 서로 모순적인 것으로 보이게 했지만, 스탈린주의 이후 소련 연방공화국에서 마르크스주의는 사회윤리적 숙고를 하고 있었다. 그런 윤리적 숙고는 1959년과 1961년 소비에트 연방공산당(KPdSU)의 21차와 22차 당 대회에 의거하여 스탈린 개인숭배를 명백하게 국민윤리에 해로운 것으로 표명하도록 했고, 비록 소심하긴 하지만 고등학교에서 윤리적 담론을 다시 시작하도록 했다.**27** 인간 존재 자체에 근거하여 전 계급에게 유효한 것으로 여겨지는 인도적인 관습법이 다시 새롭게 언급되었다. 사람에 대한 진정한 가치를 인정하는 내용과, 성실·근면·겸손과 같이 사람 사이에 지켜져야 할 시민 도덕의 보호, 민족의 긍지에 대한 내용은 공식 교과서에 기재되었다.**28** 비록 당에 의해 규칙이 확립되는 사회적 조건 때문에 완전하게 수용된 것은 아니지만, 인간의 양심 개념이 다시 떠오르기 시작했다. 더 나아가 최소한 몇몇 저자들은 사람됨에 대한 기본 척도를 다시 논하기 시작했고, 심지어 이것은 칸트의 정언명령의 뜻으로 인지되기도 했다.**29** 이 내용들은 공리주의적 요소로부터 완전히 자유

---

27 이에 대해 상세하게 보고한 책은 다음과 같다. P. Ehlen, Die philosophische Ethik in der Sowjetunion, München 1972; A. Künzi, Tradition und Revolution, Basel 1975. 이 책 122-144쪽에서는 특별히 마르크스의 윤리와 사회주의 도덕을 다루었다.

28 『마르크스-레닌 철학 기초』(Grundlagen der marxistisch- leninistischen Philosophie)를 참조. 이 책은 소비에트 사회주의 연방공화국과 그의 동유럽 위성국가들에서 김나지움의 입문서로 여겨지는 책이다. 이 책은 베를린에서 1971년 이후에 출간되었다.

29 엘렌(P. Ehlen)은 특별히 밀너-이리닌(J. Milner-Irinin)과 반첼라쩨(G.D. Bandzeladze)를 언급한다. 이 밖에 언급될 수 있는 사람은 다비도(J. N. Davidow)이다. 그는 사랑은 진정한 도덕에 기초해야 하며, 절대 윤리의 이상을 부정하는 것은 허무주의로 이끌어진다는 견해를 가지고 있었고, 1983년 또 한 번 공적 기관으로부터 비판을 받았다.

롭지는 못했지만, 정당과 사회의 관심사에서 기본적인 인간성이 무시되는 점을 경고했다. 개방과 변화를 뜻하는 글라스노스트와 페레스트로이카라는 슬로건 아래 이루어진 소련의 발전은 윤리적인 주요한 의미를 획득하기 시작했다는 점을 입증한다. 중국에서도 같은 일이 일어나는 것처럼 보였다. 이곳에서는 문화대혁명 이후 유교의 유산을 다시 계승했다. 문화대혁명은 마오쩌둥의 "작은 붉은 책"(소홍보서)30에 쓰인 기회주의적 준칙들에 의해서 결정된 것이다. 그러나 유교를 계승한 이후에도 1989년 6월 민주화 운동을 잔혹하게 진압하는 데서 절정에 이른 중국의 사태는 진행되는 변화를 의심스럽게 만들었다.

마르크스-레닌주의에 영향을 받은 정치권력 체계 안에서 윤리는 인간성과 인권존중에 대한 원칙적인 요구로 복원되었다. 이것은 계몽주의 이후 서구에서 익숙해진 철학인 개인들의 동등한 자유를 존중하는 기본 원리와 같다. 그러나 이런 변화보다 더 의미심장한 것이 있다. 그것은 신마르크스주의 경향들이다. 이 경향들은 오랫동안 잊고 있다가 1930년대에 다시 발굴해낸 마르크스의 초기 저작에 근거한다. 1960년대 후반에 서구 사회주의 운동에 큰 영향을 미쳤던 이른바 "프랑크푸르트 학파"와 동유럽의 개혁 마르크스주의자 집단들, 유고슬라비아의 "실천집단" 구성원들, 1968년 "프라하의 봄"의 옹호

---

30 소홍보서는 마오쩌둥의 어록으로 원 제목은 『모주석 어록』이다. 이 책은 그간 모택동의 명언과 경구를 편집하여 1964년에 출판되었다. 이 책은 문화대혁명 당시 모든 중국인들의 행동지침이 되었다.(역주)

자 등을 신마르크스주의로 들 수 있다.**31** 이 모든 경향은 공통적으로 인도적 도덕성을 철저하게 사회영역으로 끌어들였다. 바로 이 때문에 그 경향들은 그리스도교 사회윤리에 의미가 있다. 신마르크스주의 경향들도 역시 계몽주의 사상과 자유·평등·형제애의 이상에 영향을 받았다. 그 이상들은 아주 추상적이거나 이론적으로 개인에게 관련되지 않고, 역사적으로 주어진 사회 안에서 현실적으로 실현될 수 있도록 구체적으로 숙고된다.

불의는 사회 안의 계층이나 계급 사이에서, 또 남-북 격차를 겪고 있는 여러 국가들 간의 관계에서 확인된다. 사람들은 이런 현상을 마르크스가 도입한 "소외" 개념으로 파악하려고 노력한다. 소외의 근본 원인은 여전히 경제 영역, 곧 자본주의 내지는 노동과 생산수단의 소유방식, 자본의 분리에 있다고 여겨진다. 자본이 노동하는 사람의 것이 아니라, 오히려 사람이 자본에 이바지한다. 결국 단순한 실질적 가치가, 외부로부터 억압당하고 있을 뿐만 아니라 이미 소외되어 살아가도록 강요받고 있는 사람을 지배하게 된다. 그 때문에 모든 신마르크스주의의 노선은 자본주의를 비판하며, 생산수단의 사유재산을 공유화 내지 사회화하기를 요구하는 특성을 갖는다. 신마르크스주의는 철저하게 사회를 비판하기 때문에 "실존 사회주의" 안에서 국

---

31 이들의 가장 중요한 저자들로서, 프랑크푸르트 학파에서는 호르크하이머(M. Hork-heimer), 아도르노(T. Adorno), 마르쿠제(H. Marcuse), 그 뒤를 이은 하버마스(J. Haber-mas)를 꼽을 수 있고, 실천집단에서는 보스니악(B. Bosniak), 페트로빅(G. Petrovic), 브레닉키(P. Vranicki) 등을 언급할 수 있다. 이에 대한 상세한 설명은 S. Sirovec, Ethik und Metaethik im jugoslawischen Marxismus, Paderborn 1982를 참조. 이 밖에도 프라하의 봄에 속하는 주요 저자들은 마코벡(M, Machovec), 가다브스키(V. Gardavsky)와 폴란드 망명자인 코락코브스키(L. Kolakowski)가 있다.

가 자본주의의 여러 형태들을 쉽게 사라지게 하지 않는다. 이런 특징은 특히 동유럽에서 강하게 나타난다. 어떤 경우에도 그 목적은 인격을 지닌 사람을 소외로부터 해방시키고, 사람이 자아를 실현하는 하나의 방편인 노동으로부터 고생과 강제의 성격을 떼어내어 인간 노동을 공동선에 대한 봉사로 이해하게 하는 것이다.

마르크스주의의 사회비판이 갖는 이런 특성은 자유주의 경제의 자본주의적 생산관계를 문제 삼는 데 그치는 않고, 계몽철학에 근거하는 그 관계의 정신사적 전제들을 폐기한다.[32] 계몽철학에서 유래하는 한계 없는 진보와 소비를 추구하는 경향은, 현대 군비체제의 과잉보유 능력을 통해서든 환경 파괴를 통해서든 끝없는 진보를 과학기술로 현실화할 수 있다는 망상 그 자체가 중요한 것처럼 강제한다. 때문에 그런 성향은 이른바 과학이 선입견과 가치로부터 자유롭다고 이해하는 실증주의 견해처럼 잠재적 이데올로기라는 의심을 받는다. 사람이 순전히 소비에 의해 조정되고, 그런 관심이 인간의 외면으로 유도되는 "일차원성"(H. 마르쿠제)으로 인해 사람은 의식하지 못한 채 완전히 소외되고 있다. 더구나 이 현상은 국제화되고 있어 이 상황에 대항하여 문명에 대해 포괄적으로 비판하는 일은 윤리적 의무가 되었다.

이 비판적 견해는 1968년 궐기에서 중요해졌고, 여러 측면에서 비현실적인 "유토피아적" 견해를 사람들이 여론을 통해 듣게 했으며 많은 사회적 활동을 불러일으켰다. 이때 사회현실을 구체적으로 바꾸

---

32 T. Adorno, M. Horkheimer, Dialektik der Aufklärung, Frankfurt 1947.

고 개선하기 위한 절충은 불가피했다. 어찌 되었든 이루어낸 업적들과 급진적 변화들로 인해 일어날 수 있는 부정적 결과들은 고려되었고, 급진적인 비판과 요청을 제기하는 데에서 일방적인 판단들은 약화되었다. 그렇게 해서 현실적인 사회적 구상들이 세워지게 되었다. 이후 신마르크스주의의 주변은 조용해졌다[33]. 그럼에도 신마르크스주의적 사회비판과 그 안에 내포된 윤리는 대부분 일방적이고 경우에 따라 과장된 유토피아적 이상주의였음에도 불구하고, 기술 산업이 선진화되어 이미 "후기 산업" 시대로 진입한 사회의 에토스에서도 여전히 중요하다. 왜냐하면 경제적인 외적 강제들을 근본적으로 문제 삼으며 이상적인 목표를 설정하는 일은 바로 복음으로부터 고무적이며 비판적인 동기를 부여받은 그리스도교 윤리가 우리 시대의 에토스를 특징짓는 정신적 풍토에서 무조건적으로 고려해야 하는 일이기 때문이다.

1-7. 세상을 만들어 가는 그리스도교

다양한 철학적 사상 유형들은 윤리를 해명하고 윤리에 근거를 확

---

33 1980년대 후반기에 독일에서 녹색운동이 녹색당 근본주의자와 현실주의 정치가로 분열되었다. 이를 이른바 "근본주의"(Fundis)와 "현실주의"(Realos)의 대립이라고 한다. 이렇게 확인할 수 있는 분열의 경향은 비판이론의 잠재력을 확실하게 약화시켰다. 이것은 동시에 그런 신마르크스주의적 윤리 경향을 지닌 비판 사상들이 구체적인 사회현실에 밀접하게 닿아 있다는 점을 보여준다. 1980년대 말 세계 공산주의 해체는 이런 경향들을 더 부추겼다.

립하려고 시도한다. 이런 노력은 현재 사회 안에 타당한 도덕성을 형성하는 데에 어느 정도 현저하게 영향을 미친다. 종교적 확신도 오래전부터 그런 중요성을 지닌다. 종교가 공동체 생활을 규정하는 하나의 요소가 되는 곳에서 종교는 아주 탁월하게 영향력을 행사했다. 중세에 교회와 국가의 일치는 그 당시 거의 전적으로 에토스를 특징지었던 그리스도교의 능력을 입증한다. 1980년대 코란에 근거한 관습법인 "샤리아"가 여러 차례 국가의 법적 질서로 관철되는 데 성공했고, 원기 왕성하게 다시 부흥한 근본주의적 이슬람의 현실적인 영향도 종교의 탁월한 영향력을 입증한다. 마찬가지로 힌두교가 오늘날까지 인도 사회의 에토스에 미치는 영향력도 간과할 수 없다.

현대 서구사회의 다원주의와 세속화에 당면하여, 포이에르바하(L. Feuerbach, 1872년 선종)와 마르크스가 탁월하게 대변한 이른바 "헤겔 좌파"의 철학적 종교비판이 그리스도교가 윤리에 미치는 능력을 잃을 정도로 그리스도교의 영향력을 물리쳤는지에 대한 물음이 제기되었다. 자연과학의 영향력 역시 합리적 정확성을 획득하고 과학기술을 적용하는 데에 대단한 성공을 거두며 종교적 문제를 매우 쉽게 방법론적으로 배제하고 과학적 인식의 진보를 위해 장애가 되는 것으로 사실상 부정한다. 이렇게 자연과학은 사회에 영향을 미치는 그리스도교의 능력을 지속적으로 약화시키는 것처럼 보인다. 그러나 좀 더 자세히 관찰하면, 다양한 사회적 관심사와 관련하여 "그리스도 탄생 이후 시대"에 공공연하게 교육과 학교에서뿐만 아니라 여론에서도 교회 현존을 통해 그리스도교의 이상들이 다양한 방식으로 최소한 잠재적으로라도 작용하고 있음을 알 수 있다. 비록 그리스도교 유산과의 연결이 미약할지라도 그 연결은 에토스를 보호하기 위해 장려되고 있다. 이 밖에도 순전히 합리적이기만 한 과학의 가치와 과학기술의 발전이 인류 존재를 위태롭게 하는 난관과 위기 상황에 당면하여, 사람들은 궁극적인, 이른바 그리스도교적 가치들에서 비롯되는 윤리의 자문을 필요로 한다. 경제, 연구, 과학기술을 적용하는 데에 윤리 위원회들은 점차로 그리스도교 사회윤리의 대표자들과 접촉하기를 시도한다. 물론 이 시도는 그리스도교 윤리의 전통에서 매우 빈번하게 발생한, 말하자면 복음서의 관점에 전혀 타당하지 않은 편협함을 피한다는 전제 아래서다.

그런 종류의 편협함으로 첫 번째 그리스도교 윤리가 질책 받았던 내용을 생각해 볼 수 있다. 하르트만(Hartmann)이 말한 "저승에서의 행복"과 마르크스와 레닌이 말한 "민중을 위한 민중의 아편"이라는 질책이다. 이들에 따르면, 그리스도교 윤리는 마치 사람의 행동이 장차 하늘에서의 보상을 보장하며, 그때에 사람들은 강제되었던 나쁜 형편을 위로받고 이승에서의 못마땅함을 잊을 수 있을 것이라는 생각에 따라 사람의 행동을 평가한다는 것이다. 실제로 "우리는 무엇을 위해 이 땅 위에 존재하는가?"라는 고전 교리문답의 질문에 "하느님께 봉사하고 언젠가 하늘나라에 가기 위해"라고 제시된 대답은 그런 해석을 종용하는 것처럼 보인다. 게다가 그 해석은 계명의 실행과 결부된 보상에 대한 생각(마르코 10,17)과 산상설교 중 참 행복에 관한 찬양(마태 5,3-12)에 의해 지지받는 것처럼 보인다. 그러나 이런 해석은 충분하지 않다. 왜냐하면 복음서의 윤리는 늘 그리스도를 따르면서 철저하게 십자가를 짊어지고 "아버지의 뜻"을 신뢰하는 것이기 때문이다. 하느님의 뜻은 어떤 방식으로든 불이익당하는 사람들을 특별히 고려하는 한없는 사랑의 계명 안에서 구체화된다. 또 그리스도를 통해 이미 시작되었지만 아직 도래하지 않은 정의·평화·사랑의 하느님 나라를 완성하는 데 함께 노력할 것을 요구한다. 궁극적 성취, 이른바 "영원한 생명"은 보상과 행복이라는 동기나 기준에 의해서가 아니라 신앙에 의해서 살아가는 존재가 기대할 수 있는 결과이다. 신앙적 삶은 의식적으로 그리스도를 따르면서 세상과 사회를 인간화하기 위해 "비판적이고 고무적으로"(A.아우어) 사회에 투신하는 것이다. 그러므로 보상과 벌을 기준으로 하는 그리스도교 견해의 정반대 극에는 두 번째로 지적할 편협함이 있다. 바로 주의주의적 견해다. 이 견해는 하느님을 성경이 이해하는 창조주나 아버지라기보다는 절대적이고 전지전능한 세상의 지배자나 재판관으로 이해하면서 하느님을 절대적이고 자의적인 입법자로 여긴다. 이 견해에서 하느님의 계명은 사람에 대한 이해 없이 주어진 것이고, 사람들은 그저 하느님께 정당하게 인정되어야만 하는 것이다. 이 관점은 중세 초기 아벨라르두스(Petrus Abaelardus, 1142년 선종)가 단호하게 옹호했다. 이후 윌리엄 오컴(William of Ockham, 1349년 선종)이 모순적인 임의성을 배제함으로써 온건한 형식으로 중세 후기 유명론에 결정적인 영향을 주었다. 이때부터 주의주의는 칸트가 신학을 연구하면서 인지한 바와 같이, 개혁 신학에 영향을 미쳤다. 개혁에 반대한 가톨릭 신학이 옹호하는 절대적 계명에 대한 견해는 마침내 맹목적인 복종을 요구했다. 이런 견해는 성경의 인간관과 창조주 하느님에 대한 이해에 일치하지 못한다. 성경에 따르면, 사람은 그리스도에 의해 구원된 하느님의 모상이며 파트너이자 동맹자이고, 하느님은 자신의 창조물을 염려하는 사랑의 섭리다. 가톨릭의 주의주의적 견해는 무엇보다도 철저하게 사람을 고려하는 계명에 대한 성경의 이해와 모순되었다.

성경 원전은 창조질서가 윤리적이고 규범적인 능력을 가지며 이방인에게도 인정될 수 있다고 표현한다(로마 2,14). 또한 성경의 진술에 따르면, 비그리스도교 세계에서 증가하는 윤리적 견해들을 인용하는 것은 하느님이 원하시는 것일 수도 있다.**34** 하느님을 절대적 입법자로 여기는 편협함은 성경 원전을 일방적으로 읽은 결과다. 칸트가 이런 견해를 궁극적으로 인간 윤리에 타당하지 않은 타율성으로 거부한 것은 신학적으로도 옳다. 그럼에도 불구하고 하느님을 절대적 입법자로 여기는 견해는 계속해서 신학사상에 강력하게 영향을 미쳤다. 그중에서도 덴마크의 신학자 키르케고르(S. Kierkegaard, 1855년 선종)의 사상과 현대 이른바 "변증법적 신학"**35**에 강한 영향을 미쳤다. 그 결과 그리스도교 사회윤리는 고립되었다. 하느님에 대한 그런 관념은 다원주의 사회에서 그리스도교 윤리 규범을 의무적인 것으로 중재할 수 없기 때문이다.

---

34 바오로 시대 동양의 법문화 안에 십계명과 매우 유사한 특징을 지닌 내용들이 정립되었고, 바오로는 스토아 에토스에 아무런 해도 끼치지 않으면서 그것들을 그의 권고에 받아들였다.

35 이에 대해서는 그가 가명으로 출판한 책 『두려움과 떨림』(Furcht und Zittern, 1843)을 참조하라. 이 책에서는 자신의 아들을 죽이기로 다짐한 아브라함의 각오가 종교성의 진수로 이해되고 있다. 주의주의는 유명주의에 영향을 받은 루터의 가르침을 넘어, 그 많은 논리적 결함에도 불구하고 개혁신학 안에서 강하게 유포되었다. 물론 개혁신학에서 보다는 덜 했지만, 주의주의는 자연법에 영향을 받은 가톨릭 도덕신학에서도 유포되었다. 19세기 이전 가트레인(V. Cathrein)이나 빌로트(L. Billot) 같은 가톨릭 신학자들에게서 주의주의적 규범에 관한 이론적 경향이 발견된다는 점을 간과해서는 안 된다.

마지막 세 번째로 지적할 편협함은 "근본주의"라고 말할 수 있는 것이다. 이 견해는 성경의 언명들을 그 역사적이고 문화적인 맥락과 분리시켜 말 그대로 해석하고, 그로부터 윤리와 사회의 관심사를 직접 규정하여 행동지침을 이끌어오려고 한다. 이런 견해로 보면, 들판의 나리꽃이나 하늘의 새처럼(루가 12,27) 세속의 관심사를 염려하지 말아야 한다는 등의 진술들은 경제 윤리를 하찮은 것으로, 민주적인 국가의 형태들을 성경과 맞지 않는 것으로 여길 수 있게 한다. 왜냐하면 민주적 국가 형태는 그 당시 사회적 맥락에서 구상되지 않았으며, 따라서 당연히 성경의 진술에 반영되지 않았기 때문이다. 성경을 근본주의적으로 이해하면, 성경의 구절들에서 자신이 마음에 드는 사상을 주관적 목적에 따라 선택하여 무조건적인 그리스도교의 요구로 표현하기 쉽다. 예를 들어, 칼을 쳐서 보습을 만들리라(이사 2,4)는 이사야의 말씀을 정치적인 주요문장으로 강조하면, 요엘서에 쓰인 보습을 쳐서 칼을 만들리라(요엘 4,10)라는 정반대의 말씀은 은폐될 수 있다. 근본주의적 견해는 성경의 전체 텍스트에 맞는 평화윤리에 대한 성경의 근거를 찾기 위해 노력하는 대신, 그렇게 간단하게 도덕적 표어를 만들어 낸다. 주의주의에 구속된 윤리는 교회의 공인을 받아 입법자의 주관적인 임의성으로 변질되거나, 20세기 전반기에 개인의 주관적인 양심의 요구를 "상황 윤리"를 통해 윤리를 위한 유일한 기준으로 만들려고 했기 때문에 결국 폐기되었다. 그렇듯이 복음서의 근본주의적 해석 역시 의무감을 가지고 사회를 만들려는 사회윤리를 발생시키지 못한다.

그리스도교 동기를 우리 현대사회의 에토스 안으로 끌어들이는 것은 전혀 편협하지 않다. 오히려 그리스도교 동기를 맨 처음 사회에 끌어들인 것은 진정한 사람됨을 실제로 반영한 구약의 십계명이다. 이 법은 이른바 십계명의 "두 번째 석판"에 적힌 요구들대로 생명 보호·사유재산 보호·선한 요구 보호·세대를 계승하여 가정의 불가침성이 보호될 것을 확립했다. 이렇게 그 법의 토대는 지금도 알 수 있듯이, 인권과 하느님의 창조, 하느님께서 선택한 민족과 하느님의 동맹에 근거를 둔 에토스를 형성했다. 하느님의 창조물은 좋아 보였고, 따라서 사람도 좋아 보였다. 사람은 죄를 통해 나약해지고 파멸했지만 예수 그리스도를 통해 구원받고 다시 회복될 수 있다는 믿음을 갖게 되었다. 물론 창조질서가 실현되고 그 질서가 윤리적인 특정한 가치를 갖는다는 전제 아래서다. 사람들이 그 가치 안에서 개인으로서, 보편적 인간으로서 자아를 실현하기 위해 반드시 필요하다고 인식하는 것은, 다름 아닌 사람의 내적 필연성을 통해 요구되는 것으로서 윤리적 특성을 갖는다. 중세 신학자들, 특히 토마스 아퀴나스가 본질적 법칙이나 "자연법"(lex naturae)으로 바꾸어 말한 이 윤리적 토대는 "자연주의 궤변"으로 인해 많은 오류가 있었지만 결국 에토스에 결정적인 영향을 미쳤다. 이 점에 대해서는 이미 언급한 스페인의 만민법 자들의 영향력을 생각할 수 있다.

창조신학에 근거를 두고, 이성의 통찰과 성경에 근거한 신앙적 동인에 의해 형성되는 윤리 전통이 신학적으로 계속 계승되고 오늘날의 사회와 토론하는 데 이끌어진다면, 에토스에 미치는 그리스도교의 영향력은 여전히 중요하게 느껴질 것이다. 그리스도교의 영향력이 여전히 중요함을 입증하는 사실이 있다. 그리스도인과 교회가 보다 큰 정의를 추구하는 일, 특별히 20세기 남-북 격차에 당면하여 경제 정의를 추구한다는 현실이다. 또한 가장 현대적인 학문들, 특별히 생물학-의학 분야에서 직업상의 규범들을 찾는데 윤리 전문가인 그리스도교 신학자들이 늘 관련된다는 사실이다. 새롭고 **빠르게** 변화하는 우리 현대사회의 환경을 고려하면서 성경의 가치들을 추구하는 것은 이 시대에 점점 더 큰 의미를 갖는다. 그 가치들은 과학기술로 할 수 있을 만한 모든 것을 더 이상 다 해서는 절대 안 된다는 점을 알려주며, 이런 생존의 필연적 한계들이 갖는 의미와 방향성을 부여하기 때문이다. 이런 설명은 무엇보다도 그리스도교 사회론이 현대사회의 에토스에 작용하는 의미를 확인하기 위해서 필요하다. 이를 기반으로 그리스도교 사회윤리의 내적 구조를 밝히는 일은 다음의 과제다.

1-8. 다원적 에토스를 갖는 사회 - 개요

그리스도교 사회윤리는 교회의 사회론으로서, 윤리적으로 아직 규정되지 않은 사회, 곧 그리스도교 사회윤리의 가치들과 목표로부터 맨 먼저 영향을 받아야 하는 사회와 결코 대립하지 않는다. 그런 사회에서 규범 구조가 비록 일정한 형태를 갖추지 못했다 하더라도, 그 사회는 최소한 일상에서 사람들과의 공존을 위해 직업·무역·정치 질서에서의 규범 구조를 발전시키는 에토스를 이미 가지고 있다. 에토스는 공동생활에 대한 아주 많은 내용에 실용적으로 동의한 것이다. 사람들은 그들의 공동생활을 파괴시킬 만큼 큰 갈등을 겪지 않고 살아갈 수 있도록 무조건 행해야만 하거나 허가되어야 하는 것만이 아니라, 자유로운 판단에 맡겨질 수 있는 것에 대해서도 실용적으로 동의한다. 동시에 에토스는 이미 반목이 발생했다 하더라도 그것을 공정하고 평화롭게 조정하기 위한 절차를 알고 있다. 잘못된 태도에 맞서 규범이 관철되도록 돕는, 어느 정도 공식적인 인준들에 의한 체계도 알고 있다.

중세 그리스도교 사회와 같이 닫힌 세계관을 가진 사회에서와는 달리, 현대사회에서는 에토스를 근거 짓는 의견이 일치하지 않는다. 물론 현대사회에선 "황금률"이나 인권의 구속력과 연관된 어떤 동의가 지속적으로 지배하고 있기는 하다. 그렇더라도 다원주의적 세계관과 가치가 현대사회를 지배한다. 최종적이고 무조건적인 구속력을 갖는 가치들과 규범들과 함께 그 근거들에 대한 견해와 의견이 전혀 모순되지 않는다고 하더라도, 또는 대부분 일치하거나 서로 보완될 수 있다 하더라도, 그것들은 단일하게 확립되지 못한다.

이런 상태에서 그리스도교 사회윤리가 청취자를 가지고자 한다면, 더 나아가 그리스도교에 위탁된 증언을 알려야 하는 본연의 의무를 인식한다면, 그리스도교 사회윤리는 구체적인 사회 안에서 사상이 축적되어 가는 역사를 인식해야 하고 이해하도록 노력해야 한다. 이 노력은 예수가 직접 전한 복음의 뜻에서 출발해야 하지만, 아는 체하며 결함만을 밝혀내거나, 모든 부분과 개별적인 것에 대해 처음부터 권한이 있는 것처럼 행세하지 않아야 하며, 비판적이면서도 호감이 가는 태도로 이루어져야 한다. 그리스도인은 진리에 더 가까이 다가가기 위해, 묵과하거나 심지어 부당하게 망각한 자신의 한계에 대한 다른 사람의 경고를 각오해야 할 것이다. 동시에 다른 사람이 그런 개방적 태도로 말을 걸어오기를 바라야 할 것이다. 이에 대한 예로는, 아테네의 이방신을 모시는 아레오파고스에 도착한 사도 바오로가 한 일(사도 17, 22-31)과 모든 것을 분별하고 좋은 것은 간직하라는 살로니카 신도들에게 말한 그의 권고(1 테살 5,21)다.

그 실행들은 어느 정도 의식적으로 에토스를 형성하는 데 아주 중요한 행동 양식과 이론을 사회의 본보기로 만들었고, 그것들의 장점들을 번영하는 공동체 생활의 에토스로 완성하기 위해 노력했다. 또한 각 주장들의 논리가 갖는 결함과 한계, 객관적 불균형을 지적하려고 노력했다. 이 일은 그리스도교 신앙과 교회의 뚜렷한 영향력에 의해 만들어진 구체적인 에토스가 뒤로 밀려나지 않도록 실행되었다. 여기에서 관심을 끄는 대목은 반목되는 것과 결합될 수 없는 것을 실제로 밝혀내려고 해서는 안 된다는 점이다. 그런 것들은 본디 대화를 할 수 없게끔 어떤 특정한 관점을 절대화하면서 끝까지 몰고 가는 극단적인 것이다. 그런 것들은 아마도 개별 사상가들에 의해 옹호될 것이다. 그것들이 극단적이라면, 레닌-스탈린주의 같이 확실한 마르크스주의 사회형태가 아닌 한 사회 전체 영역에서 영향력이 거의 없을 것이다. 이 경우에 그 자체로 대화의 장이 새로 마련될 가능성은 열려 있다.[36] 마찬가지로 다른 철학적 동향들, 말하자면 실용주의적 공리주의 같은 동향들은 이론적으로라도 결코 옹호되지 않는다는 점을

---

36 이 점에 대해서 1960년대 바오로 공동체(Paulusgesellschaft)가 그 당시 매우 소심하게 개방하는 동유럽 마르크스주의와 대화하기 위해 발의한 "신앙과 지식에 대한 담화"를 생각해 볼 수 있다.

더욱 분명하게 알아야 한다. 그 철학은 "현실의 규범적 능력"인 외부 상황의 강제에만 의거하는 순진한 공리주의에 근거한다. 그런 철학적 경향은 롤즈의 저서에서 분명하게 알 수 있듯이, 자체적으로 깊이 생각하여 오히려 정의론으로 발전될 수 있다. 가치 윤리와 마찬가지로 그 성향이 철학적 담론에서 아주 쉽게 취하는 태도에서 알 수 있듯이, 단순한 감정주의를 넘어 더 나아가지 않는다. 이런 실상들은 대화가 여전히 가능하고, 그리스도교 사회윤리가 대화의 적합한 파트너가 될 수 있으며, 그리스도교 사회윤리의 견해가 대화로 이끌어져야 한다는 뜻과 다르지 않다. 이렇게 되기 위해 최소한 대화 상대의 사상과 세계관을 아는 글로벌 지식이 반드시 필요하다. 대화 상대의 사상과 세계관과의 논쟁은 근본적으로 그리스도교 사회윤리의 과제에 속한다. 사회를 만들어 나가는 과정에서 실제 정치적 환경이 사상적 풍토보다 사회윤리가 영향력을 발휘할 수 있는 구체적인 기본 조건들을 훨씬 더 많이 제시한다. 그러므로 실제 정치적 환경에 대해서는 좀 더 자세히 살펴보아야 하겠다.

2. 현재 사회 현실의 정치적 특성

    그리스도교 사회윤리가 사회를 만들어 나가는 효력을 보여줘야 하는 영역은 "사상적 풍토"만이 아니라 현실정치도 포함한다. 현실정치의 특징들은 특정한 사회와 시대의 구체적인 환경을 전제한다. 이미 주어져 있지만, 동시에 만들어가야만 하는 현실은 사회를 만들어 나가는 창조적이고 윤리적인 작용에 제한된 조건들을 규정한다. 현실은 사회의 구조적인 합법칙성을 통해 창조적이고 윤리적으로 만들어가는 능력에 한계를 부여할 뿐만 아니라, 그런 능력이 영향력을 행사할 수 있는 토대를 부여한다. 바로 이런 이유로 윤리가 아무것도 이끌어 낼 수 없는 유토피아적 몽상에 그치지 않는다면, 윤리는 자주 외적 강제라고 표현되는 냉혹한 현실과 가까이 해야 한다.

    그리스도교 사회윤리는 이미 주어져 있는 객관적 특성과 사회적 맥락을 냉정하게 현실적으로 인식하고 주목해야 한다. 이 말은 물론 불이익당하는 사람들을 짓누르는 권력자들의 특권을 견고히 하는 현재의 시행들을 변화될 수 없는 운명처럼 수긍해야 한다는 뜻이 아니다. 오히려 그 말은 명백한 불의, 특히 잠재된 불의를 주시하여 판단해야 하고 최대한 고무적으로 개선할 수 있는 가능성들을 매번 새롭게 찾아야 한다는 뜻이다. 비록 오랜 시간을 들여야 실현할 수 있지만, 그래도 사람들은 역동적으로 보다 더 사람다움을 추구해야 하고, 자신들의 목표와 이상에 맞게 주어진 사회의 합법칙성들에 영향을 주고자 노력해야 한다. 서력(西曆)으로 삼천 년 기 문턱에서 세계사회는 글로벌 척도를 갖는다. 다음에 설명할 정치적 특성들은, 각기 다른 특징들을 예외로 한다면, 글로벌 척도 안에 있는 각 사회에 기본적으로 공통되고 아주 인상적인 것으로 드러날 것이다.

2-1. 오늘날 세계사회의 특수성

예전과 비교해서 오늘날 세계사회는 산업화라는 특징을 갖는다. 산업화로 야기된 광범위한 결과에 시달리기 시작하는 국가들에서는 이미 "산업시대의 종말"이 선언되고 있는 반면, 아직도 산업화 초기 과정에 처해 있는 국가들은 산업화의 강화를 추구할 만한 가치로 여긴다. 어느 경우이든 이런 사회들은 사람의 총체적 생활을 위한 소비와 생산으로 인해 산업사회라는 특성을 갖는다. 지난 150여 년간의 산업혁명은 의심할 여지없이 인류가 역사에서 체험한 가장 근본적인 사회 변화를 불러왔다. 인구변화, 거의 모든 생활 영역에서의 변화, 행동의 척도가 되는 가치의 변화, 인구 통계학적 변화와 일치하는 또렷한 이주 현상 등은 사회의 근본적인 변화를 나타낸다. 이런 변화는 아직도 폭넓게 진행되고 있으며, 그 실질적이고 정신적인 결과들은 긍정적으로든 부정적으로든 부분적으로나마 조망되고 판단될 수 있다. 마이크로프로세서와 전산 자료 처리의 도입, 확실히 예측할 수 있는 에너지 부족, 그리고 이런 것들이 전 세계적으로 영향을 미치면서 불러오는 환경 파괴와 불균형적인 급속한 인구 성장은 산업화의 조건에 따른 변화의 예들이다. 이 모든 변화는 한 국가나 한 대륙에 국한되지 않고, 전 세계의 구조 체계 안에서 연결되어 있다. 그러므로 오늘날의 사회는 우선적으로 글로벌 산업사회와 글로벌 소비사회로 특징지어진다. 사회는 오랜 기간에 걸쳐 바뀌어 나가지만, 이런 특징들은 현실주의 윤리가 이른바 "사회적 실상"(E. 뒤르켐)으로 파악하고 받아들이는, 사회를 계속 규정해 나가는 요인들이다.

이 요인들은 정치나 국가 조직에 광범위한 결과를 가져온다. 사회를 계획하는 행위자는 아직도 대부분 주권국가다. 주권국가는 여전히 주요한 정치 담당자다. 그럼에도 불구하고 점차 증가하는 국가 간의 의존성, 특히 경제적 의존성은 지역을 넘어서서 더 큰 범위의 연합을 증가시키며 국제연합(UNO)이라는 세계적 지평에서 뚜렷하게 구축되고 있는 협력을 요구한다. 이제 목적과 수단으로부터 만족하는 "완전한 사회"(Societas perfecta)로서의 국가에 대한 뜻매김이나, 경우에 따라서는 해외 식민지를 소유함으로써 보장되었던 자급자족에 대한 근대국가의 이상은 명백하게 시대착오적이 되었다. 이미 칸트가 그의 저서 『영구 평화론』(1795)에서 촉구했던 세계사회 혹은 글로벌 사회는 19세기의 국민국가 체제보다 현재의 사회상에 더 가깝다. 덧붙여 말하자면, 오늘날 사회는 오히려 인류가 하느님 백성이라는 그리스도교 보편주의에 더 잘 부합한다. 이에 대한 징후들은 정치적 차원에서의 초국가적 연합 외에도 국제연합에 많은 하위 분과들이 있다는 점이다. 다양한 사회적 관심사를 갖는 그 분과들은 문화나 보건문제를 다루거나, 노동 세계의 결정에 함께 참여하거나, 또는 경제와 과학기술을 감독하는 역할을 위임받거나, 더 나아가 후진 국가들의 발전을 촉진시키려 하거나 식량과 농업문제 등에 종사한다.[37] 이 밖에도 특히 인공위성에 의해 전 세계적 연결망을 가진 정보와 통신 매체들은 전체주의 체제도 완전히 억제할 수 없을 정도로 많은 양의 정보 교환을 가능하게 한다. 동시에 현대의 교통수단은, 특히 항공 교통은 사람들과 기관들이 신속하고 안전하게 접촉할 수 있는 가능성을 보장한다.

국가의 경계가, 예를 들어 외환 관리 등의 보호관세와 같은 제도를 둠으로써 여전히 세계 사회 형성에 장애가 됨에도 불구하고, 정치 영역에서와 마찬가지로 경제 차원에서도 오래전부터 지역연합을 넘어 국법상으로가 아니라 실제적으로 세계경제로 되어가고 있다. 서로가 완전히 의존하는 환경에서 경제적 부담과 위기는 즉시 전 세계적으로 감지되며, 그 문제를 극복하기 위해 반드시 필요한 방법들은 점차로 준비될 수 있다. 24시간 내내 실시간으로 전 세계에서 동시에 전개되는 주식거래는, 앞으로 점차 사회를 특징지을 전형적인 징표라 할 수 있다. 세계사회에서 불균형이 감소하기보다는 오히려 점점 커져 가

---

37 국제연합의 기구들을 표기하면 다음과 같다. UNESCO(교육과학문화 기구), WHO(보건기구), ILO(노동기구), IAEA(원자력 기구), UNCTAD(무역개발 기구), FAO(식량농업 기구) 등이다.

지만, 세계적으로 상호작용하는 경향과 그와 결부된 기회들을 간과할 수는 없다.

문명화된 문화적 차원에서 볼 때, 이른바 정보와 경제의 바람이 불지 않는 곳에서도 교류는 점차 활발히 이루어지고 있다. 이런 전 세계적 교류는 한편으로 평등하고 진정한 사람됨에 유익하지 못한 방식으로 이루어진다. 이 점에 대해서는 페스트 푸드 체인점을 통한 음식문화의 평준화를 시작으로 국제공항의 단일한 건축양식까지 다양한 영역에서 창조적이지 못한 단일한 문화 발생을 생각할 수 있다. 그러나 다른 한편으로 전 세계적 교류는 사람을 풍요롭게 하는 "일치 안의 다양성"으로 감지되기도 한다. 이는 바로 교회의 종교문화 영역에서 장려되어야 하고 사회윤리가 격려해야 하는 부분이다.

이 모든 특징은 결정적으로 산업기술 덕택으로 이루어졌다. 농업에 종사하는 인구가 계속해서 감소하고, 고도로 전문화되고 분업화된 생산으로 인해 수공업이 쇠퇴하며, 그렇게 사회가 조직화되고 동시에 이른바 제3부문인 서비스업이 차지하는 몫이 점차로 커지고 있는 현상도 산업기술의 주도권을 나타내는 특징들이다. 산업생산이 앞으로 더 자동화된다면, 조직적이고 행정적인 서비스업과 연구와 발전이 차지하는 몫은 계속해서 확실하게 증대할 것이다. 산업사회 안에서도 전체 사회의 생활양식이 근본적으로 산업적 생산방식에 의해 특징지어지는 변화가 이루어졌다.

이 밖에도 발전된 선진 분업 체계를 통해, 생산품을 비교적 저렴한 가격으로 광범위하게 제공할 수 있고 그 체계에 맞게 보급되는 높은 생산력을 획득할 수 있게 되었다. 따라서 산업사회는 내적 필연성으로 인해 소비사회이기도 하다. 이것이 일상의 편리에 대한, 특히 위생·보건·교육·여가 시간에 대한 기회를 제공한다는 점은 의심할 여지가 없다. 그러나 이미 오래전부터 산업화된 국가들은 발전의 한계를 보여준다. 소비 강요와 환경 파괴로 인한 사회적 비용의 과도한 증가, 천연자원의 과도한 사용, 정신적인 과도한 요구, 불투명할 정도로 지나치게 조직화됨으로써 통제와 영향력이 결핍된다는 점과 산업 제조공장들이 하나의 조직으로 통합되면서 나타나는 권력집중 현상, 무기 분야에서 전 인류를 죽일 수 있을 만큼 몇 배로 증대된 살인능력과 그에 결부된 과학기술에 의해 양산되는 엄청난 전문적 역량의 형성 등은 윤리적으로 극복되어야 하는 선진 산업사회가 불러온 주요 문제들이다.

이런 전형적인 사회윤리의 문제들 외에도, 그리스도교 사회윤리가 유념해야 하는 또 다른 문제가 있다. 사회구조가 개인에게 직접 관계하는 문제들이다. 이 문제들은 일찍이 산업화 과정에서 일터와 가정이 어쩔 도리 없이 분리되었고, 전문적인 분업을 통해 제조 과정이 필연적으로 세분되었다는 점이다. 제조 과정의 세분화는 개인이 그 과정 전체를 조망하는 것을 어렵게 하며, 그럼으로써 개인이 자신의 노동에 대해 책임을 지는 것은 거의 불가능해졌다. 더 나아가 제조 활동이 특정 산업 중심지로 집중화되는 문제가 있다. 산업의 집중화는 도시화와 이농 현상을 불러왔다. 도시화는 개인이 일반대중에 묻히도록 강제하며[38], 이농 현상은 경우에 따라서 전 농토를 황폐화시

---

[38] D. Riesman, Die einsame Masse, Reinbek 1958. (영문판은 1950).

킬 수 있다. 이 밖에도 사람이 실적, 효율성, 고도의 합리성이라는 기준에 의해서 평가되는 경향이 발생했다. 이런 경향은 사람의 외적 환경에 많은 부담을 줄 뿐만 아니라 사람의 내면세계를 축소시킨다. 감수성을 풍부하게 하는 문화적 가치들이 심하게 감퇴함으로써 사람이 존엄하게 존재하는 것은 점점 어려워지고 있다.

　이런 문제 상황에서 사회윤리가 특별히 요청하는 바는 사람이 대중화되고 비인격화되는 현상을 방어하고, 모든 해당자가 함께 참여하여 공동으로 결정하는 방식을 보장하는 일이다. 이 방식은 그들이 중요한 결정에 직접 참여하는 형식이든, 합법성을 갖는 대표자를 통한 간접적 방식이든 문제가 되지 않는다. 더 나아가 비판적이고 책임 있는 개방성이 아주 일반적으로 요청된다. 이는 필연적으로 늘 새롭게 변화하는 사회구조가 복지와 사람됨을 향해 향상되는 데 피해를 주지 않으면서 편협성과 단점들을 가능한 없애는 데 도움이 된다.

　글로벌 산업사회는 닫힌 사회영역을 더는 알지 못한다. 고정된 관습과 세계관을 가진 닫힌 1차 집단들은, 아주 다양한 관심사를 가진 집단으로 구성된, 이른바 다원적 세계관으로 특징지어지는 사회에 자리를 내어준다. 단일한 세계관은 사라진다. 모두에게 무조건적으로 타당하도록 설정된 영역은 더는 주어지지 않는다. 이 결과로 개인들은 불안해진다. 차이가 있는 사상과 이해를 필요로 하는 다양한 구상들은 나란히 공존하게 되지만, 늘 새로운 갈등에 빠지고 이해관계들의 대립이 이데올로기적으로 과장되는 위험을 갖는다.[39] 다른 사람

---

39 종교전쟁들 배후에는 전쟁을 일으킨 진짜 원인들인 사회적 불평등이 있다. 북아일랜드에선 원주민인 가톨릭 아일랜드 사람들의 정치적, 경제적 상황이 이후에 정착하여 지

들의 생활을 단순히 내버려 두는 데 그치지 않고 서로가 긍정적 가치를 인정하고 적극적으로 협력할 수 있는 관용은 민족의 생존을 위해 반드시 필요한 윤리적 요청이 되었다. 동시에 다원성은 획일적 통일과 대중화 경향, 세계관이 없는 "관점 없음"에 반대하여 하부 집단들, 사회학적으로 말하자면 단체, 정당, 농업조합 등과 같은 "2차적 체계"가 밀접한 연결망을 갖도록 요청한다. 하부 집단들은 경계를 갖지 않고 적극적으로 협력함으로써, 사람이 외로워지거나 그가 속한 집단 속에서 고립되지 않도록, 다원주의 사회 안에서 사람에게 고향·관점·세상의 방향 감각을 안전하게 지켜줄 수 있다.

끝으로 국제적 연관성은 다원주의적 글로벌 산업사회의 조건을 제시한다. 글로벌 산업사회는 글로벌 정보사회여야 하며, 높은 수준의 전문성과 조직성을 갖추어야 한다. 또한 최소한 결정 과정에 참여하기 위해서는 분명하게 의사소통을 할 수 있게 보편화된 말을 할 수 있을 정도로 높은 교육 수준을 전제해야 한다. 따라서 산업사회는 무엇보다도 교육사회로서 책임을 수행해야 한다. 이것은 국가가 보장해야 하며, 2차적 집단 역시 국가가 교육 능력을 갖춘 사회가 되는 데 이바지해야 한다.

현대사회가 획일적인 대중화에 의해 비인간화되고, 결국 스스로를 파멸시키지 않으려면 현대 사회는 의사소통과 자아 발견이 똑같

배 계층을 형성한 프로테스탄트 영국 사람들에 의해 후퇴되었다. 또 레바논 갈등에서는 권력을 가진 그리스도교 소수에 대항하는 이슬람 다수가 있었다. 이 두 경우에서 전쟁의 원인은 사회적 긴장과 민족 간의 긴장이었다. 이 긴장은 부차적 원인인 종교적 세계관을 과장하거나 이데올로기화했다.

을 정도로 이루어질 수 있는 사회의 내부구조를 제시해야 한다. 현대 사회의 중요한 특징들을 설명하면 틀림없이 그 내부의 구조와 구성 요소를 묻게 되며, 사회윤리는 그 조직과 형태를 긴급하게 숙고해야 한다.

2-2. 사회의 구성 요소

인간적인 사회를 만들기 위해서는 세분화된 하부 단위들이 반드시 필요하다. 하부 단위들은 사회가 인도적 구조를 갖추게 하는 데 이 바지한다. 그것들은 서로 다른 의미, 역사성, 기능, 권력, 권위를 가 진다. 그러나 이 사실로부터 하부 단위들에 대한 가치 판단이나 등급 표를 이끌어 낼 수는 없다. 앞으로 설명할 사회의 구조적 요소들은 사회윤리 분야에서 상당히 중요하게 평가된다.

점차로 인류가 함께 성장하는 세계사회 속에서 개별 주권 국가의 중요성이 감소하는 경향에도 불구하고 주권 국가는 여전히 사회 영 역에서 가장 중요한 구조적 요소다. 주권 국가의 오랜 역사성과 독 립성, 주권이 국가를 가장 중요한 사회 요소로 만드는 이유다. 국가 의 발생과 존립은 "자연적"인 민족의 존속이나 사람들의 "의지"에 의 한 국가계약만으로 설명될 수 없다. 국가를 존재하게 하는 아주 중요 한 근거는 영토, 인종, 언어 등과 같은 자연적 요소들과 동시에 의지 행위다. 곧, 자연적 요소들을 바탕으로 이해관계가 일치하는 공동체 를 형성하고 국가의 일치를 위해 그 공동체를 발전시키려는 의지 행위다. 모든 사회윤리와 사회적으로 주어진 모든 정치적 활동은 국가를 발생시키고 존립시키는 이 요소들을 존중해야 한다. 국민 의지에 의해서가 아니라 법령을 통해 형성된 다민족 국가들에서는 민족들을 일치시키는 일이 오랫동안 어려웠다. 반면에 역사적으로 성장한 국가 의지는 국가의 존재가 침해받지 않도록 여러 문화와 언어를 가진 다양한 민족들을 포용할 수 있었다.[40] 이 밖에도 몇 세기 이상 독립된 국가 없이 지내면서 민족 정체성을 보존하고 있는 민족들도 있다.[41] 국가를 표현하는 것은 국제적 인정 외에도 자연과 역사를 바탕으로 성장한 의지, 곧 같은 소속이 되려는 국민들의 의지다. 인도적 정치는 자결권으로서 그런 국민 의지를 존중해야 한다.

세계사회가 무엇보다도 국가들로 구성되어 있는 반면, 각 국가의 내부에는 국가사회를 구성하는 수많은 하위 조직들이 작용한다. 지방 행정 구역, 종교와 같은 국지적 조직들과 노동조합, 상공인 조합, 기업 조합, 농민 조합이나 정당 같은 여러 이익단체는 다양한 네트워크를 만들어 낸다. 이 네트워크는 사회가 인도적으로 기능하기 위해서 반드시 필요하며, 그 구체적 형태는 아주 오랜 시간을 거쳐야 변화될 수 있는 조직이다.

---

40 1918년 남슬라브 민족들의 불명예스러운 동맹으로 형성된 유고슬라비아를 역사적 증거로 볼 수 있을 것이다. 유고슬라비아는 다양한 관심사들을 천천히 수렴하여 형성된 스위스와 대조적이다. 스위스는 자기 의지에 의한 동맹을 자칭 "연방"(Eidgenossenschaft)이라는 용어로 분명하게 표현한다.

41 이에 대한 가장 명백한 예는 여러 번의 분열과 몇 차례의 추방, 일시적인 국가 해체에도 불구하고 유지되는 폴란드 국민이다. 이 나라 국민들은 "폴란드는 아직 사라지지 않았다"라는 고무적인 국가(國歌) 아래 나라를 다시 세운 민족이다.

하나의 정당을 가진 중앙 집권 국가는 비록 명백하게 이성에서 나오는 계획으로 합리성과 정치·경제 등의 모든 사회적 관심을 총체적으로 포괄한다고 하더라도, 그런 집단주의적 조직에 대한 구상에서는 사람됨이 파괴된다. 그 조직 구조가 개인의 인격 구조에 걸맞지 않기 때문이다. 인격 구조는 사람들이 늘 동등하게, 그러면서도 다양한 방식으로 존재하도록 한다. 따라서 사회윤리는 다양한 하위 조직들을 보존하고 그들이 협력할 것을 요구하고 촉구한다.

국가를 구성하는 단위들 외에도 오늘날 점차 증가하는 초국가적 하위 조직들도 있다. 전통적으로 초국가 공동체로는 가톨릭교회 같은 종교 공동체들이 가장 중요한 조직으로 꼽힌다. 프로테스탄트 교회들은 16세기에 발생한 이래로 늘 지역교회로 존재했고, 1948년 이후에야 "교회일치 위원회"를 통해 국제연합을 실현했다. 반면, 가톨릭교회는 국가와 여러 번의 협약을 체결했고, 세속의 영향을 받았음에도 불구하고 국가 편에서 볼 때 항상 국제적이고, 국가와는 어느 정도 독립된 구조였다. 가톨릭교회는 그런 구조를 유지하기 위해 자주 갈등을 무릅써야 했고, 국가가 하는 것처럼 스스로를 "완전한 사회"로 이해했다. 바로 이렇게 가톨릭교회와 최근에 세워진 교회일치 위원회는 국가를 만들어 나가는 데 영향을 미쳤던 정치적 요소다. 따라서 사회윤리는 그런 종교들을 정치적 요소로 주목해야 한다. 교회 외에도 언젠가부터 초국가적 세계 연합체들이 존재한다. 그 연합체의 활동가들은 주권국가를 고려하지 않는다. 그 단체들은 공통의 정치적 관심사와 함께 점차적으로 경제적 관심사에서도 그 관련자들에게 유익하다고 여겨지는 것을 지지한다. 바로 이런 연합을 통해서 복지와 평화는 더욱 보장받는다. 그러므로 이런 연합은 여전히 윤리적으로 책임감 있는 국제정치의 수단이다. 이와 대조적으로 현대 산업화와 더불어 사적인 사회조직들이 새롭게 생겨났다. 이 조직들은 사회를 만들어 나가는 현저한 정치적 잠재력을 가지고 오늘날 점차로 초국가 영역에 등장한다. 이 조직의 영향력은 마치 초국가 결합체의 영향력과 같기 때문에 윤리적으로도 중요한 하나의 요소로 인식되기 시작했다. 정부가 비록 민주적으로 구성된다고 하더라도, 이런 광범위한 연합들은 정부에 영향력을 행사할 수 있다.[42] 이 때문에 사회윤리는 정치적으로 중요한 세계 경제의 결합 체계를 주요한 구성 요소로 주목해야 한다. 모든 국가를 포괄하는 경제 발전을 위해 기업 차원에서나 사회적 파트너인 이익단체 영역, 노동조합, 문화적 연합, 정당 등에서 비록 어느 정도의 머뭇거림은 있지만 국제 네트워크가 만들어지기 시작한 것은 환영할 만하다. 이 밖에도 입법과 관련하여, 모든 국가가 산업에 대한 비슷한 사회적 부담을 갖도록 조정하는 국가 간의 화합은 절실히 필요하다. 그런 화합을 이룬다면 그 어떤 국가도 빈곤층이나 다음 세대를 희생시키면서 입지를 강화할 수 없게 된다. 바로 이런 지적은, 사회적 단위인 국가가 오늘날에도 얼마나 큰 중요성을 갖는지 보여준다. 유럽 평의회나 유럽 공동체, 국제연합과 같은 국제적 결속이나 경제적인 큰 결합들도 아직까지 경제적으로 매우 약한 작은 국가들을 제외하고는, 국가들이 차지하는 우월한

---

42 예를 들어, 사회나 환경에 대한 국가의 부담 때문에 기업에게 통합이나 이주를 강제하는 일, 또 그렇게 해서 발생하는 실업의 위기에 직면하여 혹독한 정치적 억압수단을 사용하는 일 등을 말할 수 있다.

위상을 허물지 못했다. 따라서 사회윤리는 이 정치적 단위에 특별히 집중적으로 주목해야 한다. 물론 이때 다른 집단들을 간과해서는 안된다.

국가를 구성하는 관청과 행정 등 권력을 담당하는 부서들의 형식적·조직적 요소들은 사람의 존엄성을 추구하는 국가의 기능에서 결정적으로 중요하다. 국민의 권리에 의해 마련된 이 형식적 기관들 외에도 비형식적인 사회적 연합들 역시 사회 윤리적인 중요성을 가져야 한다. 자유민주주의 법치 국가에서는 대부분 자발적인 발의에서 생겨난 많은 연합체들이 사회 구조를 형성한다. 그렇기 때문에 그 단체들은 사회를 구성하는 요소가 된다. 연합체들은 개인들이 고향과 방향을 잃지 않게 하는 인도적인 사회 기반 시설의 일부분이다. 물론 가정과 부족, 촌락, 산골 마을, 닫힌 정부와 같은 전통적인 하위 조직들은 근대 사회 계층의 변동 과정을 통해 중요성을 잃었다. 이 점에서 산업화와 결부되어 발생한 도시화와 이농 현상 및 이주민과 망명자의 전 지구적 이동을 주목해야 한다. 몇 명의 자녀와 부모로 이루어진 핵가족과 넓은 범위의 사회 사이에는 그 사이를 연결해 주는 구조들이 없다. 특히 세계 도시들처럼 대규모 인구 밀집 지역에서는 더욱 그렇다. 그러므로 고립될 위험성이 높다. 안락함과 통합·균형을 이루게 해주는 장소인 일차 집단인 가정은 사람에게 매우 중요하다. 물론 가정만이 개인들을, 특히 성장하는 청소년들을 통합할 수는 없다. 가정 외에도 부차적인 사회의 하부 체계들이 필요하다.

그런 과제를 함께 짊어지는 단체들에는 이미 언급했던 이익단체나 정당과 같은 하위 조직 외에도 자발적으로 발생한 집단들과 자유로운 결사체들이 있다. 종교집단들도 과제를 함께 짊어지는 단체에 속한다. 그들이 국가를 초긴장시키는 보편 교회의 생생한 지체로 또렷이 인식될 수 있다면 말이다. 다양한 관심사를 가진 단체들은 특별히 점차 증가하는 여가 시간과 관련하여, 현대 사회의 "살림살이"를 위해 포기할 수 없는 요소 중의 하나다. 그러나 여러 종파와 신흥 종교에서 밀교의 방식으로 작은 집단들이 자발적으로 만들어지는 현상은, 현대 사회의 공공연한 병폐에 대한 경고로 이해될 수 있다. 사회윤리는 현대 사회의 그런 병폐가 조정되기를 늘 촉구해왔다. 비정치적 연합들은 여론을 형성하고, 사회적 통제가 이루어지는 장소로서 사회 정책적인 중요성을 갖는다. 19세기에 사회 민주화를 위해 체조하는 단체들과 노래하는 단체들이 수행했던 역할이 오늘날에는 또렷하게 드러나지 않지만, 다른 차원에서 그들이 했던 것과 똑같은 역할을 감지할 수 있다. 이에 대해서는 아마도 소신 있는 정직한 신문의 독자층이 정치 영역에 미칠 수 있는 영향력을 생각해 볼 수 있을 것이다. 사회윤리는 그런 집단들을 촉구하기도 하고 비판하기도 하면서 그들 집단이 다양성 안에 일치를 이루지 못하고 서로 배척하는 잘못을 범하지 않도록 권장해야 한다. 막스 프리쉬(Max Frisch)와 프리드리히 뒤렌마트(Friedrich Dürrenmatt) 같은 시인이 국수주의와 오만불손한 자만심에 반대하여 강조했던 문구가 사회윤리에서는 매우 중요하다. "내 집단은 그 자체로 최고가 아니라 기껏해야 나에게 최고다."

V.
그리스도교
사회윤리의
구상과 전제

앞에서 역사에 대해 설명한 바와 같이, 가톨릭 사회론은 산업 노동자의 빈곤에 대한 다양한 염려에서 비롯되었다. 시대적 요청에 대해 순전히 실용주의적인 의도와 결합하여 도움을 발견하고 제공하려던 그리스도교의 즉흥적 감각은 잘못된 동인을 주었다. 뒤늦은 1930년경에야 비로소 가톨릭 사회론은 자신의 동기를 성찰하고 체계화하는 데 성공했고 프로테스탄트에서는 1950년 이후에 이루어졌다. 그리스도교 신앙에서 가장 많은 동기 부여를 받은 사상은 아마도 실용주의일 테지만, 그 사상을 넘어서서 바깥세상을 바라보는 그리스도교의 독자적인 시각을 정당하게 근거 짓기 위해서는 여전히 사상적 긴장을 피할 수 없다. 각각의 윤리가 독자적인 시각을 정당하게 근거 짓기 위해선 맨 먼저 철학적·신학적 전제들, 구체적으로 각 윤리의 토대인 인간관을 비판적으로 성찰하여 철저하게 규명해야 한다.

1. 인간학적 전제 – 사람은 "정치적 동물"

1-1. 사람의 사회적 실존

윤리는 자아를 형성하는 사람의 행동에 대한 성찰이다. 그러나 윤리는 행동에 의해 자아 형성이 가능하다거나 최소한의 어떤 기본 조건 안에서 자유로운 자아 결정이 가능하다는 자명한 근거를 가지고 있지 않다. 벌이 그들의 "민족" 안에서 그렇듯이, 개미가 그들의 "국가" 안에서 그렇듯이, 사람이 본능이나 사회 환경에 의해 결정된다면 윤리적으로 깊이 고민할 필요가 없다. 생물학적이나 심리학적 결정주의는 윤리를 처음부터 배제한다. 따라서 자유에 대한 "요구"(칸트)는 윤리를 말할 수 있기 위한 필수 전제다. 더 나아가 윤리는 사람의 자유로운 행동에 대한 규범적 성찰로서, 사람이 자신의 모든 일체의 행동을 통해 의미 있는 존재가 되려는 목표를 갖는다고 전제한다. 그런 목표를 설정하지 않는다면, 사람의 행동은 제 편리에 따르는 임의성으로 유도될 것이며, 결국 사르트르(J. P. Sartre, 1980년 선종)가 인상적으로 표현한 바와 같이 사람은 스스로 자신을 파멸시키게 될 것이다. 사람이 자신을 형성하는 자유는 늘 일차적으로 인간 존재의 특수성에 관한 것이다. 이 궁극적 목표의 정도는 인간관에 의존한다. 인간관은 윤리적 "목적"(telos)과 불가결하게 늘 함께 생각되는 부분이다. 때문에 비판적으로 정당화되는 모든 윤리에게 우선적으로 요구되는 것은 인간관에 대한 설명이다.

사람을 근본적으로 특징짓는 것은, 사람에게 자유를 가능하게 하는 토대로서 본질적인 육체적·정신적 상태만이 아니다. 더욱 중요한 것은 다른 사람들과의 본질적 관련성이다. 이 존재론적 근거들을 가벼이 여기거나 무시하는 경향은 사람의 총체성을 걷잡을 수 없이 침해하게 될 것이다. 서구의 정신사, 특히 도덕 신학사에서 질료와 몸을 경시하던 플라톤적이고 마니교적인 여러 경향들이 몸에 대한 적대감, 성 배척, 인간 존재의 외적 차원, 곧 역사—문화적 차원을 경시하는 데 끼친 영향들을 최근 몇 십년간 인문과학의 연구가 인상적으로 밝혀냈다. 사람의 사회적 동기, 곧 공동체와의 관련성을 도외시하는 것은 아주 위험한 결과들을 불러올 것이다.

이미 언급한 바와 같이, 고대 그리스인들은 사람을 철저히 "사회적 생명체"로, "정치적 동물"로 보았으며, "자기중심적"으로 고립된 사람을 온전한 사람으로 평가하지 않았다. 오늘날 현대 자연과학과 인문과학의 지식은 이런 견해를 보장한다. 사람은 "기본적으로 완전하지 못한 존재"(A. 겔렌)이며, 생물학적으로도 "조기출생"하여(A. 포르트만) 다른 사람의 도움에 의해서만 생존의 기회를 갖는다. 사회적 행위를 통해 증명되듯이, 개인을 둘러싼 세상, 특히 부모가 집중하여 지속적이고 직접적인 배려를 하지 않는다면 사람은 육체적·정신적으로 급격하게 파멸될 것이다. 성인이 되어서도 사회적 접촉과 인정, 타인의 수용이 없다면 심리적·육체적으로 더욱 심각한 상처를 받는다.

불완전한 존재의 생존을 위하여 문화적이고 문명화된 사회 기반 시설들은 반드시 필요하다. 많은 사람이 힘을 합해 만든 형태이든지 아니면 전문화되고 분업화된 조직을 통한 차별화된 형태이든지 간에, 사람들은 사회와 결합함으로써 사회기반 시설들을 건설하고 유지할 수 있다.

1-2. 성경의 관점

요약하자면 이런 관찰들은 일반적으로 납득할 만한 결론을 입증한다. 곧 사람들은 서로 도우며 살아갈 때 진정한 인격을 갖출 수 있다. 반대로 말하면, 사람은 공동체에 자신을 개방하고 그 공동체가 존속하도록 이바지할 때만이 진정한 사람으로 존재한다. 이런 전제 아래서 성경이 사람을 사회적 요소를 지닌 존재로 이해하는 것은 전혀 놀라운 일이 아니다.

구약 성경의 견해에 따르면, 아담이 자신의 짝을 사람이 아닌 다른 생명체에서 찾을 수밖에 없었을 때, 사람의 창조는 아직 끝나지 않았다. 그를 위해 창조된 그와 똑같은 출신을 가진 파트너가 "내 살에서 나온 살이요, 내 뼈에서 나온 뼈"(창세 2,20-23)로서 그 옆에 있게 되었을 때 비로소 두 사람은 완전하고 행복한 사람이 되었다. 사람은 인간애를 통해 이런 성적 공동체의 직접적인 관계 안에 있을 뿐만 아니라 사회와도 관련되어 있다.

오히려 이 창조 이야기는 부족이나 민족의 넓은 관계에 타당하다. 개인은 부족이나 민족 안에서 그리고 그런 집단을 통해 자신의 총체적 정체성을 발견하며 "누군가가 된다." 개인이 민족과의 존재론적 관계를 상실하거나 범죄를 저질러 그 공동체에서 추방된다면, 그러자마자 그는 틀림없이 타락한다. 특별히 강조할 필요도 없이, 윤리적 요구이기도 한 사회적 책임은 성경의 인간관과 너무나 당연하게 결부되어 있다. 예언자들은 "과부와 고아"와 같은 사회적 약자에 관련해서 사회적 책임을 지속적으로 새롭게 명심시켰다. 예수가 사랑의 계명에서 약자와 불이익당하는 사람들을 특별히 언급하고, 심지어 최후심판(마태 25)에서 사람의 결정적 운명을 약자들과의 관계에 복속시켰다면, 약자들에 대한 행위가 하느님의 아들이자 최후 심판자에 대한 행위와 똑같은 중요성을 갖는다. 이 뜻은 사람이 사회와 관련되어 있다는 근본적 의미를 분명히 드러낸다. 그리스도교 신앙은 하느님을 혼자 고립된 세상의 지배자가 아니라, 세 개의 신격이 사랑으로 일체를 이루어 세 분이 하나이신 분이라고 고백한다. 이런 하느님을 꼭 닮은 피조물인 사람은 신학적으로 그의 깊은 본성에 따라 사회적으로만 이해될 수 있다. 회칙『사회적 관심』(40항)이 강조한 바와 같이, 인간애에 의한 연대성은 하느님의 모상인 인간 그 자체에서 생겨난다.

특별히 눈에 띄는 것은, 창세기에서 사회적 차이에 대한 문제가 제기되지 않았음에도 불구하고 성경의 관점은 늘 사람들이 근본적으로 동등하다고 고집한다는 점이다. 여성이나 노예는 민족 공동체 안에서 전혀 유리한 지위를 갖지 못했다. 그럼에도 불구하고, 창세기 2장 23절에 쓰인 히브리 용어 "여자"(ischa)와 "하나의 살"이 표현하는 남녀의 근원적 동등성은 결코 완전히 상실되지 않았다. 루터는 "여자"(ischa)를 Männin(남자들 Männer와 여자들 Frauen의 합성어, 역주)으로 올바로 번역했다. 채무 노예 제도가 중지된 지 매 50년이 되는 기념의 해는 노예 제도가 처음부터 존재해서는 안 되었다는 점을 늘 새롭게 상기시킨다. 또 예언자들이 이방 민족도 구원으로 부르심을 받았다고 보았다면, 구원과 완성은 개별 인간이나 개별 부족 또는 개별 민족에게만 해당되는 것이 아니라, 전 세계에 해당된다고 이해해야 한다. 물론 이 실마리들은 구체적 실행을 위해서는 충분하지 않다. 이 실마리들을 주변 민족들의 법이나 관념과 비교한다면, 구약 성경이 그 당시 벌써 모든 사람의 동등성을 얼마나 또렷하고 예민하게 인식하고 있었는지를 알 수 있다. 이 견해는 전 세계를 포괄하는 하느님 나라에 대한 예수의 복음에서 철저하게 본궤도를 개척했다. 이미 시작되었지만 아직 완성되지 않은 예수 그리스도가 선포한 하느님 나라에서는 자유인인가 노예인가, 부자인가 가난한가, 이방인인가 유대인인가, 남성인가 여성인가 하는 서열이나 지위가 아니라 단지 사람만이 존재한다. 모든 사람은 각각 다른 "재능"을 가지고 하느님 나라로 부르심을 받는다.

성경의 견해에서도 개별 인간은 사회적 관계성 안에서만 전인(全人)으로 생각할 수 있다. 현대 유럽 철학의 개인주의는 사람의 관계성 차원을 개인 자신의 발전을 위한 수단으로 추구한다. "선과 악을 넘어서는 초인"에 대한 니체(F.Nietzsche, 1900년 선종)의 사상에서 극단적으로 표현되는 이 개인주의는 성경의 관념에게는 너무나 생소하다. 일방적으로 개인의 자유를 강조하는 19세기 계몽주의적 자유주의 견해 역시 사람은 공동체 안에서만 인격을 지닌 개인으로 존재할 수 있다는 인간관에 걸맞지 않다. 이 밖에도, 계몽주의적 자유주의에 대한 반작용으로 사람이 집단을 위해 존재하는 것처럼 사람을 공동체에 종속시키기 시작한 마르크스주의 동향들도 그러하다. 성경의 견해로 볼 때, 개인과 사회적 관련성을 축소시키는 그런 극단적 견해들이 전혀 주목을 받지 못하는 것은 너무나 당연하다.

사회적 관련성 안에서 원칙적인 서열의 차이가 있을 수 없다는 점은 다른 정신사적 전통에서보다 성경의 견해에서 더 또렷하게 드러난다. 정치권력이나 부(富) 등 사람들이 만든 차이에 근거한 차별은 늘 죄를 짓게 하는 자만으로 유혹하고, 그 자체로 사람을 자기 파멸로 이끌기 시작한다. 가난한 채무자들에 대한 부자들의 무정함, 직권을 남용하는 부패한 재판관, 우리아의 아내를 얻기 위해 그를 죽음으로 내몬 다윗 왕의 권력 남용, 아벨을 죽인 카인의 형제 살인이 질책을 받는다면, 이 질책은 동시에 사람의 평등성에서 나오는 이웃에 대한 근본적 의무를 견지하는 윤리적 의식을 일깨운다. 또 이 질책은 근원적 죄악인 이기주의를 통해 늘 새롭게 나타나는 위기에 대한 징표이며, 예수가 이기주의를 극복했다는 징표이다. 이 징표는 근본적 회심(그리스어 metanoia)과 윤리적 회개를 요구한다. "천성적으로 선한 사람"에 대한 사상이나 자아 통제에 대한 사상도 성경이 알고 있는 냉혹한 현실주의에게는 너무나 낯설다. 그런 사상에 따르면, 사안들을 단순히 되는대로 놔두어도 될 것이다. 계몽주의 시대에 억압하는 귀족들의 특권에 맞서 개인의 자유를 강조한 것은 중요한 의미가 있다. 그러나 제 아무리 루소나 스미스 같은 계몽주의 아버지들이 개인의 자유에서 동기를 받았다고 하더라도, 그리스도교 사회윤리는 사람들이 저지르는 죄로 인해 일어나는 현실적이고 냉정한 위기들을 고려해야 한다.

1-3. 사회적 관련성의 두 단계

성경의 고유한 견해에 따르면, 사람들은 본질적으로 근본적인 동등성을 가지고 사회에 연결되어 있다. 이 견해는 다른 모든 사회윤리적 숙고를 위한 기본 언명이다. 사람은 "의사소통 사회"(K.O.아펠) 안에서만 의미 있는 존재로 생각될 수 있으며, "초월적인 상호주체"(P. 로렌첸)란 바로 하느님의 모상성이며, 예수 그리스도 안에서 구원받은 피조물인 존재로서의 본질을 갖는다. 그러나 이 말로써 사람이 어떻게 사회와 관련을 맺는가에 대해서는 아무것도 설명하지 못한다. 서구 철학을 규정하는 고대 그리스의 관점은 성경의 견해와 마찬가지로 작은 사회 조직들에 대한 경험에서 나온다. 이 조직들은 지역의 경계가 지어진 영토를 가진 씨족이나 부족 또는 그리스 국가들 같은 작은 사회이며, 서로 비교하여 관찰될 수 있다. 이집트, 바빌로니아, 그리스가 주도권을 잡고 있었던 고대 대제국은 보다 큰 범위의 사회

동맹을 중요하게 여긴 듯하다. 그 대제국들은 엄밀하게 국가라고 말할 수 있는 내적 구조를 전혀 갖추지 못했다. 황제가 통치하던 로마 제국 시대로 전환하는 시기에야 비로소 엄밀하게 국가라 말할 수 있는 내적 구조가 갖추어지는 의미심장한 진전이 이루어졌다. 그러나 사회적인 국가 구조가 갖는 이 새로운 차원은, 몇 가지를 예외로 하면, 그 시대의 철학적이고 신학적인 성찰과 무관했다. 또한 로마제국의 국가 구조는, 그 제국이 붕괴된 이후 민족들이 이동하면서 그 국가구조의 특성들이 대체로 잊힐 만큼, 개인들의 일상적 현실과 명백하게 동떨어져 있었다.

공동의 사회 구조와 그에 대한 성찰의 발전은 그리스 견해에 대립되지 않았다. 사회구조의 복합적인 연결도 성경의 관점과 상반되지 않았다. 심지어 하느님과 계약을 맺어 하나의 민족이 된 열두 부족의 동맹은 "인권에 준하는" 독자적인 10개의 법령 안에 사람이 사회와 두 단계로 연결되어 있다는 사상을 이미 맹아적으로 품고 있었다. 이 사상은 왕권에 알맞게 구조화된 조직들과의 사회 동맹을 통해서만 동료 인간들 사이에 정의와 민족적·종교적 독립성, 그리고 자립적 정체성이 보장된다는 점을 어느 정도 표현했다. 그러나 이 사상은 공동체 생활을 성찰하는 데 오랫동안 중요한 역할을 하지 못했다. 심지어 몇 시대를 예외로 하면, 이스라엘 민족의 광범위한 정치적 통일이 자주성을 파괴하는 위험한 것으로 증명될 만큼 이 사상은 전혀 주목받지 못했다. 외세의 지배와 추방을 겪으면서야 비로소 세상 모든 민족을 포괄하는 하나의 자유로운 민족의 사회적 차원은 종말론적 비전은 아니더라도 간절한 염원이 되었다. 예언자들이 분립주의와 종교적 정체성의 위기에 그렇게 맞섰는데도 불구하고**01**, 현실정치는 민족 안의 개별 집단들이 주변의 강한 권력들과 부분적으로 결탁함으로써 피폐해졌다.

신약 성경은 유일하게 전 인류를 포괄하는 세계 사회를 바로 이런 보편적 경향에 의해 초안을 잡았지만,**02** 여기서는 아직 사람이 사회와 두 단계로 관련된다는 의식은 없었다. 이 의식은 근대에서야 비로소 이때 형성된 국가 조직의 형태 안에서 생겨났다. 사회와의 관련성이 두 단계로 이루어진다는, 말하자면 직접적으로 조망할 수 있는 사람들 사이의 관련성과 사회 구조를 통해서만 실현되는 사회적 맥락이 있다는 주제는 복잡한 현대 국가가 생겨나면서부터 인식되었다. 다시 말해 산업화로 인해 일정한 현실적 차원에서 정치, 경제, 정보기술, 지식이 점차 더욱더 밀접하고 더 불투명하게 연결되는 결과로서 인식되기에 이르렀다. 이와 결부된 윤리적 문제들은 역사에서 이런 사회적 발전이 계속되면서 내지는 그런 발전이 인식되면서 제기되기 시작했다. 독일 사회학자 퇴니스(Ferdinand Tönnis, 1936년 선종)가 도입한 "공동체(Gemeinschaft)와 이익사회(Gesellschaft)"의 개념은, 물론 이 두 개념을 명확하게 구별하기는 어렵지만, 다음을 내비친다. 곧 사회적 관계들은 서로 잘 알고 있는 사람들의 집단, 예를 들면 가정·친구·마을공동체·본당 등에서 활동하는지 아니면 보다 더 큰 범위의

---

01 유다의 왕 아하즈가 아시리아 대국과 조약을 체결하는데 반대한 예언자 이사야의 경고 (이사야 7, 3-5) 참조.

02 이런 성향들이 성경을 해방신학적으로 강독함으로써 널리 알려지게 되었다면, 이것은 구두로 전해 내려오는 역사적 해석의 결과는 아니다. 그렇다면 그것은 정당한 그리스도교 사회윤리의 동기로서 성장한 성경 진술의 내적 역동성에 철저하게 상응한다.

조직 안에서 활동하는지에 따라 다르게 체험되고 만들어진다는 점이다. 큰 범위의 조직이란 정치나 국가조직과 같은 특정한 구조에 의해 조직된 총체 또는 세계적 연합체나 국제조직 등을 말한다. 후자의 경우에, 사람들의 관계는 개인이 관여된 큰 범위의 조직, 예를 들면 교회나 조국 등의 조직에 일치하는 동질감을 통해 필연적으로 추상화된다. 또 법적 기관에 의해 중재되어 간접적으로 체계화된다. 그 관계에 법이나 규칙이 전혀 주어지지 않았고, 그런 것에 익숙하지 않다고 하더라도, 그 관계는 즉흥적으로가 아니라 최소한 전통과 관습을 통해 체계화된다.

사람들이 즉흥적으로 조망할 수 있는 영역은 일차적 사회 영역이다. 그러나 국민 보건 시설, 교육, 궁핍한 시기의 생계보장과 같이 인생이 전개되는 과정에서 생겨나는 많은 문제들을 해결하기 위해 만들어지는 이차적 사회조직은 일차적 영역을 넘어선다. 이차적 사회조직이 갖는 구조적 관계 안으로 들어서게 되면 사회적 관계의 질은 변하게 된다. 이 변화는 한 영역에서 합당한 행동 양식이 다른 영역에서는 만족스럽지 못하거나 합당하지 않을 만큼 근본적이다. 예를 들면, 일차적 사회 영역에서는 말로 하는 약속도 철저하게 구속력을 갖는 반면, 이차적 사회 영역에서는 문서에 의한 계약서가 필요한 것과 같다. 마찬가지로 궁핍한 시기에 개인들 사이의 영역에서는 자선적인 조치들이 만족스러울 수 있지만, 사회적 차원에서는 그에 알맞은 사회법과 사회제도들이 필요하다. 이 말은, 본질적으로 사회적 제약을 받는 사람이 자신의 사회적 관계를 직접적으로는 개인들 사이의 관계로, 간접적으로는 사회적 관계로 이해한다는 뜻이다. 사회적 관계를 달리 말하면, 제도에 의해 중재되는 관계이며 심지어는 글로벌 차원에서 전 인류에게 미치는 관계이다. 주지하듯이, 사회윤리는 일찍이 복음서의 사랑의 계명에 동기를 받아 자발적으로 개인들 사이의 관심사를 목표로 삼았던 도덕신학 안에서 오랫동안 간과되었다. 이제 사회윤리는 사회문제를 윤리적으로 고민할 때, 사람이 사회와 두 층으로 관련된다는 점을 의식해야 할 의무가 있다. 비판적이고 고무적인 그리스도교 신앙의 역동성은 바로 사회구조를 만들어 나가는 데 작용해야 하기 때문이다. 따라서 사회윤리는 의식적으로 명백하게 이런 사회적 차원에 종사하는 그리스도교 도덕신학의 한 영역으로 이해될 수 있다.[03]

---

[03] 이것을 분명하게 의도해서 체계화한 것은 회칙 『사회적 관심』이다. Enzyklika 『Solicitudo rei socialis』(1987), Nr. 41. 이와 다르게 설명한 책은, P. Hünermann, Kriche - Gesellschaft - Struktur, in; P.Hünermann, M.Eckholt, Katholische Soziallehre - Wirtschaftsdemokratie, Mainz-München 1989. 특히 39-44.

2. 방법론적 정당성

2-1. 사회철학으로 논증되는 신학적 성향

그리스도교 사회윤리는 도덕신학적 성찰로서, 규범적 행동 양식과 규범을 결정하는 도움을 손쉽게 예수의 복음에서 가려 뽑거나 이끌어 낼 수 없다. 이 점은 이미 신약 성경의 공동체가 당연하게 인식하던 바다. 모든 것을 분별하여 좋은 것은 간직하라(1 테살 5,21)는 바오로의 정신보다 스토아 윤리의 요소가 훨씬 더 많이 사도의 윤리적 경고, 이른바 권고로 받아들여졌다. 이 사실은 윤리적 통찰이 일반적으로 신앙선포에 도움이 된다는 점을 내비친다.

이성적 통찰과 검증된 실천은 예수 그리스도 안에 나타난 하느님의 구원 약속에 대한 신앙을 구체적인 사회생활로 옮기는 데 도움을 준다. 의식적으로 생각해보지 않아도 이런 사고방식은 근원적인, 말하자면 이집트 탈출 이전에 유대인들이 생각했던 윤리관에 맞는다. 그들의 윤리관은 주변 민족들의 규범적 에토스를 매우 신중하게 취사 선택하고 역동적으로 자신의 세계관 안으로 통합하는 것이었다. 사람에게 합당한 윤리적 구속력은 성경에 쓰인 지침에서 유래하는 것이 아니라고 그리스도교 신앙의 관점에서 예리하게 말할 수 있다. 윤리적 구속력은 오히려 성경의 내용이 사람에게 합당한 것으로 증명되는 한, 또 그렇게 증명되기 때문에 구속력 있는 지침으로 성경에 쓰여 있는 것이다. 안식일이 사람을 위하여 생긴 것이지, 사람이 안식일을 위하여 생긴 것이 아니라는 예수의 말씀(마르코 2,27)은 바로 이런 맥락에 놓여 있다.

당시 새로 발견된 아리스토텔레스 철학의 도전에 당면하여, 토마스 아퀴나스 같은 중세 신학자들은 그리스도교 신앙에서 동기를 부여받은 윤리를 새롭게 정의라는 보편적 기준에 복속시켰다. 이를 위해 세상이 하느님에 의해 창조되었다는 믿음에 뿌리를 둔 근거, 말하자면 창조 신학적 근거를 발전시켰다는 것은 전혀 놀랍지 않다. 왜냐하면 사람은 바로 정신적이고 지적인 행위를 실천하기 때문에 하느님의 모상이며, 이 능력 덕분에 세상과 사회 안에서 사람의 본질적 구조에 알맞은, 이른바 "자연법"을 인식할 수 있기 때문이다. 사람들은 자신의 피조물을 위한 하느님의 모범적이고 영원한 계획인 "영구법"에 대해, 비록 상징적이고 유추하는 방식이긴 하지만 인식할 수 있다. 세속의 현실과 인간적·과학적·철학적 인식들은 독자성을 갖는다. 이 독자성은 결코 절대적이지 않지만 하느님이 원하시는 그들의 고유한 가치를 자체 안에 간직하고 있다. 이런 윤리적 맥락 안에서 통찰은 실

제로 자율적이다. 자율성은 궁극적으로 신율(theonom)에 근거한다.**04**
더욱이 이런 이해는 세속의 현실성과 학문적 인식에게 고유한 위상을
부여하고, 나아가 하느님이 창조한 실재인 세속의 관심사들과의 논
쟁을 통해 신학적 성찰 안에 통합해 나간다. 이런 일은 특별히 인간
존엄성, 곧 하느님의 모상을 존중해야 하는 모든 영역에서 일어난다.
사회과학은 가치 없이 단순하게 추구될 수 없고, 늘 원칙적인 가치
결정이 동반되어야 한다. 따라서 사회적 맥락에 대한 그리스도인의
인식과 사회과학은 늘 창조 신학의 견해를 기초적 근거로 생각할 것
이고, 그로부터 신학을 위한 교집합들을 제시할 것이다.**05** 이 방법은
그리스도인이 철학적-윤리적으로 보편적 성찰을 하는 데 적합하고
중요하다.

　사람들은 윤리적인 것들을 통찰하고 그것들의 구속력을 요구한다.
이 요구들이 체계적으로 발전하는 동안 스콜라 사상가들은 스토아의
윤리전통에서 유래한 하느님 경외, 부모공경, 정의에 대한 세 가지
요청을 사람의 본성에서 나오는 윤리적 결과로 표현했다. 그리고 이

---

04 A. Auer, Autonome Moral und christlicher Glaube, Düsseldorf 21984; F. Böckle, The-
　　onome Autonomie, in: J. Gründel, F. Rauh, V. Eid(Hrsg.), Humanum(F.S.:R.Egenter),
　　Düsseldorf 1972, 280-304; F. Furger, Autonom und christlich, in: Stu. mor. 24(1986)
　　71-93; K.W.Merks, Theologische Grundlegung der sittlichen Autonomie, Düsseldorf
　　1978.

05 독일어권에서 사회현실과의 신학적-과학적 논쟁을 칭하는 "그리스도교 사회과
　　학"(Christliche Sozialwissenschaft 및 Gesellschaftswissenschaft)은 그 학문이 시작된 이
　　래로, 말하자면 베스트팔렌 주의 뮌스터 대학에 그리스도교 사회과학을 위한 교수직이
　　신설되면서, 기본 가치들의 선택을 지지하며, 가치를 가지지 않은 과학적 성향과는 의
　　식적으로 거리를 둔다. 가치를 가지지 않는 학문은 베버(M. Weber, 1920년 선종)와 좀
　　바르트(W. Sombart, 1941년 선종)가 말하는 성향을 갖는다.

윤리적 기본 요청을 무조건적으로 유효한, 이른바 "제1 자연법"으로 표현하는 것을 꺼리지 않았다. 보편타당하고 현실의 생활환경을 다 같이 고려하는 구체적 규범들만이 "제2 자연법"으로서 "제1 자연법" 아래 놓인다.**06** 두 번째 석판에 쓰인 십계명은 분명히 "제2 자연법"이라고 말할 수 있다. 이 "매개 원리들"의 타당성과 그 예외적 상황은 늘 신앙에 의해 결정되는 것이 아니라, 기본 원리를 통찰하고 구체적인 윤리 규범들과 지침들을 뒷받침하는 이성이 결정한다. 이성은 "올바른 이성"(ratio recta)이나 "현명함"으로서 구체적 상태를 판단하고 그 상태에 알맞은 윤리적 결정을 해야 한다. 이때 결정은 하느님이 제공하시는 구원에 대한 존재론적인 행위 응답으로 이해되며, 모든 행위의 합리성과 신학적 요구를 표현한다.

그 결과 앞에서 설명한 사회와 동떨어진 윤리적 인식을 지닌 사상적 경향들은 바로 사회적 관심사 때문에 중요성을 급격히 상실했다. 경건주의, 개인주의적 구원 사상, 유명론적 주의주의는 약화되었다. 그 사상적 경향에서 하느님의 계명은 창조주가 피조물에게 부여하는 질서가 아니라, 최고이며 전능하신 입법자인 창조주에 의해 공표된 지침으로 나타난다. 이 지침은 그 근거들의 결합 체계를 관찰하지 않고도 신앙에 대한 순종으로 이행될 수 있다. 그러나 죄의 상태에 있는 사람들은 그렇게 조건 없이 순종하지 못하며, 하느님이 판결하는 재판에 맡겨져 있다. 때문에 마틴 루터가 예리하게 파악한 바와 같이, 사람들에게는 하느님이 은총으로 정당함을 증명해 주시길 바라

---

06 V장 3단락.

는 신앙적 희망만이 남는다. 물론 중세 윤리학자들은 실재의 본질적 구조들, 생물학적·문화적·사회적 구조들을 각 시대 안에서만 유효한 구조들과 명확하게 구분하지 못했다. 그래서 그들은 현존하는 사회 규칙들과 그것들과 결부된 권력자들의 불의한 특권조차 쉽게 사람의 본질 안에 내재한다고 여겼을 것이다. 그렇게 단순하게 여겨지는 "자연법적인" 이해는 자연주의 궤변에 근거한다. 반면 중세 전성기의 토마스 아퀴나스의 자연법 이론은 그리스도교의 신앙적 책임 안에서 윤리적 맥락을 보편적으로 인식할 수 있는 가능성을 보여주었다.

이 가능성은 특별히 16세기 비토리아(F. de Vitoria), 바스케스(G. Vazquez), 소토(D. Soto) 등과 같은 스페인의 만민법 신학자들이 전성기 스콜라 경향들을 새롭게 이해하면서 또렷하게 드러났다. 그들은 인간 존엄성의 가장 근본적인 요구들을 아메리카 인디언들을 위해 이론으로나마 법률로 제정하는 데 성공했고, 1542년 이른바 "신법"(Leyes nuevas)에서 "스페인 왕권의 주체"로서 권리를 인식시키는 데 성공했다. 비록 이 법은 재빨리 금지되었고 아주 완벽하게 폐지되었지만, 이 법에는 인간 존엄을 보호하고 존중할 것에 대한 보편적인 윤리적 요청이 적혀 있었다. 말하자면 아메리카 인디언들의 인권에 대한 요청이 신학적 동기에 의해 논의되었던 것이다. 그 당시 이론가들은 이 "벌거벗은 야만인"들이 실제 사람이라는 점을 경험론적으로 확인하자마자, 그들을 하느님의 창조계획과 구원계획에서 제외시킬 수 없었다. 그러나 그들은 "스페인의 이해관계"와 상반되었기 때문에, 그들의 사람됨을 일치와 형제애로 존중할 것에 대한 도덕 신학의 요청은 집요해질 수밖에 없었다. 이런 입장이 실제 정치에서 실패했다고 해서 도덕 신학적 통찰의 질이 떨어지는 것은 결코 아니다.

　이 만민법 관점 외에도 중세의 자연법 이론을 새롭게 하려는 또 다른 시도가 있었다. 이 시도는 수아레즈(F. Suárez) 학파 안에서 곧바로 우세한 위치를 차지했고, 16세기에 시작된, 사람의 이성을 직접적으로 통찰하는 것을 목적으로 삼았던 "근대 사상"을 따랐다. 사람들이 이런 사고능력에 기대한 것은, 자연법적 요청들이 신중한 검토를 통해 성숙되는 것이 아니라, 존재구조들(Wesensstrukturen)을 직접적으로 통찰하는 것이었다. 그 당시 주어진 상황에서 사람됨을 합당하게 보장하는 기존의 기능들은 경솔하게도 자연주의적 궤변을 통해 여러 번에 걸쳐 제시되었다. 이런 성향을 전형적으로 보여주는 이론은 푸펜도르프(S. Pufendorf), 볼프(C. Wolff), 그로티우스(H. Grotius) 등에 의해 정립된 18세기 이성주의 자연법 이론이다. 비록 이런 성향들에서 인권에 대한 사상이 계몽주의 뜻에 맞춰 발전하기 시작했지만, 칸트가 그의 비판 이론에서 올바로 파악한 바와 같이, 이 성향들은 이데올로기에 물들 수 있는 상당한 여지가 있었다. 이성주의 자연법의 견해는 19세기 이른바 신스콜라주의 자연법 이론으로 발전했는데, 이 이론은 가장 정교한 결의론적 확증에 이르는 규범들을 합법적으로 근거 지었다. 신스콜라주의 자연법 이론의 이런 경향은 바로 이데올로기에 물들 수 있는 가능성을 보여주는 또렷한 증거다. 이른바 "사회문제"와의 씨름, 말하자면 산업 노동자의 빈곤화에 대한 그리스도인의 책임과 이로 인해 교회의 사회론이 시작되었다는 사실은 이 시대에도 똑같이 중요성을 갖는다. 이 실천들이 규범과 윤리에 대한 신스콜라주의 자연법 견해로부터 많은 영향을 받았다는 흔적은 지울 수 없다. 따라서 이와 관련된 비판은 피할 수 없으며, 이 비판이 요구하는 바를 단념한다는 것은 근시안적인 태도일 것이다.

300년 전 인디언의 인권에 대한 문제와 유사하게, 19세기 산업화와 노동자 대중이 산업 노동자가 되는 사회문제와 더불어 사람에 대한 일반 문제는 신학에 대한 도전으로 파악되었다. 여기에서 인간화에 대한 신학적 요구는 단순히 호소하는 방식이나 훈계하는 방식으로 드러나거나 공표되지 않고, 사람들이 일반적으로 이해할 수 있는 방식으로 납득시키려는 노력으로 나타났다. 이렇게 단호하게 노력한 까닭은 자연법 전통을 고려하면 쉽게 이해될 수 있다. 가톨릭 사회론과 그로부터 탄생한 오늘날 그리스도교 사회윤리가 신학적 요구를 일반적으로 납득시킬 수 있는 사고방식을 따른다면, 이미 언급한 수많은 편협성과 일방성에도 불구하고, 그리스도교 사회윤리는 이성주의 자연법의 뜻 안에서, 또 문화와 정신사에 따라 매우 다른 경향을 보이는 그 이론의 특성들을 고려하는 가운데 의심의 여지 없이 올바른 토대 위에 서게 될 것이다. 그리스도교 사회윤리는 창조 신학에 근거하는 도덕 신학의 경향을 하느님의 자율성 안에서 비판적으로 계속 추구해야 한다.

2-2. 역사적 조건에 따른 다양한 구상

그리스도교 사회과학과 가톨릭 사회론은 지난 100년 동안 명백히 발전을 이루었으면서도 기존 사회 상태를 규명하는 연구로는 파악되지 못했다. 그리스도교 사회과학과 가톨릭 사회론이 그리스도교적으로 이해될 수 있는 이유는, 그 이론들이 늘 일정한 가치를 갖는 복음의 세계관에 의해 방향을 잡고 본질적으로 비판적이기 때문이다. 그럼에도 불구하고 그리스도교 정신에서 나오는 규범적 사회 이론은 늘 다양한 중심점을 알고 있었다. "그리스도교 정신"에서 나온 정식은 그리스도교 정신사 과정에서 숙고되면서 새로워진다. 이는 예수 그리스도가 전한 구원 소식의 중요성을 사회와 관련된 신학으로 성찰하는 과정에서 이루어진다. 이런 성찰은 그리스도의 구원 소식에서 알려진 지금 이곳에서 이미 시작되었지만 아직 완성되지 않은 하느님의 구원질서라는 뜻 안에서, 국가를 역사의 과정에서 만들어 나가기 위한 것이다.

그리스도교 사회윤리가 독립된 학과목이 되기까지의 행적이 분명하게 보여주는 바도07 이처럼 보다 큰 맥락에서 입증된다. 그리스도교 사회론은 결코 시대를 넘어서는 획일적이고 확고한 이론 체계를 명시하지 않는다. 아우구스티누스(Augustinus, 430년 선종)의 『신국론』(Civitas Dei)이나 토마스 모어(Thomas Morus, 1535년 선종)의 『유토피아』와 같이 이상 사회에 대한 깊은 생각들은 시대적 조건에 따라 제한된 실천적이고 현실적 성향을 갖는다. 이것은 마치 중세에 교회와 국가 간의 권력 관계를 조정하기 위한 양검론이 나타내고자 했던 내용이나 마키아벨리(Machiavelli, 1527년 선종)가 파괴적인 무정부 상태를 극복하기 위해 필사적 용기를 내어 『군주론』에서 제안했던 내용들

---

07 III장 1단락.

이 그 시대적 조건에서 나온 실천적이고 현실적인 성향들이었다는 사실과 같다. 마키아벨리의 제안은 신앙에 결코 적대적이지 않다. 사람들은 그에게서 "죄로 물든 눈물의 골짜기"에서도 시도해 볼 수 있는 방법을 찾았다. 그것은 경쟁하는 영주들 사이에 필요할 만한 권력 조직을 구상하는 것이었다. 또 클레르보의 베르나르두스(Bernhardus von Claraevallensis, 1153년 선종)와 같은 성인들이 성지를 탈환하기 위한 십자군 운동을 그리스도인의 윤리적 의무로 여겼다는 점과, 1534년과 1535년 악마의 도시 뮌스터에서 아주 비인간적인 잔혹함이 그리스도교의 이상주의에 의해 실행되었다는 점을 생각하면, 이런 현실적 가변성이 얼마나 위험할 수 있는지 잘 알 수 있다.

이 모든 경향들이 그리스도교 사회윤리의 토대에 똑같은 정도로 적합하지 않다는 점은 충분하지는 않지만 이미 설명했다. 예수 그리스도에 대한 신앙에서 나오는 사회를 형성해 나가려는 동기와 그분의 복음은 고지식한 의지와 같아서, 시대의 불의에 거슬러 나아가고 불이익을 당하는 사람들을 포함한 모든 사람의 안녕을 촉구하기에는 충분하지 못하다. 실천의 중요성을 인식하지 못하고, 잔혹해질 정도로까지 급진화될 수 있는 위험과 윤리적 이상을 이기주의적인 목적을 위해 오용하는 태도는 모르는 사이에 너무 쉽게 위험한 경향들로 빠져들게 된다. 이런 경향들을 최대한 배제할 수 있는 유일한 방법은 굳건한 윤리론이 유지하는 비판적 성찰이다. 따라서 윤리의 고유한 경향들은 방법론적인 비판적 사고와 행동 양식, 목적이 반드시 필요하다. 앞에서 언급했듯이 역사적으로 다양하며 섬세한 차이들이 있는 조건에서 비판적 사회론은 특히 비판적인 윤리적 성찰을 위해 애

쓴 교황들의 수많은 회칙을 참고하며 그런 위험한 경향들을 배제시키는 데 중요한 이바지를 했다.

비판적 사회론 안에서조차 허용되는 상이한 행동 양식들은 개인들 편에서는 존중해야 하는 것들이다. 비판적 사회론은 원칙과 목표 설정, 실행 원리에서 기본적인 일치를 제시한다. 그럼에도 그것들을 각각의 구체적인 사회에서 실천으로 옮길 때는 방법론적으로 합당한 상이한 방식들로 나타난다. 사람들은 이 일치 안에서 기본적으로 주어진 기존 체계를 단일한 교리(Lehrtheorie)로 이해할 가능성이 있다. 그렇다면 사회론의 과제는 교리에 견주어 눈앞의 결함들을 지적하고 기껏해야 개선을 위한 대안들을 제시하기 위해, 이 이론의 구속력 있는 주요 원리들을 구체적인 사회 상태에 비판적으로 적용하는 것이 된다. 이런 논증의 본보기는 근본적으로 삼단논법을 따른다. 삼단논법에서는 원칙들이 대전제를, 구체적 상황에 대한 경험론적 실상이 소전제를 주장하며, 이 전제들로부터 이성적 추론에 의해 구체적 규범이 결론으로서 이끌어진다.**08** 이 원칙들은 연합체, 정당 등과 같이 교회와 결합된 정치적 조직체를 능가하는 지침으로서 정치적 의지를 형성하는 데 개입하고, 구체적 사회정책을 뛰어넘는 실천으로 옮겨질 수는 있을 것이다.

이런 진행 절차는 의심할 여지없이 유익하다. 그런 절차는 언젠가

---

08 삼단논법은 형식논리학으로 아리스토텔레스에 의해 만들어지고 발전되었다. 이 논법은 연역적 추론방법으로 보편적인 것에서 특수한 것을 이끌어 내는 방법이다. 이 방법에는 두 개의 전제, 곧 대전제와 소전제가 주장되며, 이 두 전제로부터 결론인 제3의 전제가 추론된다. 따라서 삼단논법은 세 개의 전제를 필요로 한다. 예) 사람은 모두 죽는다(대전제). 나는 사람이다(소전제). 그러므로 나는 죽는다(결론). (역주)

그리스도인들과 교회가 정치적 의견을 형성하는 데 명백하게 일치된 입장을 갖도록 했다. 더구나 이 일치는 전체 교회의 권위로부터 지지를 받았다. 이를 통해 그리스도교가 추진력을 갖고 훨씬 더 많은 영향력을 미칠 수 있으리라 기대되기도 한다. 1945년 이후 독일을 건국하는데 교리로 이해된 사회론이 미쳤던 영향력과 같은 구체적 성과들은 그런 기대가 달성될 수 있음을 입증한다. 물론 아주 완벽한 일치는 일어나지 않는다. 최소한 사회론이 일반 인본 윤리의 차원에 머물 것을 포기하고 급속한 변화를 겪으며 점차로 다원화되는 사회 현실을 자신의 윤리적 언명들을 적용할 대상으로 삼는다면 어느 정도의 불일치는 생긴다.

　가톨릭 사회론은 상당히 완결된 체계를 가지고 있지만, 실제로 결정할 때는 가톨릭 사회론을 염두에 두는 사람들이 상대적으로 없다는 지적을 때때로 듣기도 한다. 이 지적은 기껏해야 이해관계 때문에 가톨릭 사회론을 삼가는 태도에서 제기되는 것이기는 하다. 그러나 다름 아닌, 연역적이고 때때로 이성주의적 자연법 체계의 결의론적 방법(die kasuistischen Methoden)09의 논증 형태에도 그 원인이 있다. 그런 식으로 전개된 사상체계는 가톨릭 사회론이 시작된 이래로 대체로 쉽게 확인될 수 있는 사회론의 내적 발전, 예를 들면 사회론이 점차로 전 세계적으로 보편화된다거나 농업이나 인권과 같은 새로운 문제들에 관여하게 된 발전을 납득시키지 못할 것이다. 이런 사회론의

---

09 개개의 도덕 문제를 법률 조문식으로 규정한 도덕법 내지는 교회법에 의해 해결하는 방법이다. 도덕 신학에서는 결의론적 방법이 양심을 거스르는 개별적 사례를 분석하여 도덕적 선악을 판단하는 데 사용되었다.(역주)

발전에 전제된 급격하게 변화하는 시대적 요구들도 마찬가지로 추론적인 사상에 잘 맞지 않는다. 따라서 교회 교도권에 알려진 그리스도교 사회윤리의 내적 역동성을 모두 연결시킬 수 있으려면 그런 방법은 만족스럽지 못하다. "시대의 징표"가 사람에게 정신적으로 작용하는 하느님의 윤리적 호소(요한 23세)라면 방법론적인 사고를 진척시켜야 한다.

이론을 철저하게 규명하지 않은 채 실천적 측면에서만 교회 가르침을 잘 알고 정치에 관심을 갖는 계층과 교회가 대변하는 성향도 방법론적인 사고를 진척시키는 데 알맞지 않다. 이 경우 사람들은 대부분 그들에 의해 대변되는 성향을 정확하게 의식하지 못한 채, 사회 현실에 실용적으로 적용하기 위해, 특정한 성향에 근거한 원칙들을 제시하려고 노력한다. 이때 구체적 현실들은 모든 사람에게 사회적으로 관련되는 작용과 형태로서 이미 주어져 있는 하느님의 창조물로 여겨진다. 사람들은 자신의 일체 행위뿐 아니라 윤리적 규범을 근거 짓는데 그런 현실과 관련짓는다. 그러나 실제 구체적 현실은 역사적 과정이며, 특정한 성향을 갖는 경제나 정치를 토대로 삼는다.

이론을 이해하지 않고 실천에서만 교도권의 가르침을 대변하려는 그런 경향은 주어진 구체적인 사회현실과 교회의 사회론을 겉보기에는 훌륭하고 단순하게 연결한다. 또 현실과 관련되어 있고 구체적이며 실제적이다. 이런 경향은 그리스도교화 된 기존의 실증주의로 쉽게 기울어진다. 이 실증주의의 본질은 선의의 피해자들을 자선적인 사회복지 사업을 통해 돌보는 것이다. 세금은 사회복지 사업과 무관하게 일반적으로 경제와 국가가 기능할 수 있기 위해서 꼭 필요한

"어쩔 도리 없는" 외적 강제들을 위해 거두어진다. 교회의 사회론이 또렷하게 다른 관점을 대변할 때, 사람들은 그 다른 관점에 부합하는 내용을 흘려듣는 놀라운 능력을 발전시킨다. 예를 들면, 확실하게 그리스도교 세계관을 갖는다고 여겨지는 계층들은 사유재산의 사회적 의무를 강력하게 법으로 명문화하려는 제안들을 교황 비오 11세와 비오 12세가 그들의 회칙에서 사유재산 보장에 대해 언급한 내용들을 인용하며 거부했다. 이때, 교황 요한 바오로 2세에 관련해서는 기업 활동에 대한 교황의 호소와 모든 사유재산에게 부과된 "사회적 담보"(die soziale Hypothek)라는 말만 인용되었다. 이렇게 가톨릭 사회론에 대한 태도가 현실과 관련되어 있고 분명하게 이해관계를 전제하기 때문에, 사회론을 형성하기 위해서는 마땅히 다른 성향들도 탐색되어야 한다.

최근에 이런 일은 지난 몇 십년간 남미에서 성장한 해방신학의 경향들 안에서 일어났다. 해방신학이 깊이 숙고하는 출발점은 예전 유럽 국가들의 식민지 영역이 아직도 명백하게 경제적인 후진성에서 벗어나지 못하는 실제 사회 상황이다. 이런 극단적인 불균형은 윤리적으로 불의이며, 신학적으로는 죄다. 죄는 이미 시작된 하느님 나라에 대한 복음으로부터 나오는 과제를 완수하는 과정에서 세속적으로 이데올로기를 비판하고 정치적 활동을 적극적으로 벌이면서 맞부딪치게 된다. 이런 죄스러운 극단적인 불균형에서 예수의 복음에 걸맞은 원칙적인 "가난한 이를 위한 선택"이 구체적인 정치적 프로그램들과 모든 성찰적인 숙고를 위한 본연의 동기가 된다. 따라서 해방신학은 근본적으로 "가난한 이들의 실천"에서 시작되는 "아래로부터 나오는" 신학으로 이해될 수 있다. 해방신학은 그리스도교 신앙에 의한 성찰이며, 이 성찰은 정치적·경제적 권력관계에 의해 피해를 보는 사람들, 착취당하는 사람들, 억눌린 사람들의 삶을 통해 수행된다. 이때 이른바 "바닥 공동체"라는 집단 구성원들이 성경을 강독하면서 생겨난 자아 인식은 불의로 여겨지는 그들의 특수한 상황들을 의식하는 특별히 중요한 의미를 갖는다.

그들 자신의 경제적·정치적 상태를 이해하기 위해서 마르크스주의 사회이론의 요소들이 이용된다면, 이 관점은 결코 "마르크스주의적 신학"으로 표현되어서는 안 될 것이다. 마찬가지로 구체적 현실과 관련된 해방신학은 어떤 식으로든 자연주의 궤변에 근거한 가난한 사람들에 대한 결의론으로 이해되어서도 안 된다. 오히려 해방신학은 구체적인 사회 상황과 권력의 결합 체계에 따른 "관찰·판단·실천"[10]의 법칙을 추구한다. 권력의 결합 체계는 그 자체로 긍정적이거나 부정적인 도덕적 의미를 갖지 않는다. 그것은 정의·인간성·사랑이라는 예수 그리스도의 복음을 목적으로 설정하는 의식에 의해서만 평가된다. 이렇게 그리스도교의 가치 판단에 일치하는 평가에 근거하여 규범적 요청들과 구체적인 사회 프로그램들이 이끌어진다. 이런 절차는 중세 토마스 아퀴나스와 같은 스콜라 신학자들이 제시했던 방법들과 차이가 없다. 말하자면 구체적으로 지침이 될 만한 규범적인

---

10 이 원리는 가톨릭 노동자 운동을 설립한 벨기에 사람으로 이후에 추기경이 된 요셉 카진(Joseph Cardijn, 1967년 선종)에서 유래한다. 그도 노동자 운동의 근원을 1950년대 프랑스-벨기에의 사회 신학에 두고 있다. 이 사회 신학은 구띠에레즈가 활동하던 초기 해방신학에도 매우 중요하게 영향을 미쳤다.

해결책들은 구체적인 현실에 대한 체험을 근거로 무조건적으로 타당한 기본 원리들에 비추어 탐색된다. 개별적 해방신학의 언명들에서 나타나는 노선들이 해명이 필요할 정도로 늘 명확하게 관철되는 것이 아니라면, 그런 평가방식을 통해 반드시 규명되어야 한다.

해방신학에 영향을 받은 사회윤리를 체계적으로 규명하는 일은 확실히 아직도 초기 단계에 있다. 사회 상태에 대한 점검과 설명을 비판적이고, 포괄적이며, 세분화하여 평가하는 일이 맨 먼저 기획되어야 한다. 그 기획들은 당면한 일이다.11 이런 기획을 갖는 신학의 성향은 1983년과 1986년의 신앙성성과, 특히 요한 바오로 2세의 회칙 『사회적 관심』을 통해 신중하게 공식적으로 인정되었다. 이 공식적 인정은 특수한 관심사로부터 자유롭지 못한 해방신학에 대한 두 입장들 사이에 때때로 격렬하기까지 한 교회 내부의 토론을 거친 이후에 이루어졌다. 이런 가톨릭 사회론의 지속적인 논쟁은 세계의 당면한 사회적 문제들을 판단하는 데 성과 있는 토론을 이끌어 오도록 확실히 이바지한다. 그러나 사회적 폐해의 원인을 단 하나로, 곧 이론들 사이에 거의 차이가 없는 "종속론"으로 설명하고, 비판받는 모든 상태의 원인을 예전의 식민권력과 오늘날 경제적 권력을 가진 "중심부"에서만 찾는다면, 경제적으로 낙후되고 착취 받는 "주변부" 내부의 부차적인 원인들을 충분히 관찰하지 못하게 된다. 또한 더 나은 사회이론들이 없다 하더라도, 마르크스주의적 설명 방식들을 비판 없이 수용하고 "사회주의"의 목적을 비판 없이 유지한다면, 내지는 역사

---

11 E. Dussel, Ethik der Gemeinschaft, Düsseldorf 1988; B.Leers, A.Moser, Moraltheologie-Engpässe und Auswege, Düsseldorf 1989.

적 경험으로 인한 비난 식의 생각이 개진된다면 그런 구상들은 타당하지 않다. 해방신학은 복음의 뜻 안에서 세속의 사회과학 이론들을 참조하여, 구체적인 사회 현실과 그 현실의 비인간적인 결과들과 대결한다. 이런 성향은 19세기 가톨릭 사회론의 성향과도 일치한다. 그 당시 가톨릭 사회론은 처음부터, 1891년 첫 사회회칙인 『새로운 사태』에서조차도 균형이 잡혀있는 이론이 아니었다. 균형 잡힌 사회 이론을 개진하려면 감정적인 열광과 개별적인 성경의 언명들을 오늘날 사회현실에 직접적으로 적용하려는 근본주의는 마땅히 피해야 한다. 이렇게 되어야 해방신학의 경향들을 진지하게 수용하는 대변자들에게 균형 잡히지 않은 이론에 대한 책임을 떠넘기지 않게 된다. 복음의 목표 설정에 근원을 둔 그리스도교 사회윤리가 오늘날 세계적 사회문제와 성과 있는 씨름을 할 수 있고 해야 한다면, 오히려 이론적으로 철저히 규명해 나가기 위해 비판 담론과 서로 간의 후원이 필요하다.[12]

이 자리에서 짧게 소개한 세 가지의 논증 형식을 되새기면서, 이제 그리스도교 사회론의 원리를 구체적 사회현실에 적용하기 위해 반드시 기억해야 할 점을 지적하겠다. 첫 번째 언급한 연역적인 논증 형식에 구속되어 있는 경향은 극단적인 경우 이데올로기에 물들 수 있고, 교황들의 가르침의 본디 사상 구조에 걸맞지 않은 교조주의를 발생시킬 위험이 있다. 두 번째 논증 형식은 최소한 그리스도교로 가장한 실용주의의 실천적 위험을 내포하기 때문에, 불의한 특권에 의해

---

12 한 브라질 사람의 자아 비판적이고 미래를 전망하는 논문을 참조하라. A. Moser, Die Vorstellung Gottes in der Ethik der Befreiung, in: Conc 20(1984), 121-126.

나타나는 기존의 사회 상태들을 고착시키는 데 이바지할 수 있다. 따라서 그런 실용주의 역시 복음에서 사랑의 계명에 영향을 받은 인도주의 정신의 내적 일관성에 부합할 수 없다. 이와 반대로 고전적인 목표를 가진 해방신학의 성향은 억압 없는 정의를 지향하는 사회발전의 근원적 역동성을 간직한다. 해방신학은 그런 여정에서 여전히 눈앞에 펼쳐져 있는 수많은 불공정한 사안들에 당면하여 오랜 전통을 가진 도덕 신학의 인식들을 고려하고 근본주의적으로 열광하는 편협성을 피하면서 지속적인 숙고를 해야 할 것이다. 앞에서 말한 바와 같이, 사회윤리에 대한 가장 최근의 교회 교도권의 회칙들은 한 결같이 이런 노선을 보여주고 있다.

2-3. 그리스도교 사회윤리 – 사회적 관심사에 대한 도덕 신학

트리엔트 공의회 이후 결의론적 교과서를 통해 알려졌던 도덕 신학의 행동 규범처럼, 사람의 행동 규범을 빈틈없이 철두철미하게 이론적으로 체계 잡는다면, 그 규범에서는 개인의 인격적 소명이라는 영성적 차원도, 사회윤리의 사회적 관심들도 경시된다. 이 점은 최근 몇 십 년 동안 점점 더 또렷하게 인식되었다. 국가에 대해 염려하는 윤리적 숙고에서 아리스토텔레스가 핵심에 두었던 "정치"는 대부분 군주로 대변되는 정치적 권위에 대한 복종의 문제로 격하되었고, 그 밖의 사회적 관심사들은 자선과 돌봄의 영역으로, 말하자면 그리스도교 이웃사랑을 개인이 직접적으로 실행하는 차원으로 나타났다.

도덕 신학은 그렇게 개인들 사이의 영역에 규범을 정하는 것으로 한정되었다. 그 당시 사회적 관계들이 어느 정도 안정화되어 있었고 복잡성의 정도가 상대적으로 낮았기 때문에, 이 협소한 실천들은 어느 정도의 결과들을 가져올 수는 있었다.

그러나 산업화가 진행되면서 사회 그물망이 근본적으로 변화되기 시작하자마자, 사람들은 그런 일방적인 원칙들의 결점을 인식했다. 비록 너무 망설인 감이 있었고 체계적이지 못했지만, 19세기 말 가톨릭 사회론의 발생은 그런 결점들을 자각하는 신앙을 그리스도교 윤리로 통합하려는 온당한 반응이었다. 다양한 성향을 바탕으로 성장한 가운데, 교황 레오 13세의 회칙을 통해서야 비로소 어느 정도 결속을 다지게 된 사회론은 총체적인 윤리론 안에서 천천히 자신의 자리를 확고하게 찾게 되었다. 가톨릭 사회론은 정치 참여를 위한 단순한 호소나 개인들을 위해 최상으로 기능하는 사회 메커니즘에 대한 인문과학의 숙고를 뛰어넘고자 한다. 따라서 가톨릭 사회론은 전체 윤리론 안에서 사회 구조적인 관심사들을 파악하는 윤리의 한 부분으로 구축되어야 한다.[13]

이에 상응하여 교회의 사회론은 그리스도교 사회윤리로서 방법론적으로 이성의 규칙들, 곧 윤리 규범을 논증하는 내적인 논리를 따라야 한다. 이 방법론은 사회론의 고유한 내적 일관성을 비판적으로 확보하고 알려야 하는 신학의 기능을 수행하기 위한 것이다. 그리스도교 사회윤리는 자립적으로 사고하는 성숙한 교회 공동체의 신앙인들

---

13 K. Steigleder, Probleme angewandter Ethik, in: Conc 25(1989), 242-247.

을 대하면서, 또 세속화되고 다원화되는 사회 안에서 이성의 규칙을 알아보아야 한다. 자기 고유의 가치에 분명한 토대를 두고 합리적 논증에 근거하여 고지된 언명과 그런 논증이 가져올 결과에 대해 비판적으로 숙고하는 언명만이 청취자에게 확신을 줄 수 있다. 그런 언명들에는 경험으로부터 최대한 정확하게 드러나는 것, 사회의 실상들을 정확히 규정하는 것, 구체적인 도덕적 가치 판단과 행동준칙의 가치토대인 자기 고유의 세계관으로 계속 숙고되는 것만 포함된다.[14] 동시에 이 말은, 겉으로 그리스도교의 원리로 보이지만 실제 실용주의적이기만 한 논증들은 합당하지 못하다는 뜻이다. 그 논증들은 그리스도교 인본주의와 인간 존엄에 대한 무조건적 존중에 대한 기본 가치들과 또렷하게 연결되지 않는다. 그런 근거 없는 주장들은 구체적인 사회 현실에 복음의 동인들을 자신의 의도대로 직접 응용하려는 근본주의적 방식과 마찬가지로 만족스럽지 못하다. 왜냐하면 실용주의적 주장들은 제안된 조치들이 글로벌 차원에서 장기적으로 영향을 미칠 수 있는 사회적 결과들에 대한 검토를 쉽게 포기할 수 있기 때문이다. 또한 제2 자연법의 요구를, 다시 말해 매개 원리들을 구체적인 상황에 선험적이거나 의무론적으로 확고하게 적용하는 방법도 겉보기엔 논리가 명확하다 할지라도 흡족하지 못하다. 근본주의적이고 성서주의적 윤리처럼, 각 윤리의 이론이 발생한 역사적·문화적 배경을 참조하지 않는 윤리적 진술들 중의 하나인 의무론도 이데올로기

---

14 "사변적 진리는 외연적으로 실천적 진리가 된다."(Veritas speculativa extensione fit practica). 이 말은 전성기 스콜라 철학이 윤리적 판단들을 요약한 문장이다. 이 말은 현대에 규범을 발견하는 데도 타당하다.

로 의심받게 될 것이다. 의무론은 그리스도교 신앙의 토대 위에 세워진 비판적인 윤리적 언명들에 만족할 만한 이론이 결코 안 된다. 그 이론은 일반적으로 사회를 형성해 나가는 일에 방향을 제시하지 못한다. 설사 그 이론이 윤리적으로 정당한 것을 말한다고 하더라도, 그 이론은 교회의 영역으로 제한되고 세상에 신앙을 선포하는 효과를 전혀 목표로 삼을 수 없다.

윤리적 이성의 규칙에 따라 엄격하게 대응하는, 말하자면 논증에 따른 신학적 사회론으로 이해되는 사회론은 무엇보다도 교회가 신앙을 선포하는 일에 전적으로 합당해야 하며, 사회적 관심을 불러일으키는 권고들에서 또렷하게 드러나야 한다. 교회의 사회론은 규범적 윤리의 요구들을 이미 인정되고 주어진 것으로서 전제하고 실제로 준수되기를 엄하게 가르치고 촉구하고자 하는 반면, 사회윤리적 논증의 과제는 바로 그 규범적 윤리의 요구들을 그리스도교 인간학의 토대 위에 근거 지으려 한다. 이 다른 두 가지 절차 방식들과 윤리와 교회의 공식 문서들 안에 있는 권고들의 "언어 유희"가 늘 완전하게 구분되지 않는 점은 사정에 따라 당연할 수는 있지만, 신학적이고 과학적인 그리스도교 사회윤리는 그렇게 되어서는 안 되며, 윤리적 논증의 절차를 엄격하게 지켜야 한다. 교회의 사회론을 위한 교도권의 새로운 언명들이, 예를 들어 『사회적 관심』처럼 분명하게 권고적 언어를 사용하고 그 언어에 대한 사회 윤리적 논증이 뒤이어 해설된다면, 이 방식은 전적으로 윤리적 논증 방식을 합당하게 지킨 것이다. 윤리적 논증에서는 그리스도 안에서 이미 시작되었지만 아직 완전히 도래하지 않은 하느님 나라에 대한 믿음으로 신앙의 사회적 의무에 대한 염려와 이에 상응하는 정치적 덕이 장려되어야 한다. 달리 말하면, 사회적 책임을 지는 인격을 형성하는 내용이 분명하게 드러나야 한다. 또한 사회가 점차로 폭넓게 인간화되어야 한다는, 이른바 "현실 유토피아"의 목표들을 더욱 구체적으로 설정해 나가는 일은 매우 중요하다. 결국 그리스도교 사회윤리는 구체적 경험에서 그러한 목표 설정을 지향하여 사회문제를 결정하는 데 도움이 되는 규범적 지침들을 획득하고자 노력해야 한다. 현대 사회구조의 복잡성을 참작한다면, 전문성을 지닌 인문과학과의 대화를 통해서만 복잡한 사회구조의 결합 체계를 올바르게 파악할 수 있기 때문에, 그리스도교 사회윤리는 이런 노력을 당연히 학제 간의 대화를 통해서만 행할 수 있다.

규범을 찾는 일에서 그리스도교 사회윤리의 특수한 과제는 그리스도교 인간관에서 출발하는 사회윤리의 토대에 대한 확신을 윤리적으로 명확하게 하는 것이다. 동시에 역사와 문화를 초월한 인간 존엄과 공동선, 보조성과 연대성의 원리를 방안 제시의 토대로서 담론으로 이끌어 내야 한다. 이 원리들이 개인적이면서 동시에 사회적이라는 사람의 두 가지 존재 구조에 근거하고, 사회적 존재인 사람들이 자신들이 지닌 세계관과 무관하게 납득할 수 있는 원리라면, 전 인류와의 대화는 그리스도교 사회윤리를 발전시켜 줄 것이다. 그리스도교 사회윤리가 이렇게 이해된다면, 그리스도교의 고지는 세속의 사회 현실성과 의사소통으로 이끄는 다리로 입증된다. 사회 현실의 중요성은 최근 몇 년 동안 신학적 고지 안에 공식적으로 받아들여졌는데, 이는 각 시대에 따라 다른 중요성을 갖는 그리스도교 사회윤리의 신학적 의미를 알려주는 것이라 할 수 있다.

이미 지적했듯이, 사회윤리는 양도할 수 없는 학제 간 대화에 의존하기 때문에, 그런 필수적인 "협동 작업"에 대한 자격을 갖추어야 한다. 사회가 단순하게 구조화되었던 지난 시대처럼 종교적 지침이 합목적적으로 여겨지던 것과 달리, 사회윤리는 인문사회과학과 무관하게 무엇이 사람됨에 옳고 그른지, 그리고 무엇을 위해 사회가 발전되어야 하는지를 처음부터 알고 윤리를 조정하는 자가 결코 아니다. 다른 인문사회과학과 관계를 갖지 않는 자세는, 원자 공학이나 유전 공학이 불러오는 문제들처럼 인간 실존 전체에 광범위하게 미치는 완전히 새로운 사회 윤리적 문제들 앞에서 절대로 합당할 수 없다. 그런 자세에서 나오는 윤리는 외부에 영향을 미칠 수 없고, 그 영향력의 범위는 교회 안에 국한될 수밖에 없다. 사회윤리학자는 부차적으로 다른 인문사회과학, 예컨대 경제학, 사회학, 법학 등에서도 자격을 갖춘 전문가로서 논쟁에서 구속력 있는 규범을 찾아낼 수 있는 사람이 아니다. 인문과학과 윤리학의 두 분야에 대한 자격을 갖춤으로써 윤리학자는 자만해질 수 있는 유혹을 받는다. 이런 유혹을 도외시하더라도 개별 전문 과학들의 급속한 발전을 고려한다면, 두 분야에서 자격을 갖추기란 매우 어렵다.

오히려 윤리학자들은 윤리적 문제에 대해 대화할 수 있는 매우 민감한 파트너가 되어야 한다. 더 나아가 그들은 그리스도교 동기에 의해 특별히 "가난한 사람들", 곧 존엄성을 어떤 방식으로든 침해받고 있다고 인식되는 사람들과 친밀성을 가져야 한다. 윤리학자들은 인간애·정의·사랑의 동기를 담론으로 이끌도록 노력해야 한다. "비판적이고 고무적"(A.아우어)인 방식과 상상력이 풍부한 독창적인 방법으로 끈기 있게 윤리적 관심사들을 다루고, 사람들이 늘 윤리적 관심사를 생각하도록 하는 것이 그들의 절대적인 과제이다. 바로 사회론의 그리스도교적인 특수한 동기를 특히 신약 성경의 인고(忍苦, 그리스어: hypomonè)라는 뜻에서, 경우에 따라서는 전혀 도움도 안 되고 가망도 없어 보이는, 그저 십자가를 추종하는 과제를 통해 입증해 보여야 한다. 속세의 적나라한 이해관계에 따른 공론에 관심을 두지 않고 폭넓은 인간애의 핵심을 포착하는 것은 그리스도교 사회윤리가 사회에 이바지하는 고유한 방식이다. 아마도 눈에 띄지는 않겠지만, 이런 방식으로 영향력을 미치게 된다.

그리스도교 사회윤리학자들은 본질적으로 신앙의 궁극적 목적을 위해 세상에 참여하기 때문에, 모든 지침과 해결책에 대한 그들의 이론은 정밀하게 가장 잘 다듬어진 지식과 양심에 따라 최대로 가능한 대안들을 제시해야 한다. 사회윤리의 규범에 대한 언명들은 구체적이어야 하며, 두 가지 이유에서 늘 수정 가능한 것이어야 한다. 하나의 이유는, 사회윤리 규범에 대한 언명들은 구원받긴 했지만 아직 죄로부터 완전히 벗어나지 못한 인간에 의해 생겨났기 때문에 이해관계를 고려하여 이기주의에 빠질 죄의 유혹을 늘 받고 있다는 점이다. 또 다른 하나의 이유는, 사회윤리 규범에 대한 언명들은 시간적·공간적 한계를 지니고 있는 것이어서, 하나의 팀이 사회 현실을 규정하는 모든 요소를 결코 완전하게 파악할 수 없으며, 자주 자유재량의 판단에 따르게 되기 때문이다. 따라서 실질적인 개선방안을 모색하고 동기를 매번 새롭게 점검하는 일은 본질적으로 그리스도교 사회윤리학자의 방법론적인 무기에 속한다. 물론, 사회윤리적으로 깊이 생각하고 사회윤리가 더욱 구체적으로 사회문제에 관여할 수 있게 하는 것은 모든 그리스도인의 과제이며 신앙의 의무라는 점이 간과되어서는 안 된다. 따라서 상상력이 풍부하고 수정 가능한 방법으로 사회적·정치적·경제적 관심사와 그 문제들에 대결해야 하는 요구는 모든 그리스도인의 윤리적 사명이다.

사회에 영향을 주었던 그레고리오 대 교황, 아시시의 프란치스코, 쿠우스의 니콜라오스 성인과 우리 시대의 마틴 루터 킹, 헬더 까마라, 마더 데레사 수녀와 같은 인물들을 배출한 그리스도교 역사는 그리스도인이 위에 언급한 신앙의 사명을 최소한 함축적으로나마 알고 있다는 점을 보여준다. 우리 사회가 많은 결함을 가지고 있음에도 진정한 사람됨에 영향을 받고 있다면, 이 영향은 책임을 의식하는 사람들의 수많은 개별적 결단들에 의한 것이다. 이 사람들은 갑남을녀이지만, 그리스도인으로서 윤리적 의무를 의식하고 있던 사람들이다. 사회윤리 전문가는 사회에 참여하는 그리스도인이라는 점에서 그 사람들과 구별되지 않는다. 그렇지만 신학적인 "선견지명을 가진 자"로서 그런 맥락을 의식시키고, 드러나지 않은 잠재적인 결점들을 매번 새롭게 비판적으로 샅샅이 찾아내야 하며, 사람의 공동생활에서 점차로 중요하게 인식되는 윤리에 대한 각성을 유지하고 촉구해야 하는 과제를 지닌다. 사회문제에 대한 교회의 사회 고지(Sozial-verkündigung)가 명백하게 사회론으로 구체화된 것은, 지난 백 년 동안, 곧 1891년 회칙 『새로운 사태』 이래로 변화하는 새로운 사태에 맞게 그러나 같은 목적을 가지고 매번 새로운 모습으로 앞으로 나아가려는 의도에서 이루어진 일이다. 교회의 사회론은 요한 크리소스토무스(Johannes Chrysosthomus), 라스 카사스(Bartolome las Casas), 레오 13세, 그리고 요셉 카진(Joseph Cardijn) 같은 예언자적 모습에서 동기를 발견하고, 구스타브 군드라흐(Gustav Gundlach), 요한 메스너(Johannes Messner), 오스발트 넬-브로이닝(Oswald Nell-Breuning) 같은 중요한 선구자적 인물들의 논증에 근거하며, 전체 신앙 공동체로서 교회가 동지적 책임감으로 사회 참여적인 관심을 가질 때에만 번영할 수 있다. 바로 그렇기 때문에 교회의 사회론은 이미 완결된 원리들이 확고부동한 체계를 갖춘 것처럼 경직되어서는 안 된다. 오히려 사회 구조들 안에서, 사람이 스스로 결정하고 개혁하도록 중대한 윤리적 교차점들을 늘 새롭게 발견하고 토의하고자 해야 한다. 이런 점에서 교회의 사회론은 앞으로 이제까지 한 것처럼 단일한 체계를 가지고 가르치는 방식으로 개별 문제들에 대한 입장을 제시하기보다는, 오히려 고무하고 비판하는 동기에서 점차 큰 범위에서의 인간애에 대한 견해와 제안을 내놓아야 할 것이다. 여기에서 결정적인 것은, 교회의 사회론이 지침이 될 만한 "세상의 빛"이나 인간화하는 "누룩"(마태 5, 14; 13, 33)으로서의 기능을 완수할 수 있는지의 여부가 아니다. 결정적인 것은 단지, 교회의 사회론이 우리 시대의 다원적이고 세속화된 사회에서 복음의 이상과 목적을 누룩으로 이끌어 낼 수 있는가이다. 따라서 교회의 사회론이 그 어느 때보다 더 자신의 특수한 이성적 수단을 포기해서는 안 된다는 점, 그리고 이른바 전 세계적으로 의사소통이 가능할 수 있는 주장들을 제시해야 한다는 점은 지극히 당연하다. 이성적 수단을 이용하는 것은, 수많은 좁은 생각에도 불구하고 성과를 이끌어 낸 교회의 오랜 신학적 전통에 부합한다.

3. 역동적인 자연법 경향
- 그리스도교 사회윤리의 보편 윤리적 논증

3-1. 신학적 동기

그리스도교 사회윤리가 보편 윤리적인 방식, 말하자면 철학적 논증의 수단을 취하는 것은 세상을 새롭게 하는 복음의 힘에 대한 믿음이 불안하기 때문도 아니고, 점차로 계몽적이고 세속화되어 가는 세상의 추이에 기회주의적으로 적용하기 위해서도 아니다. 그런 방법을 취하는 이유는 오히려 교회의 신앙공동체가 특별하게 위탁받은 선포하고 증언하는 사명을 이행하기 위해서다. 구원에 대한 그리스도의 복음이 보편적 요구이기 때문에 이미 초기교회 시대에 교회의 선포와 증언에 대한 사명은 보편 윤리적 논증을 강력하게 요구했고, 복음의 근원지인 셈족의 문화권을 넘어 헬레니즘 세계로 뛰어들었다. 특히 신약 성경의 바오로 신학이 또렷하게 보여준 바와 같이, 신학적 책임감에도 불구하고 문화들이 서로 이해할 수 있는 의사소통의 다리를 발견한 것은 복음을, 특히 복음의 윤리적 차원을 다른 문화권에 이해시키기 위해 중요한 일이었다. 민감한 인간관과 그로부터 생겨나는 사람됨에 대한 수준 높은 에토스를 가진 냉철한 스토아 철학이 그리스도교와 헬레니즘 간의 대화를 위해 매우 적합하다는 지적은 이미 신약 성경에서 발견된다.[15] 이방인들에게는 율법의 요구가 마음에 쓰여 있다(로마 2,15)는 바오로의 지적은, 그 동시대 유대 문헌에 쓰여 있는 유사한 내용과 마찬가지로,[16] 윤리와 윤리 규범에 대한 스토아 철학의 견해를 암암리에 염두에 둔 것이다. 이미 앞에서 여러 번 설명한 바와 같이, 윤리에 관한 스토아 철학의 견해는 교부신학과 특히 중세 전성기 스콜라 사상을 통해 그리스도교 윤리를 특징짓는 사상형태가 되었다.[17]

창조와 사람에 대한 그리스도교 신학의 견해에 전적으로 부합하는 이런 냉철하고 이성적인 사상형태는 의사소통의 다리로서 기능할 뿐만 아니라, 직접적인 신학적 의미도 갖는다. "이해를 추구하는 신앙"(fides quaerens intellectum)이라는 켄터베리의 안셀무스(Anselm von

---

15 세네카(Seneca)는 "인간은 인간에게 신성한 존재"(homo homini sacer)로 표현했다. 이 사상은 교부들이 명백하게 명명한, 하느님 모상인 사람에게 합당한 존엄을 "맹아적으로" 느끼게 한다. 마르쿠스 아우렐리우스(Mark Aurel) 황제도 그 당시 이미 "제네바 협약"의 의미와 같이 "상처받은 적은 형제와 같다"(Hostisdum vulneratus frater)며, 거의 현대적인 인권 요청을 촉구했다.

16 K.H.Scheldle, Theologie des neuen Testamentes, Bd.3: Ethos, Düsseldorf 1970, 34. 이 책은 잠언 3, 13-26에 의거하여, 헬레니즘 환경에서 외경이 강조되었기 때문에, 헬레니즘 환경에 대응하여 모세법이 철저하게 "관습법의 완성된 표현"으로 여겨졌다는 점을 밝혔다. "우리는 모세법이 하느님으로부터 온 것임을 믿는다. 우리는 또한 세상의 입법자가 법을 본성에 알맞게,(다시 말해 납득할 만한 피조물의 본질적 구조에 맞게, Franz Furger) 주었다는 것을 알고 있다."(4Makk 5, 25)

17 윤리적 체계 안에서의 이런 결합체계에 대한 상세한 설명은, F. Furger, Einführung in die Moraltheologie, Darmstadt 1988, 130-174를 참조.

Centerbury) 말뜻대로, 신앙적 통찰은 그 고유한 이성 능력을 통해 확인된다. 그러나 신앙적 통찰에서 신앙은 사람의 통찰을 능가하는 심오함을 품기 때문에, 사람의 통찰을 단순히 들어 높이는 역할을 하지 않는다.[18] 오히려 신앙적 통찰은 사람의 통찰을 더 풍부하게 하고 실현시킬 수 있다. 논증적 사고나 하느님이 자기 모상의 능력으로서 부여하신 이성을 통해 사람은 자신의 통찰이, 예수 그리스도를 통한 하느님 계시의 이차적 역동성으로 받아들여진 통찰이라고 인식한다. 여기에서 성취되어가는 구원의 역동성은 일회적이고 개별적인 사건일 뿐만 아니라, 인류 역사를 구원역사로 특징짓는 과정이다. 철학적 윤리의 논증은 이렇게 사회적으로, 말하자면 역사적이고 문화적인 과정들과 함께 파악되는 동기다. 이 동기는 사회윤리가 스스로를 신학으로 이해하게 하는 천부적인 것이다. 따라서 철학적 윤리의 논증을 사용하는 것은 시대정신이나 이성의 자만에 굴복하는 자세가 결코 아니다.

신학적 책임을 가진 철학적 논증의 출발점은 모든 윤리가 사람을 목적으로 삼는 것처럼, 세계와 사회 안에서 자기 존재를 스스로 만들어 나가는 인간관 내지는 사람의 자아인식이다.

.

3-2. 역사적 배경

신학적 책임 아래 이루어지는 철학-윤리적 논증은 앞서 여러 번

---

[18] 모든 신학자가 확신하는 바와 같이, 그리스도교 신앙은 "지성의 희생"(sacrificium intellectus)을 요구하지 않는다. 이성은 근본적으로 의사소통 능력이다.

언급된 바와 같이,[19] "정치적 동물"인 사람에 대한 철학과 성경의 이해에서 시작한다. 사람에 대한 보다 중요한 관점을 여기에서 다시 한 번 상기하자면, 국가는 사회적 존재인 사람이 개인으로서나 종(Gattung)으로서 생존하기 위해 필수 불가결하다. 그럼에도 불구하고 사람은 단순히 국가 안에서 세세하게 미리 규정되는 존재도, 본능에 의해 조정되는 존재도 아니다. 오히려 사람은 최소한 어느 단계까지는 스스로 사회를 만들 수 있다.

이런 주장은 역사적 사실에 대한 체험에서 나온다. 번영하던 그리스의 도시 국가들을 건설하고 형성하는 데 이른바 현인들은 중요한 역할을 했다. 그들은 정치, 문화, 그리고 "지혜"(그리스어 Sophia)의 선생으로서 늘 같은 장소에서가 아니라 "도시 국가들"의 여러 장소에서 활동했다. 그로부터 그들은 각 도시들이 저마다 존중하는 서로 다른 법적 형태를 갖는다는 사실을 알았다. 주어진 질서의 다양성이라 하면 그 당시 혹독하게 훈련된 군사력을 가진 스파르타와 무역도시인 아테네 문명 사이의 차이가 바로 생각날 것이다. 하지만 현인들은 기본적으로 국가의 존재와 함께 명실상부하게 늘 한 결 같이 주어지는 도덕적인 구조적 조건들이 통용된다는 점에 주목했다. 이에 따라 자연(피지스 physis)으로부터 주어지는 궁극적인 규범들이 단순히 규정(그리스어 thesis)에 근거하는 "긍정적인"[20] 규범들보다 더 강조되었다. 단순히 규정이나 "법에 따라"(그리스어: kata nomon) 통용되는 규칙들

---

19 V장 1.

20 이런 이유로 독일어 "법"(Gesetz)은 라틴어 "ponere"(규정하다)에서 유래한다.

은 장소와 시간에 따라 바뀔 수 있고 바로 그렇게 공동선에 기여하는 반면에, "문서화되지 않은" 천성적으로 우리와 함께 성장한 "관습법"은 시간을 초월하여 유효하다. 관습법의 위반은 그 위반 행위를 "아무도 목격하지 않았다 하더라도" 그 자체로 화를 일으킨다. 왜냐하면 관습법은 의견이나 의도에 근거한 것이 아니라 진리에 근거하기 때문이다.[21] 이 때문에 스토아학파의 아버지이자 키프로스의 정치학자인 제논(Zenon von Kition, 기원전 263년 선종)은 관습법을 "신법"(神法)으로 표현했다.[22]

정치적이고 규범적인 윤리에 대한 이런 견해는 아리스토텔레스(Aristoteles, 기원전 322년 선종)에게 수용되면서 미래지향적인 의미를 획득했지만, 유일한 사상적 경향은 아니었다. 아리스토텔레스의 견해가 갖는 중요성은 일시적으로, 아래에서 설명될 소크라테스–플라톤의 관점에 의해 은폐된 듯하다. 정치적 규범 윤리를 말할 때, 아리스토텔레스의 견해는 문화적으로 다양하게 특징지어진 정치적 현실에 대한 구체적 경험을 참작하면서도, 상대주의적인 편리함이나 임의성을 제거할 수 있게 한다. 구체적인 헌법들은 이렇게 포괄적인 이성적 통찰에 부합할 수 있어야 하며, 정의와 공동선이라는 목적에 포함될 수 있어야 한다. 그럼으로써 이런 견해는 철두철미하게 체계화되고 경직된 정치 질서가 갖는 당연한 생각, 곧 각 국가에 유효한 법을 보편화하고 이데올로기화하려는 생각을 막아선다. 소크라테스

---

21 히피아스(Hippias, 기원전 400년경 선종)가 그렇게 말했다. Antiphon Fragmenta 44.

22 Fragmentsammlung Armin I장 42, 35.

의 제자인 플라톤(Plato, 기원전 348년 선종)의 증언에 따르면, 현존하는 법을 절대화하려는 의도에 소크라테스(Sokrates, 기원전 399년 선종)가 힘을 실은 것으로 보인다. 소크라테스는 다른 현인들과는 달리 그의 고향인 아테네를 떠난 적이 한 번도 없었다는 점을 까닭 없이 자랑하지 않았다. 그의 견해에 따르면, 법은 그 자체로 명백하게 선하며, 그 법이 명백하게 불의를 초래하는 곳에서도 철저하게 지켜져야 할 만큼 무조건적으로 유효하다. 이런 견해는 소크라테스에게 이론에서뿐 아니라 실천에서도 중요했다. 이는 플라톤에 의해 전승된 크리톤(Kriton)과의 대화에서 확인할 수 있다. 이 법에 의해 소크라테스가 사약을 선고받았을 때, 그의 제자 크리톤은 도주를 제안했다. 그러나 법이 대체로 자신에게 혜택을 주었고, 실제로 자신의 전 존재가 법의 덕택이라고 생각했던 소크라테스는 법이 부당하게 피해를 준다 해도 조건 없이 준수해야 한다는 말로 크리톤의 제안을 단호하게 물리쳤다. 사람들은 이런 일관된 윤리적 태도에 대해 경탄했을 것이고, 세기가 경과하는 동안 그리스도교는 다음 세대의 사람들이 그런 태도를 갖도록 교육했다.23 이로써 시대적으로 주어진 상태에서 필요했던, 아마도 시대의 정의를 가장 잘 실현했을 법한 개별 규칙들은 절대적이고 시대적 제약 없이 유효한 법으로 부당하게 격상되었다. 또한 그 개별 규칙들은 자연주의 궤변에 의해서 참된 지배 이데올로기

---

23 1970년대 말에도 그런 입장은 드러났다. 인테그럴주의자(종교적 확신에 기초하여 정치나 사회활동을 한다는 신념, 역주) 르페브르 주교(M. Lefèbvre)는 라디오 인터뷰에서, 그런 정치적 견해에 입각한 아르헨티나 독재자 비델라(J. R. Videla)의 전체주의적 국가에 대한 견해를 "법과 명령"이라거나 "국가보안"의 의미에서 공식적으로 방어했다. 결국 비델라는 진정한 그리스도교적인 국가 지도자로 표현되었다.

로 잘못 기능했을 뿐만 아니라, 역사 변화의 역동성에서 벗어났다. 이런 기능은 겉으로 보이는 모든 형식과는 반대로 그리스도교 신앙의 기본 진리와 모순되는 징후다. 사람들의 세속적인 "창작품들", 말하자면 물질적인 우상들 외에도 어떤 경우에도 조건 없는 충성을 요구하는 정치적 제도들과 질서들도 그리스도교 기본 진리에 입각해서 볼 때 결코 절대적이지 않으며, 오히려 유한하고 일시적이다. 그런 유한하고 일시적인 것들은 최종적이고 종말론적으로 목적되는, 곧 이미 시작되었지만 아직 완성되지 않은 하느님 나라의 구원의 역동성에 포함된 것이지, "신"에 의해 주어진 모든 시대에 유효한 주요 내용이 아니다.

　비록 세속적인 것이 단순히 임의성에 의해서만 이끌어지는 것은 아니지만, 모든 세속적인 것을 본질적이고 근본적으로 제한하는 그리스도교 신앙의 견해는, 무엇보다도 스토아 철학자들의 사상에서 파악될 수 있다. 이 사상에서 세상의 구체적인 정치질서는 사람들에 의해 규정된 것으로 절대적인 효력을 갖지 않는다. 물론 사람들에 의해 규정된 질서들은 명백하게 하느님이 창조하신 본성으로 이해되는 "자연"과 관련성을 갖는다. 또 그 질서는 그에 주어진 가치들이 비록 "상대적"이기는 하지만, 바로 그 가치들 때문에 윤리적 의미를 갖는다. 이 의미의 내용은 물론 단호하게 영원히 확정되는 것이 아니라, 역동적으로 구원 역사인 인류 역사의 운동으로 스며들며, 인류의 지속적 발전을 목표로 한다. 구원 역사가 결정적으로 타락하면서부터 이미 죄로부터 벗어날 수 없다면, 그 역사는 동시에 파멸되고 "죄의 구조"**24**를 일반화할 수 있는 가능성에 노출되어 있다.

이런 전제에서, 중세 신학자들 중에 특별히 명쾌한 논리를 가지고 있던 토마스 아퀴나스가 "죄의 구조"를 일반화할 수 있는 성향을 토대로 그리스도교 윤리의 종합(Synthese)을 구상하기 시작했다는 점은 그리 놀랍지 않다. 앞에서 언급했듯이, 본질론적이고 이성주의적 자연법 사상**25**에서 후기에 편협한 생각들이 나타나기는 했지만, 이런 사상적 경향은 계속해서 고려될 가치가 있다. 왜냐하면 그 사상적 경향은 16세기 만민법 사상이 작성되는 데 기초가 되었고, 모든 문화를 섭렵하는 인권의 세계적 에토스가 발전하는 데 결정적 영향을 주었기 때문이다. 두 번째 이유는 그 사상적 경향이 늘 새로운 방식으로 인류를 위험에 빠뜨리는 일방성을 포괄적인 근거 위에서 비판적으로 판단할 수 있도록 하기 때문이다. 이런 비판은 유명론적 주의주의적인 근거를 갖는 사회윤리 규범이 성경의 어떤 징후들을 들어 국가의 절대적 권위를 하느님 은총에 의해 무조건적으로 타당한 것으로 정당화할 때**26** 효력을 발휘할 수 있었을 것이다. 또한 가난한 사람들에 대한 해방신학의 정당한 염려 아래서, 종교적 격앙이 광신과 폭력으로 확대될 위험이 간과될 정도로, 권리를 박탈당한 사람들이 "민족의 토대"로서 감정적으로 이상화될 때에도**27** 그 비판은 효력을 가질

---

24 해방신학이 처음 언급한 이 표현은 그 동안에 교회 교도권의 공식적인 고지들 안에 도입되었다. 『사회적 관심』 1987, 36항 이하 참조.

25 본질론적 사상에는 또다시 플라톤주의로 돌아가려는 요소들이 담겨 있다.

26 아마도 이런 성향 속에서 성장한 루터의 두 왕국론과 이 세상의 나라를 다스리는 영주들에게 부여되는 하느님 은총에 의한 권력을 생각할 수 있다.

27 마르크스주의 명제들에 대한 비판 없는 접근이나 사회주의 사회가 마치 유일하게 윤리

것이다. 이렇게 현실과 관련된 구체적인 신학적 경향, 말하자면 해방 신학의 경향들이 전 세계적으로 시급한 사회윤리 문제들을 거론하고 그리스도교의 지평에서 제시된다면, 이런 경향은 토미즘 전통의 자연법 모델을 포기하는 것이 아니다. 토미즘 전통의 자연법 모델은 세분되어 있으며, 새로운 자극과 보완점에 열려 있는 역동성을 지닌다. 다름 아닌 불이익당하는 사람들을 보호하기 위해 근대에 발전한 인권의 에토스는 그런 자연법으로 회귀함으로써 해방신학의 경향들을 체계적으로 이끌어 왔다. 인권의 에토스는 오늘날 윤리의 보편기준으로서 전 세계에서 원칙적으로 인정되고 있으며, 1960년대 이후에는 교회 안에 그리스도교의 의무로 수용되었다.**28** 따라서 그리스도교 사회윤리가 이런 노선에서 사회문제들을 지속적으로 세분화하여 비판적으로 심사숙고하는 일은 옳은 일이다.**29**

적으로 책임 있는 사회인 것처럼(III장 3단락 참조) 사회주의적 사회 모델들을 세분화하지 않고 무조건적으로 요구하는 현상은 다음을 분명하게 보여준다, 곧, 실제 불의한 상황에 대한 체험이 긴급한 구제책을 요구한다는 점과, 장기적 결과들이 전혀 합리적으로 심사숙고되지 않는다는 점이다. 역사적 경험에 따르면, 이런 상황에 따른 비용은 장기적 전망에서 가장 빈곤한 계층들이 부담하게 되는데, 이 점은 노출된 모든 문제를 참작하면 이해될 수 있다. 따라서 그런 현상은 만족스럽지 못하며, 사회 윤리적 숙고를 위해서도 매우 만족스럽지 못하다. E. Dussel, a.a.O.; 그에 대한 우리의 비판적 물음에 대해서는 다음을 참고하라. (ThRv. 1990); H. Büchele, Christlicher Glaube und politische Vernunft, Wien-Düsseldorf 1987.

28 요한 23세의 회칙 『지상의 평화』(Pacem in terris)와 1965년 2차 바티칸 공의회, 특히 종교자유 헌장 "인간 존엄"(Dignitatis Humanae)과 사목헌장 "기쁨과 희망"(Gaudium et Spes)이 공표된 이후 인권이 받아들여졌다. 자세한 설명은 VI장 3단락을 참조.

29 가톨릭 사회론이 늘 긍정해온 전통을 다시 받아들임으로써 프로테스탄트, 특히 루터교보다 이런 일을 쉽게 행할 수 있었다는 점은 명백하다. 이런 일에 대한 루터교의 단초들은 사회적 출발의 첫 단계에서 이른바 "종교 사회주의" 안에서 더욱 강력하게 상황 윤리적으로나 성경으로부터(대부분 근본주의적으로) 동기를 부여받은 변화무쌍한 실용

3-3. 기본 구상

기본 구상의 출발점은 우선적으로 하느님의 모상으로 창조된 사람의 본질적인 사회적 본성 내지는 그런 본성을 실현하는 인간 공동체에 대한 통찰이다. 비록 그 모든 구체적인 특징을 다 통찰할 수는 없지만, 국가는 하느님의 창조와 구원계획에 포함된다. 두 번째로 기본 구상이 전제하는 것은 이성도 역시 하느님께서 원하시는 모상성에 속한다는 점이다. 이성은 피조물인 사람과 함께 주어졌으며, 개별적으로나 종으로서나 불완전한 존재인 사람의 생존을 위해 없어서는 안 된다. 시간적 조건에 제한된 유한성, 특히 이해관계에 제한된 이기주의적이고 죄스러운 일방성에도 불구하고 사람은 이성을 통해 하느님이 원하시는 창조질서의 기본 노선을 파악할 수 있다. 창조질서의 기본 노선은 최소한 여러 변수들을 참작해 볼 때 중요하다. 변수들을 무시한다면 인간 사회가 장기적으로 존재하는 것이 위험에 처할 수 있으며, 그럼으로써 개인이나 인류도 그렇게 될 수 있다. 또는 궁

주의를 통해 주장되어 왔다(III장 2단락 참조). 그러나 경향들을 세분화하고 비판적으로 깊이 생각하는 새로운 작업들은, 그동안 곳곳에서 사람들이 사용하는 용어에서가 아니라, 사안을 해결하는 데 얼마나 가까워졌는지를 보여준다. 이에 대해서는 다음의 책들을 참고하라. A. Rich, Wirtschaftsethik, Bd. I: Grundlagen in theologischer Perspektive, Güterslih 1984.(이 책은 "사안에 맞게 그리고 인권에 입각하여"라는 표제 아래 문제점들을 지적했다.). M.Honecker, Sozialethik zwischen Tradition und Vernunft, Tübingen 1977. (이 책에서는 구체적 현실과 관련된 관심사들에 의한 다양한 동기들이 적힌 논문들과 특히 두 왕국론이 이 맥락에서 사회 윤리적으로 기여한 점에 대한 설명이 주목할 만하다.); T. Rendtorff, Ethik I, Stuttgart 1980 (특히 리히가 인용된 "Das Gegebensein des Lebens", 32-42와 "Theoretische Rechtferigung der Ethik", 122-148를 참조하라).

극적으로 모든 차원에서 교류에 의존하는 사람들의 의사소통 사회가 연속적으로 자멸할 수 있다. 말하자면, 이미 고대 그리스의 현인들이 사람에게 주어져 있는 "피지스"(physis), 곧 "자연"(Natura)이라는 개념으로 지적한 규범적 변수들이 중요하다. 이 변수들을 무시하게 되면 어떤 경우에서든 죄를 짓게 된다. 왜냐하면 그 변수들은 사람이 임의적이고 자유롭게 설정한 "의도"에 근거한 것이 아니라, 인간 존재 안에 놓여 있는 "진리"에 근거하기 때문이다.

달리 말하면, 사람의 본성과 불가결하게 연결되어 있는 윤리적 요구들은 이미 스토아 전통에서 고전으로 이해되는 키케로(M.T. Cicero, 기원전 43년 선종)의 세 가지 요구들 안에서 발견된다. 세 가지 요구란, 가장 지존한 존재는 존중받아야 하고, 부모는 존경받아야 하며, 그 누구도 자신의 몫은 분배받아야 한다는 것이다.[30] 이 세 가지 요구들은 결코 우연히 생겨난 것이 아니다. 오히려 키케로는 의존성에 근거하여 필연적인 윤리적 일관성을 이끌어 냈다. 그에 따르면, 윤리적 일관성은 유한한 사회적 존재인 사람의 본질에 타당한 것이다. 사람의 의존성을 무시할 수 있다고 생각하는 자는 장기적으로 자신을 파멸시키게 된다. 사람의 존재에 근거하여 사람에게 당위적인 것을 추론하는 일은 자연주의 궤변이나 짧은 소견이 아니다. 최소한 함축적으로 긍정한다면, 오히려 본질적으로 의존적인 존재에 대한 언명과 그런 존재에 부합하는 당위적 요구 사이에 근본적이고, 의미를 주며, 초월적인 가치판단을 세울 수 있다. 곧 사람과 인류가 자멸하는 것

---

30 Die inv. reth. 2,53: "Summum numen est collendum; parentes sunt honorandi; suum cuique est tribuendum."

보다 그렇게 존재하는 것이 더 나을 것이라는 가치판단이다.

언젠가 죽어야 하는 유한한 인간의 본질적 의존성은 궁극적이고 절대적인 근원을 근거로 가장 지존한 존재는 존중받아야 한다는 요구를 이끌어 냈고, 인간의 역사와 시대적 의존성은 세대가 이어지는 과정 안에서 부모를 존경해야 한다는 의무를 부여했다. 여기에서 사회윤리에 매우 중요한 점은, 사회적 생명체는 전형적으로 정의의 기본 요구가 발생하는 다양한 연결망 안에서 서로가 사회적으로 의존하고 있다는 점이다. 그런데 오늘날은 기술이 전혀 발전되지 않았고 사람들이 기술로 자연환경을 파괴할 가능성이 없었던 옛날과는 다르다. 오늘날의 자연환경은 사람의 육체성으로 인해 사람이 아닌 자연에도 본질적으로 의존해야 한다는 점을 심각하게 고려해야 될 정도로 파괴되어 있다. 이 점에서 키케로의 세 가지 요구에 이어 네 번째로 환경보호에 대한 정언적 요구가 생겨난다.

이 네 가지의 요구에서 언제든지 변화할 수 있는 예외란 있을 수 없다. 그 요구들은 중세 윤리학자들이 말한 바와 같이, 절대적으로 "보편적인 것"으로 여겨지며, 칸트의 말로 하면 무조건적인 "정언적인" 것으로 여겨지는 이른바 "제1 자연법"으로 드러난다. 반면에 이른바 "제2 자연법"은 "일반적인 것"(ut in pluribus)으로 여겨지는, 말하자면 최소한 이론적인 예외들이 허용될 수 있는 것이다.[31] 이와 관련

---

31 윤리에 대한 오랜 경험을 토대로 사람됨을 구체적으로 보장하는 2차적 규범들이 예외 없이 유효한 것으로 인정될 수는 있다. 예를 들면, 오늘날 모든 지식은 고문이 금지되어야 한다는 점을 인정한다. 고문은 사람됨을 파괴하는 것 이외에 사람됨에 유익하게 작용할 것이라고 전혀 생각되지 않는다.

하여 중세 신학자들이 어떻게 이데올로기로부터 명백하고 자유롭게 비판적으로 생각했는지, 모든 사회윤리에게 합당한 이데올로기 비판 기준을 어떻게 제시할 수 있었는지를 다음의 사실보다 더 분명하게 보여주는 것은 없다. 곧, 중세 신학자들은 십계명을 처음부터 이방 인 키케로에서 유래하는 체계적인 공식에 비해 이차적인 것으로 분류 하는 것을 꺼리지 않았다는 점이다. 왜냐하면 십계명은 다름 아닌 일 차적인 정의를 위해 경우에 따라 예외가 허용될 수 있었기 때문이다. 직접적으로 하느님의 창조에 근거하는 일차적 규범들은 보편적으로 타당한 특성을 가진다. 그 기본 규범은 구약 성경의 시나이 계시에서 하느님과 계약을 맺은 민족에 관련하여, 그 민족의 안녕과 구원을 위 해 그들의 하느님이 원하시는 이차적인 해석을 발견한다. 열 가지의 해석이 유일한 가능성이 아니었을 수 있고, 현대의 인권과 같은 다른 구체적인 규범들이 그와 유사한 의미를 가졌을 것이라는 점은 너무나 당연하다.[32]

여기에서 언급된 요구들, 특히 정의에 대한 요구와 정의가 구체적 으로 구현되어야 한다는 요구들은 사회윤리에서 매우 중요하다.[33] 물 론 이때 다른 요구들이 단순히 방임되어서는 안 된다. 제1 자연법의 요구들은 그것들이 발생한 시대적 한계를 가지기 때문에, 전 인류가 그 내용을 통찰할 필요가 있다. 그럼에도 그 요구들은 하느님의 창 조에 대한 그리스도교 신앙의 견해를 표현한다고 이해할 수 있다. 그

---

32 VI장 3,1.
33 VI장. VII 장.

규범들은 여전히 매우 형식적이고 추상적이기는 하지만 결코 반복적인 상투어가 아니다. 왜냐하면 모든 사람은 자신의 존재론적 체험에서 맨 먼저 불의나 환경 훼손 등과 같은 부정적인 것을 "알기" 때문이다. 동시에 사람은 어떤 방향에서 윤리적 관심과 책임이 늘 무조건적으로 요구되는지도 "안다." 제1 자연법의 규범들은 그런 요구 때문에 발전되어야 하는 사회윤리를 위한 토대이기도 하다.

4. 철학적 정당성을 갖는 신학적 사회윤리

근원적으로 명백하게 신앙으로부터 동기를 부여받은 신학적 윤리가 철학적으로, 곧 보편적 논증을 통해 표현되고 중재될 수 있다는 점은 앞서 서술한 고민들을 발생시킨다. 다름 아닌 신학이 철학에 의해 중재되는 것이 합당할 수 있는지, 또 그럼으로써 하느님의 구원 약속인 신앙을 선포하는 근원적 관심사에 피해를 주거나, 신앙의 가장 고유한 특수성을 전혀 드러내지 못하는 것은 아닌지에 대한 고민이다. 신앙은 표징과 상징으로 표현되며, 같은 신앙을 고백하는 특정 종교의 내부 영역에서는 그 종교를 근거 짓는 언어가 아니라 격려하고 경고하는 언어를, 말하자면 권고를 필요로 한다. 왜냐하면 종교는 그 신앙이 전제하는 공통의 확신과 경험이 중요한데, 그것들은 경우에 따라 강화되고 입증되어야 하지만, 그를 위해 다른 근거들을 더 이상 필요로 하지 않기 때문이다. 그러나 신앙 공동체가 스스로를 궁극적으로는 모든 사람을 어떻게든 똑같은 마음을 품은 동료가 될 수 있다는 점을 늘 각성시키는 운동으로 이해하고, 자신의 세계관으로 모든 사람에게 무엇인가 말해야 한다고 믿는다면, 그 공동체는 권고의 말을 하는 것으로 끝나지 않는다. 오히려, 자신을 총괄적으로 이해시키기 위해서 일반적으로 이해될 수 있는 언어 사용을 발전시켜야한다. 이 말이 뜻하는 바는, 앞서 말했듯이, 신앙 공동체는 그가 존재하는 문화적 환경에 적합한 신학을 발전시켜야 하며, 이때 신앙을 의식적으로 고백하면서 그 공동체의 근본적인 신앙적 확신들과 그 확신의 내적 맥락, 그리고 삶을 형성하고 완성하는 데 확신이 갖는 의미들을 명료하게 설명해야 한다는 것이다. 그렇지 않으면, 신앙 공동체는 외부에 신앙을 알리는 일을 포기할 수밖에 없을 것이며, 그 자체로 복음을 알리는 사명을 위반하게 되는 것이다.

발을 밖으로 내딛는 순간 신앙 공동체는 필연적으로 철학적인 사고 과정들에 맞부딪치게 된다. 신앙 공동체는 철학적 사고 과정들을 고민도 하지 않은 채 그 사고 과정을 하느님의 것에 근본적으로 적합하지 않은 것으로 거부할 수도 있다. 그러나 신앙 공동체는 철학적 사고 과정을 하느님에 의해 창조된 세상에서 성령이 활동하시는 형태로 인정할 수 있다. 이 두 번째 견해는 그리스도교의 육화 신앙에 매우 가깝다. 육화 신앙에 따르면 하느님은 본질적으로 사람에게 친절하신 분으로 인류에게 자신을 계시하며, 나자렛 예수 안에서 스스로 사람이 되셨다. 하느님이 육화하신 예수의 복음이 갖는 기본 지향들과 그 안에 담겨 있는 가르침, 특히 조건 없는 사랑에 대한 가르침은 사람 사이의 말과 주장 안에서 표현될 수 있다. 복음이 다원적인 세계 사회를 목표로 한다면, 그리스도교 신앙은 비판적인 철학적 논거를 합법적으로, 심지어 경우에 따라서는 적합한 표현으로 인정할 수 있다. 신앙의 동기에 뿌리를 둔 신학적 주장은 내적 자극을 통해 깊이 고민한 철학적 논증에 특성을 부여할 때에만 주목받을 수 있다. 가톨릭 사회론의 역사를 돌이켜 보면, 가톨릭 사회론은 자신의 본디 의도와는 달리 그런 요구들을 늘 완전히 충족시키지 못했다. 이런 경험은 신학적 주장이 철학적 논거와 아무 탈 없이 내적 일관성을 이루면서 개진되는 데 근본적인 장애 요소가 안 된다. 현재의 상태들과 그리스도교 사회윤리의 요청들은 이런 논증하는 사고형태를 전제하며, 심지어는 절박하게 필요로 한다.

그리스도교 사회윤리는 인간학적 조건에서 출발하고, 방법론적으로 정확한 철학적 논증을 근거로 삼고, 철학적 논증을 검열하면서 전 세계적인 사회윤리의 담론에 시야를 열도록 노력해야 한다. 여기에서 그리스도교 사회윤리는 자신의 문화, 역사와 일치하지 않는 형태들과 각기 다른 사회의 특성을 가지는 구체적인 사회 현실도 의식해야만 한다. 왜냐하면 사회윤리는 복음과 그 기본 원리들을 실행하도록 숙고하는 데 도움을 주어야 하기 때문이다. 그리스도교 사회윤리가 그 자체로 이미 완결된 교리일 수 없으며, 역동적 체계, "개방된 체계들의 결합"(H.J. 발라프)이라는 점은 명백하다. 이런 숙고들은 그리스도교 사회윤리가 전 인류에 미치는 확실한 토대에서 출발해야 한다는 점이 얼마나 중요한지를 보여준다. 그리스도교 사회윤리가 구체적인 삶의 현실과 연결될 수 있는 다리를 어떻게 찾아내야 하는지는 다음에서 설명할 것이다.

기타 참고문헌

A. Auer, Autonome Moral und christlicher Glaube, Düsseldorf
   [2]1984.

F. Böckle (Hrsg.), Das Naturrecht im Disput, Düsseldorf 1966.

H. Büchele, Christlicher Glaube und politische Vernunft, Wien-Düs-
   seldorf 1987.

J. David, Das Naturrecht in Krise und Läuterung, Köln 1967.

W. Dreier, Sozialethik, Düsseldorf 1983.

E. Dussel, Ethik der Gemeinschaft, Düsseldorf 1988.

F. Furger, Einführung in die Moraltheologie, Darmstadt 1988 (dort
   auch weitere Literatur angaben)

J. Höffner, Christliche Gesellschaftslehre, Kevelaer [8]1983.

Kongregation für das Katholische Bildungswesen (Hrsg.), Leitlinien
   für das Studium und den Unterricht der Soziallehre der Kirche,
   Rom 1989.

W. Kroh, Kirche in gesellschaftlichem Widerspruch, München 1982.

O. von Nell-Breuning, Gerechtigkeit und Freiheit. Grundzüge
   katholischer Soziallehre, Wien [2]1985.

A. Rich, Wirtschaftsethik-Grundlagen in theologischer Perspektive,
   Gütersloh 1984.

H.D. Wendland, Einführung in die Sozialethik, Berlin [2]1971.

VI.
사회 원리들, 기본원칙들, 규범들

이제까지 사회윤리의 핵심개념들은 가톨릭 사회론의 토대를 이루는 네 가지 원리로 소개되었다. 곧, 인간학에 토대를 둔 개인선 원리와 공동선 원리, 해석학적 기본 원리들로서 보조성 원리와 연대성 원리다. 또 전 인류가 최소한 원칙적이고 이론적으로라도 인정하는 인류의 주요 규범인 인권이다. 이 원리들과 규범은 일부 국가들의 헌법과 기본법이 따라야만 했을 정도로 중요했다. 가톨릭 사회론은 윤리의 뼈대를 세우기 위해 사회윤리의 개념들을 무엇보다도 역사적 관점에서 다루어 왔다. 역사적 관점은 중요한 일들을 배제했다. 구체적 영역들에서 윤리적 토대로 언급되는 내용들을 체계적으로 철저하게 규명하는 일과, 즉흥적으로 "정의"라고 표현하는 것에 대해 숙고할 때 사회윤리의 원리들을 그 인간학적 토대에 다시 연결시키는 일이다. 사회윤리의 원리들은 더불어 살아야 하는 인간 존재에게 그런 삶을 가능하게 하는 것이다. 따라서 그 원리들은 다른 모든 사회윤리적 원리들과 규범들의 토대로서 우선적으로 언급되어야 한다.

1. 그리스도교 사회질서의 핵심 – 정의

1-1. 개념 설명

사람들은 상투적으로 정의에 대해 말하지만, 정의에 대한 말은 자신의 인격을 어떤 면에서 멸시하고 "정의롭지 않다"고 평가하는 듯한 감정을 주기도 한다. 이렇게 정의라는 말을 이해하기는 어렵다. 사람들은 유년 시절부터 윤리와 그 반대되는 것에 대해 충분히 경험하지만, 이 경험을 어떤 방식으로든지 정확한 개념으로 포착하지는 못한다. 어떤 행동 양식과 분배 방식이 공정하지 못하고 정의롭지 못한가를 사람들이 존재론적으로 정확하게 안다 하더라도, 정의에 대해 정확하게 설명하기는 어렵다. 그렇더라도 정의에 대해 정확하게 윤리적으로 뜻매김하는 일은 반드시 필요하다.

정의에 대한 윤리적 개념을 규정하기 시작한 때는, 소크라테스보다 앞서 살았던 시모니데스(Simonides, 기원전 467년 선종) 시대부터다. 그 개념은 로마의 율법학자이자 철학자인 키케로가 이해하고,

결정적으로 법학자인 울피아누스(Ulpian, 기원후 228년 선종)가 파악한 내용이다. 곧, "정의는 자신의 것을 모든 사람에게 나누어 주려는 확고하고 영속적인 의지이다."[01] 이 개념 규정은 사람에 대한 이해를 근거로, 어떤 차이가 있든지 간에 사람들은 원칙적으로 동일하게 인정받아야 하고, 설사 동일하게 인정받지 못하는 일들이 벌어진다고 해도 최소한 자신의 발전을 위한 균등한 기회를 가져야 한다는 확신을 전제한다. 여기에서 두 가지 결론이 나온다. 먼저 정의는 명백하게 사람의 주관적 태도를 다룬다. 그것은 어떤 일을 결정하는 데 결정권을 가진 사람이 자신의 관심사들만 기준으로 삼지 않는 태도이다. "황금률"[02]이 뜻하는 바대로, 사람들은 누구나 동일한 상황에서 자신이 남에게 대우받기를 원하는 대로 다른 사람들을 대우해야 한다. 다시 말하면, 나는 나 자신의 운명을 위해 나 자신에게 어떤 의도된 행위를 기대하는 편협한 상념을 갖지 않도록, 그러니까 내 운명에 대해 완전한 "무지의 베일"(존 롤즈)을 쓴 것처럼 행동해야 한다. 여기에서 정의는 무엇보다도 행동하는 주체를 부각시키는 덕으로 이해된다. 이 고전적인 개념 규정은 주관적 태도뿐만 아니라 그런 덕에 영향을 받은 사회질서의 객관적 상태도 추구한다. 정의로운 사회질서에서는 공동체를 구성하는 개인들 사이의 경쟁하는 관심들·요구들·책무들이 실용적 기능에 의해서뿐만 아니라, 조건 없이, 말하자면 "정언적"으

---

01 라틴어로 "firma et constans voluntas suum cuique tribuendum."
02 "황금률"은 "남이 너에게 하지 않기를 바라는 것을 너도 남에게 하지 말라"는 뜻을 갖는다. 이 말을 복음서는 "남이 너희에게 해 주기를 바라는 그대로 너희도 남에게 해 주어라"(마태 7, 12)라고 긍정적으로 표현한다. 부정적인 표현보다 더 강한 요구를 나타낸다.

로 특권이나 차별 없이 균등한 기회와 능력에 의해 조정되어야 한다. 이런 객관적인 의미에서 정의는 단순히 기존의 법과 일치하는 것이 아니라 그 이상을 의미한다. 법질서는 정의롭지 못한 위계적 차별을 확고히 할 수 있다. 그러나 정의는 모든 사람에게 동등한 존엄을 무조건적으로 존중하려는 윤리의 목적 아래 오히려 더 넓은 의미로 사람됨을 목표로 한다.

세 번째로 울피아누스의 개념 규정에 따라 잠재의식적인 정의를 말할 수 있다. 정의는 결코 한 번에 영원히 확립되는 상태가 아니다. 정의는 끊임없이 새롭게 추구되는 목표다. 이 목표는 각 시대의 문화에 따라 매우 다른 특성을 가지게 되는 모든 사회에서 하나의 윤리적 도전으로서 늘 새롭게 부여된다.

이 고대 그리스-로마 전통에 도움을 받은 개념 규정 외에도, 셈족의 성서적 전통에서 싹튼 견해는 그리스도교 윤리를 보충하고 심화시켜 준다. 그 견해에서 정의는 "세다카"(Sedakah)나 "디카이오시네"(dikaiosyne)로서 무엇보다도 은혜로이 사람에게 향하시는 하느님의 특성이다. 곧, 정의는 하느님이 사람들에게 약속하시고 선물로 주시는 구원이다. 사람은 이 구원 약속에 믿음으로 관여하는 한, 스스로를 이차적인 의로운 자로 이해할 수 있다. 이 개념 규정은 경우에 따라 전성기 스콜라 철학의 그리스도교 철학자들과 신학자들에 의해 계승된 고대의 관점과 대립적으로 파악되었다.**03** 이럴 때, 그리스도교

---

03 특히 마틴 루터에게로 소급되는 정당한 신학적 이론 안에서 그렇게 파악되었다. 이런 이론은 1950년 이후 프로테스탄트 사회윤리를 위한 이른바 변증법적 신학에서, 특히 칼 바르트(Karl Barth)에 의해서 중요한 의미를 갖게 되었다. C. Frey, Die Ethik des Protestantismus von der Reformation bis zur Gegenwart, Gütersloh 1989.

윤리는 철학적 이해와 성경의 이해 사이를 중재하는 노선을 되풀이해 인지했으며, 성경을 이해하는 데 철학적 견해가 심화된다는 것을 알게 되었다. 그리스도교의 "복음의 정의"(justitia evangelica)는 단순히 죄인인 사람에게 약속된 하느님의 은혜로운 판결만이 아니다. 그 뜻은 오히려 사람을 실제로 새롭게 창조하시는, 달리 말하면, 이미 시작되었지만 아직 완성되지 않은 하느님 나라의 시민으로 만드는 하느님의 구원 은총에 의한 선물로 이해된다. 그렇다면 세속의 "시민의 정의"(justitia civils)는 "복음의 정의"와 분리될 수 없다. 오히려 "시민의 정의"는 사람에게 선사된 장(場)이며, 동시에 그 선물에서 파생되는 과제를 위해 이 세상에 주어진 현실의 장이기도 하다.

사람은 하느님의 정의에 의거해서 스스로 치유하고 의롭게 되었기 때문에, 자신과 똑같이 하느님의 구원에 선택된 사람들을 위해 객관적으로 최대한 정의로운 질서를 추구해야 하며 주체적으로 정의로워져야 할 의무가 있다. 다름 아닌 해방신학이 저승의 정의에만 관여하는 그리스도교 신앙의 한 정점을 허위로 거부한 도전은 복음의 견해에 일치하며, 이 때문에 그리스도교 사회윤리에 강한 영향을 미치게 되었다. 하느님이 먼저 사람에게 예수 그리스도 안에서 구원하신다는 정의를 약속하셨기 때문에 사람은 자신의 정의가 아니라, 그리스도의 정의를 이 세상에서 최대한 실현시켜야 한다.

1-2. 논거들의 관련성

사람들 사이에 정의를 세우기 위한 노력은 사람을 정의롭게 만드는 하느님의 사랑에 대한 신앙에서 나오는 윤리적 의무다. 그렇다면 그런 의무의 내적 필연성을 사람들이 이해할 수 있게 만드는 일은 신학의 과제다. 이 과제를 위한 깊은 고민의 출발점은 개인 생활과 사회생활의 구조를 동시에 안고 있는 사람 존재에 대한 인간학적인 근본 실상이다. 앞서 말한 바와 같이, 사람은 사회적 관련성 안에서만 인격을 지닌 존재일 수 있기에, 자아실현의 자유를 실현하기 위해서는 똑같은 자유를 요구하는 다른 사람들을 위해 바로 자신의 자유를 제한해야만 한다. 자유는 사회적인 것으로, 달리 말하면 사회 안에서 동등하게 존재할 수 있게 하는 것으로 필연적인 한계를 지닌다.

하지만 근본적으로 동등한 사람들 사이에서 자유를 제한하는 일은 임의대로 처리되어서는 안 되며, 항상 창조주 하느님의 뜻에 따라 근본적인 평등을 최대한으로 고려해서 이루어져야 한다. 정의는 각각 다른 생활환경에서 살아가는 사람들의 동등성을 도덕적으로 고려하려는 끊임없는 노력이다. 또는 원칙적으로 모든 해당자를 동등하게 대우하기 위해 구체적으로 유효한 구조들을 제도적으로 안정화시키고 확립하려는 노력이다. 법도 당연히 법실증주의의 의미에서가 아니라, 우선적으로 법 안에 숨어있는 사람들의 동등성을 존중하려는 노력으로 이해되어야 한다. 정의는 늘 법률적 규정보다 앞서며, 법률을 이용하지만 법률적 규정에 필연적으로 의존하지는 않는다. 정의를 위한 윤리적 노력은 그리스도교 윤리의 고전적 전통이 고집했

던 것과 같이 늘 세 가지 관계가 결합된 하나의 체계 안에서 이루어
진다. 먼저 개인은 인격적 상호성 안에 있는 사람들과 직접적인 사회
적 관계 안에서 존재한다. 더 나아가 개인은 국가에 대해서 개별적
관계를 맺고 있으며, 마지막 세 번째로 국가는 개인들에 대해서 윤리
적 책무를 갖는 관계 안에 있다.

이 고전적 분류는 현대 사회관계의 복잡성으로 인해 더 많이 세
분화되었다. 이제 사람들은 실적 정의(Leistungsgerechtigkeit)를 말
한다.**04** 이 정의는, 특히 경제 영역에서의 경쟁에서 교환 정의가 사회
적 분배 정의로 확실하게 격상되기를 요구한다. 이렇게 되면, 우선적
으로 차별이 없어지고 보편적 기회균등에 유리한 조건을 마련할 수
있을 것이다. 이런 의미에서, 인권에 대한 고전적 뜻매김에 따라 약
150년 동안 개인의 자유권이 구속력 있게 지속되어 왔던 것처럼, 이
제 개인의 자유권이 이익 배당 청구권과 특히 사회적 권리 청구권을
통해 격상될 수 있다.**05**

앞에서 설명한 바와 같이, 집단적 성향에 맞서 오랜 시간 동안 보
조성의 원리를 특별히 강조했던 가톨릭 사회론은 1960년대 이후 명
백하게 사회정의에 주안점을 두고 이 관점의 현실적 중요성을 강조
했다. 물론 이 강조점은 시대적으로 중요한 사안을 강조하는 것 이
상은 아니다. "공동체 정의"(justitia commutativa, 개인들 사이의 정의)와
"분배 정의"(justitia distributiva, 개인들을 정의롭게 대해야 하는 사회의 의

---

04 이에 대해서는 특히 이탈리아에서 가톨릭 사회론의 선구자인 타파렐리(L. Taparelli,
1852년 선종)와 로즈미니(A. Rosmini, 1855년 선종)가 언급했다.

05 1948년 유엔 인권헌장이 처음으로 전 세계적인 요구로 분명하게 표명했다.

무) 그리고 "법의 정의"(justitia legalis, 사회에 대한 개인의 의무로 주로 확고한 법률에 의해 규정) 사이의 차이를 구별하는 관점은, 실제 활동에서 제아무리 다양한 관계들이 교차한다 하더라도, 구체적 문제들을 명확하게 이해하는 데 도움을 준다. 한편으로 기업가와 고용자 사이의 계약관계에 의해 임금이 정의롭게 책정되어야 하고, 동시에 다른 한편으로는 약자들을 보호하기 위한 관계가 사회에 의해 통제되고 균형이 잡혀져야 한다. 여기에서 교환 정의와 분배 정의는 서로 직접적으로 맞물려 있다. 그런 균형은 세금을 통한 방법이나 사회적 약자들을 위한 특혜로서 세금을 경감시키는 방법을 넘어서야 이루어질 수 있기 때문에, 법적 정의는 직접적으로 이 관계에 맞물리게 된다.

어떤 경우에도 사람들 사이의 관계들은 모든 사람에게 균등한 기회를 보장하는 정의를 위한 노력에 영향을 받아야 한다. 실제 인도적인 공동체와 사회는 정의에 근거한다. 이것은 모든 인본주의적 윤리와 그리스도교 사회윤리의 기본적이고 우선적인 원칙이다. 여기에서 신앙적 동기에서 나오는 최종적이고 고유한 정수(精髓)가 유지된다.

1-3. 그리스도교의 정수

모든 윤리가 그렇듯이 그리스도교 사회윤리 또한 그 근본적 근원을 정의의 요구에 둔다. 그리스도교 사회윤리는 다른 동료 인간들과 국가에 대해서 뿐만 아니라, 특별히 정의로우시고 정의를 이루시는 하느님에 대해서도 책임이 있다는 점을 늘 염두에 두어야 한다. 그리스도교 사회윤리는 예수 그리스도가 특별히 요청하신 사랑의 계명 앞에 서 있다. 이 말이 뜻하는 바는, 그리스도교 사회윤리는 한편으로 정의의 요구를 가지고, 전 세계적 맥락에서나 한 국가 안에서나 개인 또는 모든 집단에 대한 기존의 불이익을 단순히 여기지 말고 강제된 상황으로서 진지하게 주시해야 한다는 것이다. 해방신학이 정확하게 강조했던 바와 같이, 늘 깨어 주의해야 한다는 뜻만은 아니다. 오히려 사랑의 계명이 갖는 역동적 동기에서 구제하고 개선하고자 노력해야 한다는 뜻이다. 더 나아가 이 말은, 그리스도교 윤리가 모범 자체이신 예수와 일치하여 특별히 불이익을 당하는 사람들, 어떤 방식으로든 억압받는 사람들, "가난한 사람들"을 위한 정의에 온 힘을 다해야 한다는 뜻이다. 그리스도교 윤리가 이런 일을 행하는 이유는 "가난한 사람들"이 어떤 방식으로든 다른 사람들보다 가치가 없다고 여겨지기 때문이 아니다. 가난한 사람들은 보답을 할 수 없고, 그들 스스로가 자신들의 정당한 요구들을 주장할 수 없기 때문에 쉽게 잊히고 간과된다. 이 때문에 가난한 사람들에 대한 특별한 주의가 필요하다.

정의는 사랑의 역동성을 위해 반드시 전제되어야 할 토대이다. 사랑은 정의를 넘어 다른 사람을 위해 그 사람에게 유리하도록 자신의 것을 정의롭게 포기할 준비가 항상 되어 있다. 사랑은 결코 정의를 포기할 수 없다. 그러나 사랑은 정의를 넘어서서 자신이 소유한 것을 가지고 다른 사람과 함께 있기를 호소한다. 정의를 위한 그리스도교의 책무와 누구누구 할 것 없이 모든 사람의 동등한 존엄성을 위해 개인들을 조건 없이 존중한다는 뜻은 마지막 세 번째로 정의를 위해 투신하려는 각오이다. 곧장 성공하지 못한다 해도, 심지어는 상황에 따라 손해를 감수해야만 할 때에도 포기하지 않아야 한다. 바로 이런 점에서 그리스도교 윤리는 실제로 위험할 수 있는 십자가 차원을 각오하고 예수를 추종하는 것이다. 구속력 있다고 인정되는 이런 고유한 목표 설정을 고집하고 관철하는 구체적인 활동은 순전히 인간적인 신뢰에만 근거하는 것이 아니라, 하느님 나라에서 결정적으로 완성될 것에 대한 확실한 신앙적 희망에 근거한다. 신앙적 희망은 절대 "인민의 아편"인 종교가 아니라, 어려운 상황에서도 진정한 사람됨을 관철시키려는 신앙 안에 뿌리를 둔 힘이다. 사람이 되신 하느님 아들의 나라는 예수 그리스도의 존재로서 이미 이 세상에서 시작되었고 현실이 되었으며, 바로 그 때문에 선포되어야 한다. 이 희망으로 가득한 신앙은 사람들 사이의 관계 및 사회적 관계를 진정으로 사람답게 만들기 위한 도덕적 도전으로 드러난다. 동시에 그것은 종말의 완성을 지향하는 관점을 제공한다. 이 관점은 언젠가 구체적으로 달성되었던 상태, 경우에 따라서는 최고의 지식에 따라 올바르다고 인식되는 상태를 결정적으로 절대화하고 또렷하게 명시하기도 한다. 그러나 그런 상태를 가능한 더 좋게 만들기 위해 그 상태의 조건을 비판적으로 탐색할 필요가 있다. 이런 의미에서 그리스도교 사회윤리는 우선적으로 기존하는 것에 대해 비판적이어야 한다. 또한 그리스도교 사회윤리는 역동적이고 고무적으로 개선을 꾀해야 하고, 비판적인 모든 경향을 반드시 묶어내야 한다.06 이런 의미에서 그리스도

---

06 그리스도교 윤리의 특수성에 대한 아우어(A. Auer)의 이런 생각은 이미 잘 알려져 있다.

교적으로 이해되는 정의의 요구가 그리스도교 사회론의 토대라 할지라도, 그 요구만이 정의로운 사회를 형성하는 진정한 도움으로 여겨질 수는 없다. 오히려 고전적인 가톨릭 사회론이 오래전부터 주요 원리의 형식을 통해 시도해 왔던 것처럼, 정의의 요구는 구체적으로 의도하는 바 안에서 계속 깊이 있게 고민되어야 한다.

2. 사회윤리의 주요 원리들(Leitprinzipien)

2-1. 개인선 원리와 공동선 원리

현실은 그리스도교에서 동기를 부여받은 정의의 요구가 입증되어야 하는 곳이다. 이곳은 이미 여러 번 말한 바와 같이, 한편으로 오늘날 점차 복잡해져 가는 사회 제도들을 통해, 다른 한편으로는 사람들의 개인적·사회적 상태에 의해 특징지어진다. 그러므로 그리스도교 윤리의 목적은 명쾌한 심사숙고를 통해 모든 사람의 인격이 공동체 안에서 가장 잘 실현되도록 돕는 기본원칙들과 기본 노선들을 고심하여 만들어내는 것이다. 사람은 하느님의 모상으로서, 단지 수단으로 다른 사람의 목적에 결코 종속될 수 없고, 그런 목적이 되어서도 안 될 만큼 양도할 수 없는 무조건적 존엄성을 지닌다. 사람은 유한하지만 하느님의 창조 의지에 따라 그 자체로 목적이다. 이 말은 "그 자체로"가 절대적이라는 것이 아니라 늘 창조주를 통해 제한을 받는다는 뜻이다. 때문에 그 자체로 목적인 사람들은 창조주를 진지하게 받아들이지 않으면 안 된다. "너희가 내 형제들인 이 가장 작은이들 가운데 한 사람에게 해 준 것이 바로 나에게 해 준 것이다"(마태 25, 40)라는 최후 심판에 대한 예수의 말은 사회 영역에서도 타당하다. 사람의 인격 존중은, 특별히 임마누엘 칸트가 정언명령에서 정식화한 것처럼, 모든 사회윤리의 출발점이어야 하는 "개인선 원리"(Personprinzip)다.

앞에서 설명한 바와 같이, 사람들 관계로 이루어지는 공동체와 사회는 사람들의 개인적 발전을 위해 반드시 필요한 조건이다. 따라서 개인선 원리는 그와 필연적인 상관 개념인 "공동선 원리"를 불러온다. 두 원리 중에 어떤 원리가 우선인지 객관적으로 따져보는 것은 정말 불필요한 일이다.07 물론 인지된 바로는, 각 문화적 배경에 따라 두 원리 가운데 하나의 원리가 훨씬 더 중요하게 여겨진다. 극동 문화에서는 분명히 공동선을 더 지향한다. 서구 문화권에서는 개인을 중심에 놓고 개인이 공동선을 지향하도록 하는 반면, 동양 문화에서는 어떤 경우에도 개인이 공동선에 종속되어야 한다. 구약 성경에서 사람은 하느님 백성의 지체로만 사람으로 존재할 수 있다. 이런 구약 성경의 관점은 신약 성경에서 전 인류를 포괄하면서 계승되었음에도 불구하고, 서구 문화의 개인 중심은 하느님의 모상이라는 성경의 인간관으로부터 유래된 듯하다. 공동선은 현존설계와 욕구충족에 관련하여 서로가 연루되어 살아가야 하는 수많은 사람들에게 공통된 가장

---

07 이를 입증하려는 논쟁은 1950년대에 일어났다. 개인선 원리를 매우 강조했던 군드라흐(G. Gundlach)와 공동선의 우위를 주장하기 위해 뛰어들었던 벨티(E. Welty) 사이의 논쟁은 결과적으로 아무런 성과가 없었다.

좋은 선(Wohl)으로서, 가정에서 국가에 이르기까지, 심지어는 전체 인류에까지 이르는 모든 사회 형태의 필수적인 목표이다. 공동선은 사회의 목적이지만 존중되어야 하는 개인들을 위해 있는 것이다. 궁극적으로 집단이나 민족의 범위를 넘어서는 공동선이 개인들의 의무를 통해 보장된다는 점은 가톨릭 사회론이 처음으로 강조했다. 이런 개인의 의무는 누구보다도 신분, 성, 출생이나 인종의 한계를 중요하게 생각하지 않고, 만인을 포괄하는 복음의 요청을 받고 있는 그리스도인에게 주어졌다.

그리스도교의 가르침과 같은 고유한 견해에 따르는 공동선 원리의 요청은 단호하다. 공동선은 사람들 사이에서 벌어지는 자유로운 힘의 게임에 의해 저절로 이루어지지 않는다. 천성적으로 사람이 선하다는 생각을 가지고 있었던 계몽철학의 낙관적 선입관같이 공동선이 저절로 이루어진다는 식의 견해는 절대 인정받지 못한다는 것을 역사는 분명하게 가르친다. 자유로운 힘의 게임이나 완전히 자유로운 경쟁은 늘 강자의 권리를 관철시키는 결과를 가져온다. 이런 역사의 가르침은 산업화 초기에 이른바 순수 경제 자유주의의 모습이 또렷한 "맨체스터—자본주의"에서도 분명하게 드러났다. 뿐만 아니라 일당(一堂)과 그 기능을 담당하는 소수 엘리트들의 이익을 확고히 하려는 공산주의의 집단적 사상에서도 드러났다. 경제 권력과 국가 행정 권력이 소수 집단으로 집중되는 것은 이 집단의 무리가 사회적 약자의 희생 위에서 그들의 특권과 이익을 확보하고, 또 그에 필요한 권력을 독점하는 결과를 불러온다.

이런 역사적 경험 안에서, "하느님은 사람이 선한 피조물이 되길

원하신다"는 성경의 복음은 뚜렷하게 증명된다. 사람은 자유를 통해서 무엄하게도 하느님과 이웃에게 반역을 저질렀기 때문에(창세 3;4) 더 이상 스스로 선하지 않다. 오히려 사람은 늘 다시 자신의 욕심·권력 지향·이기주의, 말하자면 신학적으로 죄라고 여겨지는 경향으로 기울어진다. 바로 이런 불운한 성향 때문에 공동선을 이루기 위해서는 이기주의 성향들을 감소시키기는 구체적인 규칙들을 적극 장려할 필요가 있다. 이때 인격을 지닌 사람의 본성에 본질적으로 속하지 않는 자유로운 게임의 영역을 단순히 총체적 계획에 맡겨두어서는 안 된다. 이런 이유로 사회윤리는 늘 새롭게 문화적 조건에 따라 중용(Mittelweg)**08**을 추구해야 한다. 중용은 개인의 인격을 사회의 권리 침해로부터 보호하고 또한 사회를 소수 강자의 권리 침해로부터 보호한다. 인격을 지닌 개인이 근본적으로 집단에 종속된다면 공동선은 상당히 파괴될 것이다. 사회가 제아무리 순수한 "야경국가"라는 의미로 개인을 침해자의 악의에 찬 간섭으로부터 보호하고, 조정되지 않는 경쟁 상태에서 개인에게 모든 자유를 부여한다 하더라도 그렇다.

경우에 따라서는 하나의 원리가 오랫동안 과도하게 강조되어온 결과를 다른 하나의 원리와 균형을 맞추기 위해, 그 다른 하나의 원리를 확실하게 일방적으로 강조하는 것이 하나의 좋은 해결책일 수는 있다. 그렇더라도, 그런 일방적 강조는 최소한 장기적 전망에서 공동선과 개인선에 해로운 결과를 불러온다. 18세기 영국의 도덕철학자 허치슨과 애덤 스미스가 옹호했던 경제 자유주의는 그 당시 귀족들이

---

08 중용은 신중한 실행으로서, 모든 가치의 질적 비교를 통해 마땅한 정도를 실행함을 뜻한다.(역주)

담당했던 경직된 사회질서에 비해서 의심할 여지없이 사람들에게 해방적 요소였다. 사람들은 완전히 방임된 자유에서 사회적 이해관계들이 그 자체로 "보이지 않는 손에 인도되어" 모든 사람의 이익을 위해 발전한다는 믿음으로 행동했다. 이미 잘 알려진 바와 같이, 이런 관념은 초기 산업화 시기에 노동자들의 빈곤을 발생시켰다. 생산수단의 공유화가 완벽한 공산주의가 이루어질 때까지 엄격하게 지켜져야 하고, 당이 관여하는 국가 계획의 목적이어야 한다는 마르크스의 대응 반응도 마찬가지다. 특권을 자각한 권력을 가진 공산당 엘리트들은 공동선에 유해한 경제몰락을 초래했다. 이 같은 사실은 최근 소비에트 연방 공화국과 그에 의존하던 동유럽 국가들, 그리고 중화 인민 공화국이 보여주었다.

그리스도교 사회윤리는 세계 경제의 불평등을 극복하기 위한 방법으로 사회주의를 세분화하지 않고 무조건적으로 요구하는 태도를 회의적으로 대해야 한다. 그리스도교 사회윤리의 진정한 과제는 아주 훌륭하고 완벽한 해결책을 제시하는 것이 아니다. 오히려 구체적인 문화와 역사의 현실 안에서 늘 불안정하게 균형 잡혀 있는 공동선과 개인선의 두 원리를 동등하게 균형 잡으려는 끊임없는 노력이다. 만일 어떤 일정한 상황에서 극단적 해결책이 사회적 결사체를 더 잘 기능할 수 있게 한다면, 그 해결책 자체는 윤리적으로 문제가 되지 않는다. 자유주의적 개인주의도, 집단주의도 그리스도교 윤리의 관점에서 볼 때 책임 있는 사회의 조직 형태가 아니다. 공동선 원리와 개인선 원리의 똑같은 비중이 구체적인 사회의 규범으로 만들어지고 구체적 형태로 드러내기 위해서 두 개의 다른 원리들이 참작되도록 권고된다. 그 다른 원리들은 객관적이고 실질적인 원리라기보다는 "도움을 발견하는" 형식적이고 전략적인, 곧 발견법적(heuristisch) 원리들이다.09

---

09 여기에서 제안되는 사회 원리들을 체계적으로 결부시키는 방법은 일반적이지 않다. 그 원리들의 토대에 놓여 있는 인간관을 성찰해야 하기 때문이다. 그래서 하르트(W. Harth)는 "사회 원리의 개수와 원리들의 관계는 아직 최종적으로 언급되지 않았다"라고 자신의 교수법에 대한 사회론 입문서(Christlicher Dienst an der Welt, Paderborn 21979, 43)에서 올바르게 말했다. 그가 여기에서 설명되는 원리들을 명명하면서, "합목적성에서 사람들은 네 개의 사회 원리들을 더 말한다"고 덧붙여 말했을 때, 이 말은 효력을 갖지 못했다. 각 원리들이 내적으로 결부되지 않고 나란히 놓여 있는 것처럼 보였기 때문이다.(J. Höffner, Christliche Gesellschaftslehre, Kevelaer 81983, 43-55). 출발점은 늘 인간관과 그 안에 나타나는 공동선과 개인선의 상호 보완성이다. 지향점에 따라 개인선 원리(G. 군드라흐, W.하르트, A.라우셔)나 공동선 원리(E. 벨티, J. 회프터, 또 넬-브로이닝의 "전체의 원리")가 중요하게 부각된다.

이와 대조적으로 연대성 원리와 보조성 원리는 늘 상관관계 안에서 언급된다. 넬-브로이닝은 보조성 원리에 대해 다음과 같이 덧붙였다: "명칭과 오늘날 사용하는 공식은 구스타프 군드라흐에서 유래하며, 비오 11세의 회칙 『사십주년』에서 처음으로 나타났다."(O. von Nell-Breuning, Gerechtigkeit und Freiheit. Grundzüge katholischer Soziallehre, Wien 21985, 49). 이 말이 의미하는 바는, 전통적으로 맨 처음 주목된 것은 오히려 연대성 원리라는 점이다. 넬-브로이닝이 보조성 원리는 오히려 "권한의 원리, 말하자면 권리의 원리"를 다룬다(같은 책 참조)고 지적했을 때, 그가 인간학적 실상과 관련된 원칙들과 비교하여 보조성과 연대성의 전략적 성격을 강조하는 것으로 여겨졌다. 여기에서 제안된 체계적 관계는 아마도 익숙하지 않겠지만, 그렇다고 완전히 새롭지도 않다. 그 관계는 오히려, 앞의 요약에서 부차적이고 함축적으로 이미 설명한 내용을 명료하게 한다. "교회의 사회론에 대한 연구와 수업을 위한 원칙들"은 공동선을 개인선 원리에 복속시켰다. 또한 『사회적 관심』을 인용하여 연대성을 덕으로(Nr. 39/40), 보조성을 독점으로부터 보호하는 원리(Nr. 37/38)로 설명하고, 공동 결정을 한층 더 강조(Nr. 30)했다. 이는 분명히 계획적 의도가 아니더라도, 공동선을 개인선 원리에 복속시키는 관점을 옹호하는 것으로 여겨졌다.

2-2. 보조성 원리와 연대성 원리

개인선과 공동선의 두 원리는 대체로 윤리적으로 납득될 수 있으며, 균형 잡힌 모든 사회윤리에서 어떤 식으로든지 최소한 함축적으로 드러난다. 그러나 이 두 원리의 개념이 보조성과 연대성이라는 용어에 의해서 완전하게 이해되도록 한 것은 틀림없이 가톨릭 사회론, 특히 1931년 비오 11세의 회칙『사십주년』의 업적이다. 이 회칙에서 보조성 원리는 개인 또는 작은 집단이 모두가 만족할 수 있는 방법으로 공동선을 지켜나갈 수 있는 곳에서 더 큰 상위의 기관이 간섭해서도, 할 수도 없다는 요청으로 이해된다. 상황이 바뀌어서 이 요청이 더는 지켜질 수 없다면, 또는 폭넓게 권한을 미칠 수 없다면, 보다 더 광범위한 사회적 일치를 위해 알맞은 도움, 곧 "뒷받침"(subsidium)에 대한 책무가 발생한다. 사회적 조정을 위한 모든 권한을 처음부터 중앙관청에 넘겨주는 집단주의는 외관상 합리적으로 보인다 해도, 보조성의 관점에서 볼 때 개인선과 공동선에 똑같이 유해한 것으로 판단된다. 모든 사회활동은 그 본질이 보조적이기 때문이다. 모든 사회활동은 사회단체의 구성원들을 지원해야 하며, 결코 그들을 파멸시키거나 흡수해서는 안 된다.

정반대로 개인과 작은 집단이 스스로 발전해 나가는 자립성은 절대 다른 사람이나 집단을 희생시켜서도 약화시켜서도 안 된다. 이 점을 교황 요한 23세가 1961년 발표한 회칙『어머니요 스승』에서 강력하게 강조한 이후 전 세계적인 연대성 원리가 부각되었다. 이에 따라, 어떤 면으로든 사회적 강자에 속하는 사람들의 연대성은 약자들의 욕구와 관심을 늘 깨어서 배려해야 한다. 강자들이나 사회의 상위 기관의 연대성은 약자들의 연대를 뒷받침하고, 조직화된 그들의 권위를 인정해야 하며 동시에 그것을 책무로 받아들여야 한다.

상위의 기관들이 권력의 영향을 받아 자기애를 강조하게 되는 끊임없는 위험을 고려해서, 연대성은 공동선 원리의 뜻에 따라 그런 위험을 늘 깨어서 통제해야 한다. 이 말은 개별 활동을 근본적으로 믿지 못한다거나, 보조성 원리가 보다 더 광범위한 사회적 일치에 회의를 일으킨다는 뜻이 아니다. 오히려 견고하고 안정된 공동체는 독자적으로 잘 기능하는 부분 영역들을 통해 공동체 전체가 강화될 수 있게, 그 구성원들이 독자성을 유지하도록 할 수 있다. 중앙 집권제는 외관상 합리적으로 보이지만, 창의성·상상력·독자적 발의에 대한 개인의 능력을 약화시키고 마침내 파멸시킨다. 반면에, 연대적 보조성은 그 능력들을 동등하게 그리고 분산될 염려 없이 더 발전시킬 수 있다. 이런 견해는 국가를 구성하는 사회 집단들에게도 경제와 교회 **10**에게도 타당하다.

1930년대 스탈린주의와 국가 사회주의 같은 중앙 집권적 전체주

---

10 이 견해가 교회에 타당한 이유는 그리스도론, 곧 육화의 근원에 있다. 이 두 원리들의 효력이 결코 국가 형태에 국한되어서는 안 된다는 견해는 도덕 신학의 관점에서 자연스럽게 발생한다. 하느님의 새로운 백성(제2차 바티칸 공의회의 교의 헌장 "인류의 빛"(Lumen Gentium))인 교회가 이 원리들에서 벗어난다는 생각은, 몇몇 교회 법학자들의 의견이다.(J. Beier, Subsidiarität auch für das Recht der Kirche, in: ThBer 15, Zürich 1986, 113~137). 이런 의견은 교회를 특수한 본성을 가지고 이 세상과 역사에서 존속하는 "그리스도의 신비한 몸" (Kol 1,18)으로 강조하지 못할 것이며, 결국 그리스도론적-교회론적 단성론(Monophysitismus)에 교회를 맡기게 된다. 교회의 위계 구조에도 불구하고 보조성 원리는 교회의 생명을 위해 중요하다.(Anspruche vom 20.2.1946, in, AAS 38, (1946), 144)는 교황 비오 12세의 말을 명심해야 한다.

의가 사회 상황을 결정적으로 특징지었을 당시에 그리스도교 사회론은 당연히 보조성을 훨씬 더 강조할 수밖에 없었다.[11] 이와 반대로 식민체제가 붕괴되고 세계 경제의 상호 의존성이 커지면서 불균형이 증가할 때, 정의는 연대성을 강력하게 강조할 것을 요구했다. 연대성을 보호하기 위해 이기적인 개별 관심사들에 맞서 사회의 공권력 개입이 요구될 수도 있다. 법적 질서 또는 중재 재판의 기능들은 사회 윤리적으로 고려할 만한 가치가 있다. 이는 제2차 바티칸 공의회의 사목헌장 "기쁨과 희망"과 그 입장을 계승하는 교황들의 고지가 언급하는 바다. 바로 이 역사적인 지적은 두 가지 원리가 사람의 개인적 특성과 사회적 본성이 가장 잘 실현되도록 도움을 주고자 하는 원리이며, 본질적으로 보조적 성격을 갖는다는 점을 다시 한 번 보여준다. 그 원리들은 발견법적 원리들로서 사회의 공동체 생활이 어떻게 조직되어야 하고 조정되어야 하는지에 대해서 구체적으로 지시하지는 않는다. 더욱이 그 원리들은 어떤 일정한 상황에서 만들어진 구체적 해결책을 그 시기가 지나서까지 유효한 것으로 규정하려고 하지 않는다. 그 원리들은 오히려 역동적인 기준이다. 곧 구체적인 사회 규범적 조치들이 통제되지도 않고, 그럼으로써 사람됨을 끊임없이 파괴하는 개인주의나 대단히 불행한 중앙 집권적 집단주의가 일어나지 않게 하기 위해서, 어떤 경우에도 만족시켜야만 하는 요구들

---

11 이를 보다 강력하게 입증하는 것은 1931년 비오 11세의 사회회칙 『사십주년』과 군드라흐의 인격주의에 영향을 받은 비오 12세의 사회복음이다. A. F. Utz, J. F. Groner, Soziale Summe Pius' XII., 3Bde., Freiburg/Schweiz 1943 u 1961; G. Gundlach(Hrsg.), Die Ordnung der menschlichen Gesellschaft, 2Bde, Köln 1964.

이다. 이 말은 사회론이 그런 보편적 원리들을 제시하는 것으로 만족한다는 뜻이 결코 아니다. 이 원리들은 보다 구체화되어야 하는 동인으로, 더 나아가서는 기존의 사회적 규범을 통제하는 기능으로 유효해야 한다. 더 중요한 것은 사회윤리적 성찰이 인권과 같은 공식화된 규범적 원칙들을 발전시켜야 한다는 점이다.

3. 인권의 규범적 원칙

인권은 1948년 유엔헌장에서 확인되었고, 유럽 인권 성명서를 기초 작성한 사람들은 인권을 만민법과 같은 구속력으로 인정했다. 인권은 사람들의 공동체 생활을 위해 중요한 규범적 기본 원칙을 아주 보편적으로 드러낸다. 인권은 최소한 이론적으로라도 전 세계가 수용한 몇 안 되는 인류의 사회윤리적 원칙들 가운데 하나이다. 18세기 이후, 구체적으로 말하면 미합중국이 1887년 독립선언들에 총괄한 목록들이나 1789년 프랑스 혁명에서 작성되었던 헌장 이후, 자유와 동등성에 대해 공식적으로 밝혀진 개인적 기본 권리는 무엇보다도 국가 권위에 맞서 인격의 불가침성을 확고히 했다.

사람들은 국가의 중요한 관심사들을 계획하는 데 참여하기를 요구했고, 그에 따라 국가의 권력 담당자들은 국민이 정치를 통제하도록 보장했다. 정치적 통제는 정치에 관한 공동 결정권을 넘어 다른 영역, 특히 경제 영역으로까지 확대되어야 의미가 있다. 결과적으로 인권을 확립한 두 집단인 유엔과 국가는 특별히 보조성 원리를 명백하게 사회적 현실에 더 가깝게 접근시켰다. 반면에 연대성 원리는 20세기에야 비로소 국가 정치에 의해 최대한 보장될 것이 요구되었다. 연대성은 공식화된 사회적 권리들, 곧 건강 유지·교육·노동과 생계의 안정에 대한 권리를 보장하는 데 필요한 원리로 부각되었다.

사람의 개인적 권리와 사회적 권리를 조화시키기 위한 보조성과 연대성의 원리는 주요 척도로 주목된다. 이 척도는 세계의 모든 국가가 이론으로나마 원칙적으로 인정한 유엔의 인권성명서보다 더 의미심장하다. 실제 수많은 인권 침해에도 불구하고 사람의 권리가 처음으로 인류 역사에서 세계윤리와 같은 성향을 갖게 되었다. 이런 성향은 그리스도교 인간관에 완전히 일치하기 때문에 원칙적으로 가톨릭의 사회론과 조화를 이룬다.[12]

3-1. 원칙적인 그리스도교의 내용

첫 번째 인권성명서, 1776년 "버지니아 인권헌장"(Virginia Bill of Human Rights)을 작성한 사람들은 그 당시 계몽된 그리스도인들이었다. 그들의 작업은 고대 스토아 철학에만 근거한 것이 아니라, 동시에 성경, 특히 구약의 십계명[13]에서 도움을 받았다고 보고되었다. 그들의 사상적 경향은 1970년대 독일교회가 인권과 성경을 함께 언

---

12 F. Furger, C. Strobel-Nepple, Menschenrechte und Katholische Soziallehre, Bern 1985.
13 창세기 20, 1-17; 신명기 5, 6-21.

급하도록 유도했던 사상적 경향과 다르지 않을 것이다. 당시 독일교
회는 성경의 가르침과 인권의 내적 관계에 근거하여 "기본 가치들과
하느님의 계명"14이라는 주제로 기본 가치에 대한 토론을 벌였다. 그
럼에도 불구하고 성경에서 이끌어진 내용이 부분적으로 논쟁의 여지
가 있는 것으로 여겨졌다.15 이는 이미 인권을 수용하게 된 역사 과정
이, 특히 가톨릭교회에서16 전반적으로 매우 어렵게 진행되었던 것처
럼, 성경의 가르침과 인권의 조화가 절대로 당연하지 않다는 점을 보
여준다. 성경의 진술 그 자체로는 내용면으로나 그 타당성의 맥락으
로나 인권에 적합하지 않다. 인권의 타당성은 "자기 스스로 죄를 짓
는 미성숙함으로부터 해방하는"(I.칸트) 사람에 대한 견해, 곧 사람의
자율적 이성에 대한 이해에서 나온다. 반면에 십계명은 그 타당성을
하느님이 모세에게 시나이에서 직접 말씀하신 명령에 두고 있다. 따
라서 성경의 사상인 십계명과 계몽철학에 도움을 받은 인권을 온전히
수렴하기 위해서는 또 다른 근거가 필요하다.

십계명의 언명을 그 당시 또는 그 비슷한 시기에 하느님 백성의 문
화권에 있었던 다른 민족들의 법전들과 비교해 보면 눈에 띄는 점이
있다. 십계명의 내용이 역사적이며, 앗시리아-바빌론 영역에서 영향
을 받았다는 점을 알아볼 정도로 그들의 법전과 유사한 점이 많다는

---

14 Kirchenkanzlei der EKD und Sekretariat der DBK(Hrsg.), Grundwerte und Gottes Gebot, Trier 1979.

15 H.R.Reutter in: ZEE 24(1980), 74-76.

16 VI장 3.2 참조.

사실이다.**17** 개별조항들의 내용을 분석한 결과 분명하게 입증되는 점은 역사적 인식보다도 그들 사이의 유사점이다. 십계명의 조항은 형식적으로 두 부분으로 구성되어 있는데, 첫 번째 부분은 신에 관련된 조항들이며, 두 번째 부분은 사람들의 관심사를 다룬다.**18** "두 번째 석판"에서 명시된 것은, 아주 잘 납득할 수 있는 구체적인 인간애를 요구하는 보편 윤리의 내용이다. 당연히 그 요구들을 준수하는 것은 국가가 분열될 만큼 공동체 생활을 어렵게 하지 않았을 것이다. 이 점에서 하느님과 계약을 맺은 백성도 예외가 아니었다. 노인들에 대한 배려, 생명 보장, 가족의 소유권과 불가침성, 선한 소명을 허용하고, 잘못된 고소로부터 사람들을 보호하는 것은 오히려 내부의 평화와 민족의 존립을 위해 반드시 필요한 조건들이다. 이런 법의 내용을 공포하기 위해 그들은 자신들에게만 타당한 하느님의 계시를 반드시 필요로 하지 않았을 것이다.

이 말이 뜻하는 바는, 성경의 법전은 명백하게 계명의 실질적 내용만을 다루는 것이 아니라는 점이다. 오히려 이 계명의 가장 중요한 관심사는 그 계명을 형식적이고 종교적으로 보이게 하는 것이다. 곧 사람들은 이웃과 약자들, 특히 예언자들이 늘 엄하게 가르쳐 온 바와 같이 과부들과 고아들을 존중하지 않고는 유대와 계약을 맺은 하느님을 믿을 수가 없다. 심지어는 이웃을 위해 자신의 생명까지도 바칠

---

17 십계명은 "석판 위에 쓰인" 기술된 것이며, 메소포타미아의 토기판들은 계약과 법을 확립하기 위해 글을 새겨 구워 만든 것으로 서로 다른 형태라는 설명은 순전히 피상적이다.

18 1-3의 계명은 첫 번째 판에, 나머지 계명은 두 번째 판에 속한다. 히브리나 개혁교회는 1-4의 계명을 첫 번째 판으로 간주한다.

각오가 되어 있지 않은 자는 예수를 따를 수 없다. 성경의 윤리가 전달하는 것은 사람의 이성적 인식과 대조를 이루는 완전히 새로운 가르침이 아니라, 종교적 맥락에 서 있는 인권에 대한 내용이다.[19] 비록 문화적으로 완전히 다른 배경에서 발전했다 해도, 1948년 유엔 성명서에서 확인된 바와 같이, 인권은 지구상의 모든 사람과 민족의 평화로운 공존을 보장하는 분명한 의미를 가지고 있다. 따라서 현대 사회에 해당하는 특수한 관심사가 아니라면, 어디에서든 생명보호나 사유재산 보장과 같은 인권의 내용들은 십계명과 쉽게 일치를 이룰 수 있다.[20]

그리스도교 윤리에서 이런 인식은 물론 전혀 새로운 것이 아니다. 중세 전성기의 자연법 이론은 인권을 명시적으로 주제화하지 않고도 위에서 설명한 바와 비슷한 견해를 대변했다.[21] 이 전에도 스토아의 자연법 철학은 무조건적으로 타당한 정의를 요구했다. 이 요구를 근거로 사람들은 인간의 공존을 위해 반드시 필요한 지침들을 담고 있는 십계명을 "제2 자연법"으로 이해했다. 그 자연법은 사람의 이성적 인식에 가까우며, 그 타당성의 근거를 모든 "본성(Natura)"의 창조주인 하느님께 두고 있다. 이로써 성경의 신앙적 에토스와 현대 인권의 에토스 양쪽의 견해에 권한을 인정하는 증거들이 객관적이고 역사적

---

19 F. Furger, Der Dekalog – eine Urcharta der Menschenrechte, in: R. Mooses, L. Rupper(Hrsg.), Der Mensch von und zu Gott. FS A. Deissler, Freiburg/Br. 1989.

20 현대에 중요해진 인권으로는, 교육·자유로운 이주에 관한 권리·미디어의 자유, 곧 여론의 자유를 일컬을 수 있다.

21 V장 4단락

으로 입증된다. 제2차 바티칸 공의회 이후 교회 회칙이 강조하는 인권을 존중할 그리스도인의 특별한 의무가 확실하게 그리스도교의 토대에 근거한다고 보일 정도다.[22]

율법을 기록한 석판이 모세에게 주어졌다는 성경의 기술을 참작하여, 인권은 인간 본질을 통찰하는 그 자체로 충분히 윤리적 구속력을 가질 수 있는가, 아니면 추가적으로 구속력 있는 하느님의 명령이 필요한가라는 물음이 생겨난다.[23] 이 물음은 실제 존재, 곧 존재자(on-tisch Sein)에 대한 자연주의적 궤변을 피할 수 있다 할지라도, 일관된 존재론적 체계론에 부합한다고 보이지 않는다. 왜냐하면 추가적인 하느님의 명령은 윤리적으로 "신의 기계론적 출현"(Deus ex machina)으로, 또 윤리적 논거들의 연관성에서 기초로 나타나기 때문이다. 이런 논리는 성경의 견해에도 고정되어 있을 수 있다. 신앙 안에서 이해하는 이 세상, 곧 창조주에 의해 선하게 의도된 피조물로 여겨지는 이 세상에서 사회적 실존에 대한 질서의 연관성을 성경이 완전히 깨닫게 해 준다는 견해다. 여기에서 질서의 연관성은 윤리적으로 선하게 평가되는 근거, 목적, 윤리적 구속력으로 여겨진다.

총체적 창조질서는 창조 보고서에서 단순히 우연하게 "선"한 것으

---

22 이 장의 3.2 단락

23 중세 후기 유명론의 경향들과 그 경향에 의존하던 루터신학의 윤리적 주의주의 외에도, 신스콜라주의 가톨릭 윤리학자인 빌로트(L. Billot), 가트레인(V. Cathrein) (Moralphi-losophie Bd.1, Freiburg/Br. 51899, 323-332), 우츠(F. Utz)가 명명될 수 있다. 우츠는 분명하게 명시했다. "당위성의 특성은 존재로부터 파생되는 것이 아니라, 단지 우리 그리스도인들이 유일하게 하느님의 것으로 이해할 수 있는 명령에서 유래한다."(Sozialethik Bd.1, Heidelberg 1964, 315)

로 평가되지 않았다. 창조질서는 확인할 수 있는 사실성을 넘어서서 그 질서에 근거하는 모든 윤리 규범을 유지시킬 수 있는 객관적이고 체계적인 토대다. 이 토대 위에서 바오로는 유대의 법을 알지 못하는 이방인들 가운데 "본성에 따라 율법에서 요구하는 것을 실천"(로마 2,14)하는 사람들을 받아들일 수 있었다. 이런 관점으로 바오로는 동시대 유대교에서 격리되어 있지 않았다. 오히려 헬레니즘 철학, 특히 스토아 철학에 개방적이었던 유대 사상가들, 예를 들어 알렉산드리아의 필로(Philo)나 성서 외경인 마카베오서 4권의 저자가 모세의 율법에서 바로 자연적으로 발생한 관습법의 완성된 표현을 발견했다. "우리는 법이 하느님께로부터 온다는 것을 믿는다. 또한 우리는 세상의 입법자들이 자연에 부합하는 법을 만든다는 것도 알고 있다."[24] 여기에서 사람의 존재, 곧 "자연" 내지는 "본성"에 근거하는 스토아 윤리 전통은 소피아 윤리학자들로부터 유래하며, 성경의 가르침과 일치하고 조화를 이룬다. 엘레아 학파의 제논(Zenon, 기원전 430년 선종)이 우리 본성에 내재하는 법을 하느님의 법이라고 표현하고, 그리스 사상에 영향을 받은 구약의 지혜문학은 하느님이 지혜와 슬기로 하늘과 땅을 창조하셨다(잠언 3,19)고 언급함으로써 이후에 "토라와 자연법의 종합"으로 표현되는 것이 생겨났다.[25]

시나이 사건에 대한 성경 구절이 명시적으로 하느님으로부터 유래하는 관습법을 이야기로 표현하고자 한 뜻은, 관습법이 직접적으로

---

24 4 Makk 5,25.

25 더 자세한 설명은 다음을 참조하라. H. Schelkle, Theologie des Neuen Testaments, Bd.3: Ethos, Düsseldorf 1970. 34(V장 주13).

메타 윤리를 근거 짓는 특성을 갖지 않는다는 점이다. 그런 특성은 오히려 창조 맥락의 총체성 안에서 개별적 요구들이 갖는 법칙의 내용에 의해 이미 주어져 있다고 가정할 수 있다. 시나이에서 하느님의 계시는 윤리규범이 하느님과 계약을 맺은 백성의 종교적 맥락 안에 섞여지는 것을 뜻한다. 동시에 성경은 예수님의 최후심판에서(마태 25,31-46) 가장 뚜렷하게 표현되는 윤리의 종말론적, 최종적, 결정적 의미를 강조한다. 곧 사람들이 창조주 하느님과 좋은 관계를 맺을 수 있고 계약을 통해 연결될 수 있는지의 여부는 각자의 윤리적 행동에 달려있다. 창조를 의미 있게 보존하기 위해 중요하게 여겨지는 법칙은 이론에서만 경시되거나 실제 행위에서만 경시되는 것이 아니다. 사람들이 그 법칙을 이론적으로 대수롭지 않게 여긴다면 실제 행위에서도 대수롭지 않게 여기게 된다. 윤리와 하느님과의 관계를 나타내는 종교는 단순한 형식적 관계가 아니라, 서로 밀접하게 결합되어 있는 상호관계 안에 있다.

바로 이런 이유로 종교적 동기가 주는 윤리적 가르침은 시대적으로 구약 당시의 문화에만 국한되지 않는다. 오히려 역사적, 문화적으로 발전되는 창조 질서는 윤리규범에 대한 깊은 고민과 늘 새롭게 관련되어야 한다는 점이 또렷하게 드러난다. 이런 깊은 고민은 근대에서 인권의 발전과 함께 일어났다. 따라서 인권의 내용도 신앙 안에서 하느님의 계명으로, 바빌론-시리아 영역에서도 유효했던 규범으로, 또 십계명으로 흘러 들어갔던 윤리적 규범으로 간주될 수 있다. 더욱 중요한 것은 성경의 윤리가 정의와 인간애를 지향하도록 분명하게 발전해 왔다는 점이다. 예로써, 여성의 위상을 남성의 소유에서 남성의 진정한 파트너로 변화시켰다. 이런 발전은 형법의 변화에서도 발견된다. 그 변화는 피를 흘리는 복수로부터 동해(同害) 보복법을 거쳐 용서하라는 예수의 요구에까지 이른다. 이렇게 인간화되어가는 경향은 성경의 시대를 넘어 구원 역사의 종말론적 역동성 안에서 하느님의 전체 백성의 삶을 완성하는 데까지 확장되어야 한다. 이런 이유로 인권을 공표한 인류의 발전은 신학적으로 절대 대수롭지 않게 여겨질 수 없다. 십계명은 성경이 널리 알린 총체적 구원의 역동성이라는 맥락에 서 있다. 따라서 십계명의 요구들은 인권의 원형으로 이해되어야 한다. 뿐만 아니라 그 요구들이 더 폭넓게 발전하기 위해 근본적으로 열려 있어야 하며, 기술과 문명의 발전들을 고려하고 전체 문화적, 정신적 영역에서 인간애를 향해 참으로 진보되어야 한다. 여기에서 그런 윤리적 통찰이 맨 처음 어디에서 발생했는가에 대한 물음은 아무런 역할도 하지 못할 것이다. 결정적인 것은 그런 윤리적 통찰이 인류에게 봉사한다는 점이며, 이 때문에 성경의 뜻 안에서 하느님의 요구로 이해될 수 있다는 점이다. 이 점은 십계명의 저자들이 고대 바빌론 법을 고려했던 것과 같이 좋은 일이며, 바오로가 초기 그리스도교 공동체에게 자신의 윤리를 알리는 데 스토아의 에토스를 꺼리지 않고 인용한 것과 같이 좋은 일이다. 또한 오늘날 그리스도교 윤리가 다른 세계관의 환경에서 성장한, 더 많은 인류를 포괄하는 사상들을 간과하지 않으려는 것과 같이 좋은 일이다. 윤리적 통찰은 기존하는 에토스, 물론 그리스도교에서 영향을 받은 에토스조차 비판할 수 있는 요소로 늘 새롭게 주목되어야 한다. 또 에토스들이 가능한 더 좋아지도록 고무하는 요소로 진지하게 수용되어야 한다. 이로써 윤리

적 통찰은 총체적 구원 역사의 역동성 안으로 통합되어야 한다.[26]

교회가 윤리를 알리기 위해 십계명을 교리 응답에 적용한 바와 같이, 열 개의 계명이 직접적으로 개인에게 적용될 때는 그 근원으로 인해 늘 개인의 양심을 시험하는 데 이바지했다.[27] 그러나 앞의 설명이 뜻하는 바는, 십계명의 기능이 결코 개인윤리의 차원으로 축소되어서는 안 된다는 점이다. 사회의 현대적 발전이 사회윤리를 사회 제도에서 반드시 필요한 것으로 만들었다면, 이 차원 역시 사회윤리에 포함될 수 있다. 이런 견해는 십계명을 알리기 위한 윤리 선포와 도덕교육의 새로운 시도에서 드러나며,[28] 그리스도교 윤리 안에서 점차로 널리 알려지고 있다. 현대 인권사상에 대한 성경의 근거가 충분히 인식되지 못할 수 있지만, 신학적으로 정당하게 다음과 같이 말할 수 있다. 하느님이 오늘날 모세인 누군가에게 법을 새긴 판을 넘겨주

---

26 이 개념에 대해서는 다음을 참조하라. A. Auer, Autonome Moral und christlicher Glaube, Düsseldorf 21984.

27 N. Lohfink, Bibelauslegung im Wandel, Frankfurt 1967, 129-157. 이 책에서 십계명은 구약의 하느님 백성들의 양심을 시험하는 예식의 "조사목록"(Checklist)으로 소개되었다. 트리엔트 공의회 이후 가톨릭교회가 고해사목을 실천하는 데 십계명은 근대까지도 그런 기능을 수행했다.

28 현재 십계명에 관한 윤리와의 그런 논쟁에 대한 예들은 다음의 문헌들을 참고하라. H. Albertz (Hrsg.), Die zehn Gebote, Bd. 1, Stuttgart 1985 (다음에 나올 권들은 준비 중이다); A. Deissler, Ich bin dein Gott, der dich befreit hat. Wege zur Meditation über das Zehngebot, Freiburg/Br. 1975; G. Eberling, Die zehn Gebote in Predigten ausgelegt, Tübingen 1973; J.N. Lochman, Wegweisung der Freiheit. Abriß der Ethik in der Perspektive des Dekalogs, Gütersloh 1979; W. Loff, Die zehn Gebote, Hamburg 1970; O.H.Pesch, Die zehn Gebote, Mainz 1976; S.Ben-Chorin, Die Tafeln des Bundes, das Zehnwort von Sinai, Tübingen 1979; H.Schüngel-Straumann, Der Dekalog-Gebote, Stuttgart 1973.

신다면, 그 법은 의심할 여지없이 유엔의 인권헌장일 것이다.[29]

3-2. 지체된 수용

인권에 관해 신학적으로 입증할 수 있는 성경의 근거가 있고, 성경의 사상과 철학적 경향 사이에 윤리적 성과를 가져온 다양한 상호작용이 있었다. 그럼에도 그리스도교 교회들은 현대 인권사상을 오랜 시간 동안 엄격히 거부한 이후에야 받아들였다. 이렇게 지체한 시기는 거의 두 세기나 되었다. 이 사실은 정의와 사람됨을 위해 특별히 요구되었던 그리스도교 윤리에게 매우 유감스러울 뿐만 아니라, 이웃사랑을 포괄하는 복음에 대한 신앙심에 무거운 짐을 지웠다. 때문에 이와 비슷한 불미스러운 일이 미래에 일어날 것을 피하기 위해서 그에 대한 이유를 반드시 물어야 한다.

그 이유를 알기 위해 맨 먼저 인권의 역사적 발전이 추적되어야 한다. 첫 번째 중요한 관찰은, 한 사람 한 사람을 존중하라는 스토아 학파의 관점이 몇 가지 실천적인 결과들을 가져왔다는 점이다. 이 결과들은 예를 들어 상처 입은 적을 형제와 같이 대해주라는 요구(마르쿠스 아우렐리우스)나 검투사 시합을 제한하려는 시도에서 나타났다. 물론 이와 관련된 개별 활동들은 로마제국에서 오랫동안 실행될 수 없었고, 민족 이동의 혼란을 이겨내지는 못했지만 성과가 전혀 없지

---

29 M. Limbeck, Aus Liebe zum Leben. Die zehn Gebote als Weisung für heute, Stuttgart 1981.

는 않았다. 바오로가 필레몬에게서 도망친 그의 노예 오네시모스를 그리스도 안에서 친형제처럼 받아줄 것을 권고했던 것과 같은 성경의 단초들은 노예제도를 무조건적으로 거부하는 동향이나 인권의 일반화된 분류 방식을 이끌어 내지는 못했다. 교부들의 신학에서도, 민족 이동으로 인한 정신사적 단절 이후 다시 고대 문헌들로 거슬러 올라가는 신학 전통에서도 그러했다. 개인은 사회적으로 매우 강력하게 제한된 신분 구조에 갇혀 있었다. 개인은 그런 사회와 확고한 질서에 완전히 통합된 구성원으로서만 자아를 실현할 수 있었다. 이런 맥락에서 개인의 권리를 부각시킨다는 것은 생각할 수 없었다. 천부적 인권이 언급될 만한 때에도, 예를 들면 1215년 영국의 "대헌장"에서도 자유권은 모든 사람에게 해당되지 않았다. 그저 특별한 신분, 곧 영국의 왕권에 복속되었던 봉건 지배자들에게 왕의 간섭에 맞서는 특정한 권리를 보장해 주었을 뿐이다. 이와 유사하게 고대 게르만법, 말하자면 6세기의 "살리카 법전"이나 더 중요하게 여겨지는 13세기의 "작센슈피겔"(Sachsenspiegel, 작센지방 관습법을 성문화한 책으로 독일에서 가장 오래된 법서, 역주)은 단지 그들 자신의 가문과 신분 계급의 권리를 법정에서 보장하고 그들이 정치에 참여하는 발언권을 보장했다. 모든 시대에 민족들과 부족들이 격언, 교훈, 계명 등을 통해 확립했던 인도적 규칙들이나 원칙들도 이와 유사했다.[30] 이런 규칙들은 민족동맹과 그 동맹에 받아들여진 집단들과 관련된 것이지, 낯선 사람들, 곧 "야만인, 이방인 또는 비유대인"같이 사람으로 여겨지지 않

---

30 유네스코에 수록된 헤르쉬(J. Hersch)의 목록 참조. J. Hersch (Hrsg.), Le droit d'être un homme, Lausanne 1968.

던 이들과는 전혀 관계가 없었다.[31]

넓은 의미에서는 아니라도, 본연의 의미에서 인권에 대해 말하기 위해서는, 근대 초기나 16세기 스페인의 만민법 도덕주의자들로 거슬러 올라가야 한다. 16세기 스페인의 만민법자들에 대해서는 앞에서 이미 분명하게 말했지만, 그 당시 식민지가 확장되면서 존재론적 문제가 제기되었다. 곧 스페인의 입장에 따라, "벌거벗은 미개인"들이라 여겨지는 아메리카 인디언들이 사람인지, 또 그들과 교제하기 위해서 어떤 사회윤리적 내용을 적용시켜야 하는지에 대한 문제였다.[32] 이에 대한 답은 중세 스콜라 철학과 그의 자연법 이론에서 찾아졌다. 그 이론에 따르면 만민법과 인간권리는 인간 존재 안에, 인간 "본성" 안에 뿌리를 두고 있어야 한다. 그럴 때에만 권리는 사람과 분리되지 않고 결부되어 있을 수 있고 무조건적으로 타당하게 된다. 그럼으로써 권리는 권위나 국민의 "일반의지"(J.J. Rousseau)로 인해 약화되지 않을 수 있다. 권리는 사람에 의해 만들어진 어떤 질서보다 중요하다. 이 "미개인"들은 명백하게 사람이었다. 왜냐하면 만민법 옹호자들의 주장에 따르면, 스페인 사람들이 인디언 여성들과의 사이에 아이를 출산했기 때문이며, 그들도 사람의 동등한 "본성"과 만민법적인 동등함에 대한 요구를 가지기 때문이었다. 이미 앞에서 말한 바와 같이, 1542년 "신법"은 바로 수그러들었고, 제정된 지 3년 만

---

31 늘 신분과 관계된 이 규칙에서 유일한 예외는, 특별히 가톨릭교회의 특권에 반대하고자 했던 1370년 스위스 연방의 이른바 "목자 서한"(Pfaffenbrief)이었다. 이 서한은 명백하게 "사제나 평신도", "귀족이나 귀족이 아닌 자"를 평등하게 대우하고자 했다. 그러나 그 서한의 효력은 국가 연합의 일부 지역인 알펜에 국한되었다.

32 이 책의 II장 3단락과 V장 3.2단락.

에 폐지되었지만, 인디언들을 "스페인 왕권의 주체"로서 승인하는 토대를 만드는 데 성공했다.[33]

인권사상에 대한 체계적 작업의 첫 단계는 아메리카 인디언에 대한 존재론적 고민들과 이후 17세기 위고 그로티우스 같은 윤리철학자와 신학자들에 의해서 전개된 만민법을 통해 말할 수 있다. 스페인의 "신법"이 유효했던 기간이 짧았다는 점은 이 사상이 교회와 신학의 공식적 의견에서도 얼마나 보장받지 못했는가를 동시적으로 보여준다.

그리스도교 신앙과 조화를 이루면서 성숙한 미합중국의 1776년 인권성명이 나왔던 상황도 그런 현실과 그다지 다르지 않았다. 왜냐하면 그 당시 그리스도인들에게 교회 안의 어떤 집단이 문제가 되었기 때문이었다. 그들은 모국의 국가교회와의 갈등 때문에 새로운 세계로 이주하기로 결심했지만, 그렇다고 영향력이 있던 유럽 교회들에 합류되는 것을 전혀 기대할 수 없었던 사람들이었다. 그들은 개신교 출신이었기 때문에 유럽의 가톨릭교회는 그들에게 전혀 주의를 기울이지 않았다. 아메리카의 발전에 영향을 받은 계몽철학과 국가교회와의 논쟁은, 국가교회의 이해관계와 첨예하게 맞서고 있었던 프랑스에서 전면에 드러났다. 바로 이 시기에 국가교회는 크게 신망을 잃었다. 그 교회는 국가에 의지함으로써 특권을 보장받았고, 최소한 고위 성직자 계층은 신앙인이 필요로 하는 사목과 거리를 두었다. 국가

---

33 이에 대한 실질적 추진력은 라스 카사스(B. las Casas, 1566년 선종)에서 시작했다. 그는 이론적 논거를 마련한 윤리학자 비토리아(F. de Vitoria, 1546년 선종)와 이후 바스케스(G. Vázquez, 1604년 선종), 수아레스(F. Suarez, 1617년 선종)와 필적될 만하다. J. Höffner, Kolonialismus und Evangelium, Trier 21969.

교회는 편협한 태도로 인해 많은 부담을 지게 되었다. 사회생활에 필요한 국가 정치사상은 한편으로는 그 사상이 표방한 자유, 평등, 형제애에 대한 이상과 괴리되어 있었고, 다른 한편으로는 "앙시엥 레짐"의 정치적 현실과 극심하게 괴리되어 있었다. 이 현상은 이미 그 자체로 혁명적 폭발의 씨앗을 지니고 있었다. 혁명세력이 국가와 밀접하게 결합되어 있던 교회를 가만히 내버려 둘리 만무했다.

이 사실이 인권과 관련하여 뜻하는 바는, 미합중국에서와는 달리 프랑스에서는 인권의 사상과 성명이 그 자체로 이미 혁명의 잠재성을 보유하고 있었다는 점이다. 미합중국에서는 1776년 인권성명이 그 자체로 완결된 진술로서 승인되었다. 이와 반대로 프랑스에서는 국가 파탄에도 불구하고 개혁 능력이 없던 정부에 대항하여 개혁세력은 계획에 따라 과거의 정치를 탄핵하고 유죄판결을 내렸다. 동시에 미래를 위한 도덕적 과제가 부여되었는데, 그것은 본디 서구 그리스도교 전통에서 의무로 여겼던 생각들을 교회와의 냉혹한 대립 속에서 실현시켜야 하는 것이었다. 프랑스에서 교회와의 대립은 1788년 루이 16세가 절망적인 정치적 상태를 고려하여 신분회를 소집했을 때, 그리고 인쇄물에 대한 이제까지의 검열이 실질적으로 무력해졌을 때 첨예화되었다. 매우 비판적인 전단들과 작은 책자들을 통해 국가와 교회의 폐해에 대한 공적인 논쟁이 노골적으로 광범위하게 일어났다. 그 논쟁에서 모든 사람에게 기본적으로 허용된 권리를 내세우는 "제3신분"인 평민 편에서[34] 개혁·자유와 안전·인격과 사유재산에

---

34 프랑스 의회는 제1신분 성직자 대표, 제2신분 귀족대표, 제3신분인 평민 대표로 구성되었다.(역주)

대한 불가침 권리를 공격적으로 요구했다. 동시에 과세평등·국민주권·출판의 자유와 곧 이어서 양심과 종교의 자유를 요구했다.

제3신분을 구성하던 낮은 성직 계급은 이 요구들을 전폭적으로 지지했지만, 교회 자체로 인식되는 교회지도부는 몇 가지 예외적 상황들을 간과한다면, 이 도전을 결코 당해낼 수 없었다.[35] 교회는 자신의 위치와 특권에 대한 사소한 우려 때문에 계몽철학과의 논쟁을 계속 피했으며, 그럼으로써 인도적인 현대 사회를 함께 만들어 나갈 수 있는 세속적인 기회를 놓쳤다. 교회는 그 일을 위한 수고로움을 받아들이고 창조적으로 협력하는 대신에 "식상하고 비생산적인 저항 사상들을 발전시키는 데 힘을 탕진했다."[36] 교회는 1789년 혁명의 압력으로부터 자신을 방어하고자 했는데, 특히 권력을 사용하여 혁명을 억누르는 방법은 교회가 파멸을 선고받은 결정적인 이유가 되었다.

잘 알려진 대로, 1789년 혁명이 고대 성직 계급과 교회에 적대적으로 돌아섰을 때 혁명은 결코 아무것도 이룰 수 없었다. 혁명은 인도적 사회를 만드는 데 필요하다고 알려졌던 생각들, 그러나 굳어져 버린 관성 때문에 시행될 수 없었던 생각들을 급진적으로 다시 이끌어냈다.[37] 이 생각들은 누구보다도 사회 참여적인 그리스도인들을 통

---

35 하인리히 4세는 1598년 낭트칙령을 통해 프로테스탄트의 위그노파 사람들에게 종교의 자유를 권리로서가 아니라 특권으로 보장했다. 낭트칙령은 루드비히 14세에 의해 1685년 폐지되었다. 이런 조치는 교회의 특권적 지위를 극단적으로 안정화시켰지만, 부차적으로 인권 사상을 약화시켰다.

36 R. Aubert, Die katholische Kirche und die Revolution, in: H. Jedin(Hrsg.), Handbuch der Kirchengeschichte, Bd. VI/ 1, Freiburg/ Br. 1971. 4.

37 이 점에 대해서는 툴루즈의 주교 로메니 드 브리엔느(Loménie de Brienne)와 헌법 제정 의회의 구성원이었던 헨리 그레고리(Henri Grégoire) 주교를 언급할 수 있다.

해 교회가 도덕적 기관으로서의 명망을 가지게 했던 것이었다. 고대 법에 따라 의석의 3분의 1을 성직자가 차지한 헌법준비 회의에서 인권 성명서를 준비했는데 인권에 대한 반대는 없었다. 개혁 의지는 성직자가 봉건 체제와 교회의 수입에 중요했던 십일조를 폐지하는 데 동의해야 할 정도로 강력했다. 교회의 재산은 몰수되거나 경매를 통해 제삼자에게 넘어가게 되고, 수도서원이 인권을 역행하는 행위로 설명되었을 때야 비로소 의혹이 대두되었다. 이런 조치들은 더 이상 인권 그 자체를 위해서라기보다는 오히려 정치적 목적을 위해 실행되었다. 이 점은 1790년 이른바 성직자 공민헌장[38]으로 더욱 또렷해졌다. 이 밖에도 성무 봉헌금이 폐지되었고, 가톨릭교회가 국가교회로서 거부되었으며, 교구와 본당이 새롭게 편성되었고, 성직자에게 공민헌장에 선서하는 의무가 주어졌다.

고대 갈리아 교회의 모델에 따라 교회의 자유를 파괴하는 헌법의 일부를 성직자 대표들은 거부했다. 그들 중 3분의 2가 선서를 하지 않았다. 성직자에 대한 유죄판결은 교황 비오 6세에 의해 시대적 문제가 되었다. 불운하게도 교황은 교회의 이 정당한 항의를 인권에 대한 유죄판결과 연결시켰다. "왜냐하면 인권의 원리들이 국가권력의 근원, 종교의 자유, 사회적 불평등에 대한 가톨릭 가르침과 모순되기 때문이었다."[39] 혁명의 여신을 위한 이성이 고양되면서, 특히 선서를 하지 않은 사제들에게 혹독한 박해가 가해지면서 교황의 판결은 혁명

---

38 이 법에 따라 프랑스 교회는 국가의 기초 위에 새로 구성되고 로마에서 분리되어 프랑스 국가에 편입되었다.(역주)

39 Aubert, a.a.O., 52.

과 교회 사이를 아주 완벽하게 단절시켰다. 유감스럽게도 정치적 갈등에 의해 왜곡되지 않은 본디의 인권 사상을 구제하고자 한 사람은 아무도 없었다. 오히려 교황 비오 9세는 1864년 그의 "오류 실라부스"(Syllabus erroum, 가톨릭교회가 배척해야 할 80개의 오류를 총괄한 표. 역주)에서 인권에 대해 다시 한 번 날카롭게 유죄판결을 내렸다. 이로써 인권은 거의 100년 동안 윤리신학에서 논의될 수 없었다.

인권에 대한 담론은 제2차 세계대전의 참상을 겪은 이후에야 다시 제기되었다. 이 시기 인권사상은 앵글로 색슨-아메리카의 전통에 입각해서 새롭게 파악되었고, 언젠가 일어날지 모를 비인도적인 만행을 방지하기 위해 새로운 성명서를 준비하게 되었다. 이것이 바로 유엔헌장으로서 1948년 효력이 발생했다. 이런 배경에서 교황 비오 12세가 처음으로 인권에 호의적인 발표를 했다. 이후 마침내 전 세계적인 제2차 바티칸 공의회가 개최되면서 교황 요한 23세는 1963년 그의 회칙 『지상의 평화』에서 인권을 그리스도인들이 의무로 받아들여야 할 윤리 규범으로 언급했다. 이로써 요한 23세는 교회의 윤리적 고지를 세울 수 있었는데, 그것을 공의회 교부들이 1965년 사목헌장에, 그리고 교황 바오로 6세와 요한 바오로 2세가 그들의 회칙에 남겼다.

인권이 오랫동안 지체되어서야 그리스도교의 기본 사상으로 받아들여진 역사를 이해할 수 있을 것이다. 그럼에도 불구하고 짐은 남아있다. 더 많은 인류에게 다가가는 발걸음을 그렇게 오랫동안 억류시킬 수 있었던 역사적 사건들에 대해 그리스도인들과 교회들이 전혀 죄과가 없다고 볼 수 없기 때문이다. 제2차 바티칸 공의회가 『인간존엄』(Dignitatis humanae)에서 그리스도교 신앙의 기본 요구로 선언한 종교의 자유를 그 당시 "어리석은 것"으로 표현하고 "파멸하게 되는 자유"로서 거부했던**40** 정신적 동향의 결함은 더 깊은 데에 원인이 있다. 그 중요한 원인은 16세기 종교분열로 교회들의 정신력이 약해졌고, 생존을 위해 프로테스탄트 교회들은 노골적으로, 가톨릭교회는 최소한 실제적으로 국가에 의존하게 되었다는 점이다. 교회는 문제의 여지가 있는 신학적 이론들과 호교론에 몰두함으로써 더 이상 정신적으로 발전할 수 없었으며, 교회가 오래전부터 과제로 삼았던 고무적이고 비판적인 새로운 사상들과 논쟁을 벌일 수도 없었다. 가톨릭교회가 올바르지 못하게도 국가의 후원에 의지하게 된 것은 대립하고 있던 교회들로부터 위협받는다는 의식과 연결되어 있었다. 국가에 의지하게 된 교회는 정신적 발전을 거부하는 정체를 불러왔다. 이런 정체는 영주들과 결합되어 있던 프로테스탄트 교회들에서도 가톨릭교회 못지않게 심각했다. 이 점을 인식한 사회윤리는, 그리스도교 신앙의 확신이 미래에 대한 전망 안에서, 곧 하느님 나라의 종말론적 역동성 안에서 사회를 만들어 나가는 데 영향을 미칠 수 있으려면, 교회의 분열을 극복하고 국가 권력자들과 비판적 거리를 유지하는 일이 불가피한 조건이라는 결론을 내렸다. 서구 정신사에서 인권이 그렇게 미심쩍게 여겨져 수용이 지체되기는 했지만, 그럼에도 미

---

40 양심의 자유는 1864년 회칙 『Quantacura』와 결부된 "오류 실라부스"(D 1689f)에서 유죄판결을 받았다. 이 판단을 위해 실라부스는 그레고리오 16세의 1832년 회칙 『Mirari vos』를 인용했다. 제2차 바티칸 공의회가 종교자유를 인정했을 때, 대주교 르페브르(M. Lefèbvre)가 19세기 유죄판결을 근거로 종교자유의 인정이 교회의 전체 전통과의 중차대한 단절이라고 생각하여 제2차 바티칸 공의회를 거부했다. 이 사실에서, 이 문제가 늦게까지 얼마나 강력하게 영향을 미치고 있었는가를 알 수 있다.

래를 위해 결실 있는 작용을 했다고 볼 수 있다.

이렇게 희망적으로 볼 수 있는 이유는, 정치적 세계관에 대한 논쟁이 교회에 장애가 되지 않기 때문이다. 말하자면 사람의 사회적 권리가 작성되고, 그럼으로써 "사회문제들"을 극복하는 데 교회들이 의미 있는 반응을 보다 신속하게 보일 수 있게 되고,[41] 오늘날 특히 경제적으로 불평등한 세계사회에서 사회를 인간화하는 활동의 선두에서 다양한 경향들, 특히 해방신학의 경향들 안에서 협력한다는 점은 희망적인 모습이라 할 수 있다.

3-3. 주요 내용 개괄

계몽철학의 인권 전통과 첫 성명서에 의거해서 자유권은 급속하게 전 세계적으로 타당성을 획득해 나갔고, 아무 문제없이 1948년 유엔 헌장의 첫 번째 장을 차지했다. 또한 참정권에 대해 서술한 두 번째 장은 인권 성명서의 확고한 구성 요소가 되었다. 그 장의 내적 논리는 경제적 관심사로 더 확장되어야 한다. 그리스도교 사회윤리에서도 이른바 사회적 권리는 기본적인 헌장이 되었다. 사회적 권리는 자유권과는 달리 국가가 자유를 승인할 뿐만 아니라 노동시장 정책, 교육과 보건 정책 등에 적극적으로 개입할 것을 요구한다. 적극적인 연대성의 의미에서다.

---

41 이 책의 III장 1.4-3.1단락 참조.

사회윤리 이론이 요구하는 것과 노동조합 정책에서 관철되는 것, 또 교회의 많은 고지에서 파악되는 바가 여기에서 권리로 확정되었다. 그 때문에 교황의 새로운 회칙들은 특별히 이 사회적 권리를 늘 기억시키고 있다. 심지어 유엔헌장의 요구들을 넘어서서 경제 과정에 참여하는 모든 이들을 위해서, 그 과정에 해당하는 사람들에 의한 공동 결정이나 그들이 경제적 이윤에 관여할 것을 요구한다. 교황의 회칙들은 유엔헌장보다 더 또렷하게 그 헌장에서 충분히 명시되지 않은, 개인에게 속한 권리와 그 짝을 이루는 개인의 의무를 권고했다.

아동이나 정신 장애자의 권리와 같이 이후에 첨부된 내용들이 유엔헌장을 효과적으로 보충하고 또 인권의 만민법적 위상이 국가 계약, 예를 들면 유럽 인권헌장 같은 국가들 사이의 계약에서 강화되어야 한다고 생각한다면, 이 헌장은 사회가 역동적으로 가능한 더 좋아질 수 있게 하는 사회윤리의 토대를 제공하는 것이다. 연대성 원리가 공동선을 우선으로 하는 사회적 권리를 유효하게 하는 반면에, 보조성 원리는 개인들과 작은 집단들의 자유권과 공동 결정권을 특별히 존중하도록 한다. 이처럼 현대의 인권은 그리스도교 사회론의 원칙적인 기본노선을 구체적인 사회 현실로 옮겨 놓고, 개인들과 그들의 다양한 집단들이 인간의 품위에 맞게 발전할 수 있는 기초를 좀 더 큰 범위의 사회 안에서 표현한다.

원칙적 측면에서 일치되는 이런 인식과 지금까지의 신학 발전에 근거하여 그리스도교 사회윤리의 책무가 생겨난다. 그것은 인류의 기본적인 규범들을 존중하고 그 규범이 구체적으로 실현되도록 특별히 깨어 염려하는 것이다. 그리스도교 사회윤리는 그의 가장 훌륭한 전통, 곧 전성기 스콜라 철학의 자연법 이론을 현실적으로 이데올로기 없이 계승한다. 뿐만 아니라, 스페인 정복자들에게 권리를 보호받지 못하고 내쳐진 아메리카 인디언에 관련해서 작용했던 스페인의 만민법 전통에 서 있는 사람됨에 대한 진실도 유지한다. 동시에 그리스도교 사회윤리는 제2차 바티칸 공의회 이후 보편교회의 고지, 곧 교황들의 입장과 대륙 주교회의의 다양한 문헌들이 언급하는 노선에 서 있다. 이 언명들은 모두 보편교회의 노선을 분명하게 입증하고, 그것을 그리스도인들에게 간곡하게 권하고 있다.

인권 목록들은, 예부터 강조해왔던 것처럼, 권력 분립을 통해 국가와 관청들의 권력을 통제하는 데 영향력을 미칠 수 있는 합당한 민주적인 국가 형태를 요구한다. 사회윤리적으로 참여하는 그리스도인들은 국가 조직을 민주적으로 건설하는 데 불리한 상황들과 그로 인해 주어지는 위협들에 대해 특별히 주의를 기울여야 한다. 동시에 그리스도인들은, 여전히 많은 난제들이 존재하고, 교회론적 단성론[42]이 여전히 작용하고 있음에도 불구하고 교회가 올바른 구조를 갖추도록 요청해야 한다. 이럴 때만, 그리스도인들은 스스로를 신앙인으로 여길 수 있다.

인권의 목록을 작성하고 규명하는 일은 사회윤리의 입장을 결정하는 것이며, 구체적인 사회윤리의 지침들을 비판적으로 다루는 출발점으로서 사회윤리에 매우 도움이 된다. 또한 그 이론적 입장은 사회의 적용 영역에서 현실적으로 유지되어야 비로소 성과를 거둘 수

---

42 이 책의 VI장 1.3 참조.

있다. 모든 광범위한 문제를 깊이 생각할 때, 그리스도교 사회윤리를 결정하는 틀은 다음의 표준적인 명제로 요약된다.

1. 사람은 공동체와 연결된 인격이다. 사람은 모든 이들을 위해서 공동체를 인간 품위에 맞게 형성할 수 있는 능력이 있으며 또한 그런 의무를 갖는다.

2. 그리스도교의 자아 이해가 하느님과의 무조건적인 관계를 받아들이고 사랑의 계명에 대한 그리스도의 요구를 간직한다면, 사람에 대한 보편적 관점은 하느님의 모상이라는 인간 존엄성뿐 아니라, 모든 사람의 보편적 연대성을 참작하여 강화된다.

3. 긴장감을 부르는 개인과 공동체의 관계를 동등하게 만들기 위한 기본척도는 정의다. 정의는 복음의 뜻 안에서 사랑이 전제하는 토대다.

4. 공동선이 목적적 원리로, 개인의 존엄성이 그의 기본 원리로 확립된다면, 정의는 사회영역에서 실현된다. 공동선과 개인이 상호 결속되어 있는 관계는 발견법적 원리인 연대성과 보조성에 따라 달성된다. 연대성과 보조성은 합법적 정의나 분배 정의의 관점을 명확하게 사용한다. 그리스도교 관점에서 사랑은 동료인간의 능력과 필요에 마음 쓰는 행위다. 이 사랑은 다원적 형태로 보편적인 연대를 통해 실행된다.

5. 인간 존엄에 대한 존중은 내용적으로 인권의 틀을 인정함으로써 표현된다. 다시 말하면 인간 존엄은 자유권과 참여권을 허가하고 사람의 사회적 권리를 보장함으로써 존중된다.

6. 각 사회 집단은 스스로 인격적인 공동선의 목표를 늘 새롭고 비판적으로 설정하기 위해, 인권의 틀 안에서 각각의 특수성을 지닌 구체적인 권위와 권력의 조직 형태를 찾아야 한다.
7. 이런 윤리적 조건들로부터 그리고 그 안에서야 비로소 개인들과 다양한 사회 집단들을 위한 상호적인 사회적 의무가 생겨난다. 이 의무들은 마침내 그들 서로가 결속되어 있는 관계 안에서 윤리적으로 책임 있는 사회 형태와 정치를 완성한다.

이런 조건들 아래서 인권이 "정의의 간접적 원리들"(O. 회페)로 특징지어지고, 전성기 스콜라 철학의 용어로 이른바 "제2 자연법"으로서 십계명과 비슷하게 간주된다. 그렇다면 국가가 자유권을 보장하고 사회적 권리를 위해 적극적으로 관여한다는 뜻에서 인권은 분배 정의가 구체화되는 것으로 간주될 수 있다. 인권은 "법적 정의"에 근거하여, 특별히 개인들의 참여권에 대한 윤리적 요구로, 또는 사회적 투신에 대한 윤리적 의무로 간주되어야 한다.

인권은 상황에 따르기 때문에 보기 드문 예외적 상황들이 방임되고 장기적인 변화에 내맡겨져 있다. 그렇더라도 결과적으로 인권은 이 세상의 현실에서 정의를 구체적으로 중재하는 규범이다. 물론 정의를 중재하는 일은 사안에 맞게 계속해서 구체화된다. 개괄적으로나마 인권에 대한 설명을 마치기 전에 설명해야 하는 것이 있다. 바로 가톨릭교회의 사회론인 그리스도교 사회윤리의 체계적 기반을 다지기 위한 온갖 노력 속에 있는 그리스도교의 특수성에 대한 내용이다.

4. 그리스도교 특수성에 관한 문제

그리스도교 사회윤리의 규범적 토대인 그리스도교의 특수성에 대한 심사숙고의 결론을 묻는다면, 의심의 여지없이 성경의 복음에 철저하게 일치하는 동기로서 인류의 관심사를 말할 수 있다. 또 사람의 정의와 그 본디의 토대인 하느님의 정의, 곧 하느님이 인간에게 언약하신 구원의 정의를 연결시키는 일은 전적으로 그리스도교의 관심사다. 이 관심사는 다원주의 사회에서 정당성을 얻기 위해 특별히 철학적인 근거, 다시 말해 사람의 일반적인 통찰력과 이성적인 근거를 얻으려고 노력해야 한다. 이때, 그리스도교의 천부적 특성이 교회 외부에서 제공하는 정당성에 의해서 이미 사라져 버린 것이 아닌가 하는 의문은 여전히 남아 있다.

이 문제 제기는 형식적 측면에서만 긍정되어야 할 것이다. 이미 중세 스콜라 윤리학자들이 사용한 체계적 수단은 고대 철학자의 광범위한 지식에서 유래했으며, 오늘날에도 그 수단은 견고한 메타 윤리 방법론43의 수단과 일치한다. 이런 사실을 넘어 사람들이 불이익당하는 사람들을 특별히 염려하는 활동에서 그리스도교의 진실을 뚜렷하게 본다면, 그리스도교 이념들과 그로부터 생겨난 사회 시설들, 예를 들어 병원·재활원·학교와 교육기관 등은 그리스도교 신앙의 맥락을 벗어나서도 최소한 기본적인 취지에서 모방될 수 있는 것들이다. 이 기관들은 특별히 사회복지 국가 안에서 세속화될 수 있을 만큼 자립적이고 인도적인 것으로 이해될 수 있다.

내용적 측면에서는 "무엇"이 아니라 이 원리들이 "어떻게" 다루어지는가에 대해서 묻는다면, 바로 전형적인 그리스도교의 동기들을 볼 수 있다. 그 동기들이란, 예를 들면 앞에서 이미 언급했던 냉정한 현실주의가 개인 또는 특정 집단들의 잠재적이지만 매우 영향력이 큰 이기주의를 통해 기본적인 정의의 의무를 타락시킬 수 있는 위험을 고려하는 것 등이다. 그런 왜곡됨에 특별히 비판적으로 주의를 기울이는 행동은 정의의 상태를 가능한 더 좋게 발전시키기 위해 늘 깨어 있는 그리스도인의 사회적 투신이다.

천부적으로 비판적이고 고무적인 그리스도교 신앙이 사회윤리적 관심사에 이바지한 것 외에도 그리스도교의 사회참여를 표현하는 것이 있다. 바로 수많은 반격과 위협, 적대에도 불구하고 늘 확인되는 끈기 있는 인고(忍苦)다. 인고는 진정으로 십자가를 따르는 의미에

---

43 순수 방법론을 참작한 윤리신학에 대한 기초 논문은 다음을 참조하라. B. Schüller, Die Begründung sittlicher Urteile, Düsseldorf 21980. ders, Pluralismus in der Ethik. Zum Stil wissenschaftlicher Kontroversen, Münster 1988; H. Juros, T. Styczen Methodologische Ansätze ethischen Denkens und ihre Folge für die theologische Ethik, in: ThBer 4(1974), 89-108.

서, 정의에 봉사하는 그리스도교의 사회참여 모습이다. 이 밖에도 구원의 역사인 세계 역사에 대한 현재-종말론적 이해는 역동성을 전달한다. 이 역동성은 사람됨을 향한 끊임없는 진보를 목표로 할 뿐만 아니라, 더 이상 비판 받지 않을 상태, 기존에 주어지지 않은 궁극적 상태를 받아들일 준비를 하는 것이다. 이 점에서 사회 영역에 참여하는 그리스도인들이 정치적 권력을 가진 모든 지위를 의심하는 태도가 중요하다. 특히 전체주의적 특성을 가진 사회에서는 더욱 그렇다. 이런 비판적 입장으로 인고하는 일은 자주 그리스도인들을 순교하도록, 곧 그들의 신앙을 피로서 증거 하는 상황으로 몰아넣었다. 이런 일은 그리스도교 로마 군단의 병사들에게서 일어났다. 그들은 황제에게 충성하는 군인이었지만, 그들의 양심을 거슬러 신격화된 황제가 절대적 권력을 바랐을 때, 그들은 황제의 바람을 거부했고 결국 황제에 의해 희생양이 되었다. 사회정의를 요구하던 그리스도인들도 피로써 신앙을 증거 했다. 심지어 스스로 그리스도인이라고 말하는 권력자들에 의해 순교하기도 했다.

이런 태도들은 그리스도인들이 정의를 촉진시킬 수 있는 모든 것에 열려 있도록 만들었다. 비록 비판에 맞서게 된다고 하더라도, 그리스도인들은 바오로가 권고한 모든 것을 분별하여 좋은 것을 간직하라(1테살 5, 21)는 뜻에서, 사람들 사이에 새로운 가능성들과 건전한 다양성을 기꺼이 수용할 것을 결심한다. 성경이 폭넓은 기반을 가지고 있음에도 불구하고, 일치 대신 획일성을 선호하는 소심한 그리스도교의 경향 때문에 그리스도인들의 개방성이 빈번히 차단되기는 했다. 그러나 개방성에 대한 동기는 전형적인 깊은 신앙에서 나오는 사회참여의 동기다. 그것은 자신의 고유한 문화적 가치를 절대화하지 않고, 소수자들이나 낯선 사람들을 포함한 타자의 진정한 가치들이 발전하는 것을 진지하게 받아들일 준비를 하고, 그로부터 전체의 풍요로움을 기대할 수 있게 하는 동기다.

이 모든 사회참여의 신앙적 동기는, 신약 성경에서 사람들 사이에서 살아가는 그리스도인의 모습으로 표현되는 "이 땅의 소금" 또는 "누룩"과 같은 뜻으로 드러나 있다. 교회사를 정확하게 관찰하면 그런 그리스도인들의 흔적을 확인할 수 있다. 물론 이 흔적은 또렷하게 그리스도교적이라고 입증되지는 않는다. 사회 영역에서 그리스도교의 영향력은 "예수의 성육신과 고난"(Kenosis), 곧 겸손의 징표 안에 있다. 이 겸손의 징표는 궁극성 안에서 유지되는 신앙적 동기의 바탕을 드러나지 않게 특징짓기 때문에, 나자렛 예수가 자신을 그리스도로, 사람이 되신 하느님의 아들로 입증하는 것을 배척하신 바와 같이 세속적으로 입증되기 어렵다. 인류에 대한 예수 그리스도의 위대한 행위는 대부분 소박하게 행해졌다. 그 행위들은 신앙으로 초대하는 회개의 징표와 호소였지, 확신을 가질만한 증거는 아니었다. 사람됨을 파괴하는 이기주의, 곧 죄는 예수 그리스도 안에서 극복되었다. 그는 자신을 낮추셨고 죽음에 이르기까지, 바로 십자가 죽음에 이르기까지(필리 2, 6-8) 사람이 되셨기 때문이다. 그리스도교의 사회적 활동은 이런 겸손을 따르기 때문에 세계적으로 히트를 치는 대대적인 성공으로 표시될 수 없는, 소박하지만 위대한 활동인 것이다.[44]

---

44 F. Furger, Kenosis oder das Christliche einer christlichen Ethik, in: K. Demmer, B. Schüller (Hrsg.), Christlich glauben und handeln, F.S.Fuchs, Düsseldorf 1977, 96-101.

사회윤리적 정의의 개념에 묻혀있는 역동성, 다시 말해 종말론적 완성을 목표로 하는 하느님의 구원 약속이나 정의의 약속에 근거를 두고 인간화하고 인격화하는 역동성은 모든 규범과 주요 원리 안에 그리스도교의 특징을 부여하는 요소다. 이 요소를 시대적으로 각각 다른 사회문제들에 맞추어 고무적이고 비판적으로 실현하는 일은 그리스도인들의 과제다. 사회윤리적 성찰은 그리스도인들이 이런 과제를 수행하는 데 도움을 주어야 한다. 구체적인 사회문제들은 초기 그리스도교에서 도망친 노예 오네시모스와 그의 주인 필레몬의 관계일 수도, 15세기 또는 19세기에 과도한 고금리를 부과하는 데 맞서 전당포나 저축은행을 설립한 일과 같을 수도, 또는 제 삼천 년 기의 문턱에서 창조를 보존하기 위한 평화문제나 환경문제에 해당될 수 있을 만큼 다양할 것이다. 따라서 그리스도교의 특징을 실현시키는 전략들은 매번 새롭게, 각각의 문제에 관련하여 선택되어야 한다.

기타 참고문헌

F. Furger, Weltgestaltung aus Glauben, Münster 1989.

O. Höffe, Politische Gerechtigkeit, Frankfurt ²1987.

J. Höffner, Christliche Gesellschaftslehre, Kevelaer ⁸1983.

F. Küber, Grundriß der katholischen Gesellschaftslehre, Osnabrück 1971.

O. von Nell-Breuning, Gerechtigkeit und Freiheit, Grundzüge

katholischer Soziallehre, Wien [2]1985.

ders., Soziallehre der Kirche, Wien 1977.

J. Rawls, Eine Theorie der Gerechtigkeit, Frankfurt 1975.

E. Welby, Herders Sozialkatechismus, Freiburg [2]1952-58.

VII.
인권에 입각한
오늘날 사회의 모습

정보, 교통, 무역, 경제가 점차적으로 완강한 정치적 경계를 허물고, 현대 사회가 점점 더 전 세계적으로 결합되어 발전하고 있다는 점은 앞에서도 말했다. 그러나 이런 현실에 맞추어진 제도적 구조들은 거의 형성되어 있지 않다. 그나마 존재하는 제도적 구조들은 갈등이 발생하는 경우에 그 갈등을 해결하고 질서를 잡는 능력을 발휘할 만큼 충분한 힘을 가지고 있지 않다. 이렇게 국가는 시대적 흐름과 다르게 여전히 전통적인 주권 사회의 구조로서 공적 업무의 기획과 정치를 떠맡는 결정적 사회구조로 남아있다. 때문에 그리스도교 사회윤리가 보편적 특성을 가지고 있음에도 불구하고 긴급하게 국가의 모습을 다루는 일은 옳다. 이때, 그리스도교 사회윤리는 지구화 경향을 장래성 있는 평화의 역동성으로 여기고 관심을 놓지 말아야 한다.

1. 민주주의 건설

1-1. 인권의 토대

정치가 윤리적 구속력을 지니고 있는가의 여부를 판단하는 기준은, 정치가 마찰이 생기지 않게 기능하는가 또는 실용적 공리주의를 지향하는가 하는 점만이 아니다. 오히려 그 기준은 사람됨과 정의의 목적들을 충족시켜야 한다. 오늘날 사람들이 마땅하다고 여기는 것들과 그리스도교 사회윤리의 견해에서 인권을 보장하는 민주질서만이 그 목적들에 부합할 수 있다. 이 기준들은 능동적이든 수동적이든 시대적으로 인식되어야 하는 보편적이고, 평등하며, 자유로운 선거권을 통해 모든 사람이 함께 결정하고 참여할 가능성을 열어놓을 것이다. 더 나아가 한 사회의 질서 속에서 개인의 권리와 자유를 보장할 것이며, 동시에 공동체에 대한 개인의 의무를 강조할 것이다.[01] 이

---

01 1948년 유엔 인권헌장의 21, 28, 29조. 그리스도교 윤리가 인권을 받아들인 내용은 이 책의 II장 3단락과 VI장 3단락을 참조.

기준들은 당연히 오늘날 사람들에게 본질적인 것으로 설명되는 민주 질서다.

플라톤의 국가 철학은 이런 민주적 질서를 전제정치의 직전 단계로 여겨 좋지 않은 국가 형태로 생각했다. 이 판단은 토마스 아퀴나스가 제안한, 최소한 시민 중의 일부라도 참여하여 공동으로 운영되는 국가 형태를 "민주"(democratia)라는 용어로 표현하는 것을 방해했다.02 뿐만 아니라 플라톤의 판단은 "민주화"라는 말이 부분적으로 오늘날까지도 단순히 다수의 결정에 근거하는 기회주의로 잘못 이해되게 하고, 또 그런 오해가 발생하게 될까 우려하도록 만들었다. 따라서 민주국가 건설이라는 요구에 대한 윤리적 근거가 필요하다.

실제로 국가의 권위를 통해 공적인 문제들을 공동선의 뜻에 따라 조절하는 방법은 역사 과정에서 매우 다양하게 설명되었다. 17·18세기 근대 초기에 이른바 절대 권력에 대한 하느님의 은총설은 절대적 권위가 오로지 하느님께로부터 온다고 이해했다. 이런 의미가 또렷이 드러나도록 절대적 권위는 교회에서 왕에게 성유를 바르는 성사와 같은 행사를 통해 공식적으로 지배자에게 위임되었다. 이와 분명하게 대립되는 계몽주의, 특히 루소는 국가의 권위를 특정 규정이나 방식에만 의거해서 구속력을 갖는 것이 아니라, 오로지 국민에게 근원을 두는 "일반의지"(Volonté générale)로 파악했다. 더 나아가 이런 극

---

02 단일성, 질서, 평화를 보호해야 하는 국가의 과제 안에서 "군주독재 예방을 위해" 군주를 "보완하는 아리스토크라티(현인의 조언)와 데모크라티(선출된 국민대표)의 조직화"에 대해 토마스는 "정치"(politia)라는 전문 용어를 사용했다. 이에 대해서는 토마스의 문헌 "De regimine principum", in:R.Bruch, KStL, Innsbruck 21980, 3035f을 참조하라.

단적인 두 의견 사이에 가톨릭의 국가론이 대변하는 혼합 형태론, 이른바 지정론(Designationstheorie)도 있다. 이 이론은 권위 담당자들이 국민에 의해 결정되거나 최소한 함축적으로 인가를 받지만, 이 권위 자체는 직접적으로 하느님으로부터 통치자에게 위탁된다는, 좀 더 민주적인 대표제와 같은 것이다. 이 이론에 따르면 모든 세속의 권력은 창조주 하느님에게 근원을 둔다. 그러나 세속에서 실제 권위 담당자는 통치자에게 권위를 위임하는 국민이다.03 극단적으로 권력을 남용하는 예외적 경우에 통치자를 파직시키거나, 심지어 "독재자 암살"이 고려되기는 했지만, 한번 대표로 뽑힌 권위는 철회될 수 없다. 이 점에서 실제로 지정론과 은총설 사이에는 차이가 없다.04

이 이론의 예외는 인권의 맥락에서 이미 여러 번 언급한 16·17세기 스페인의 만민법 도덕주의자들에 의해 형성되었다. 그들의 관점에 따르면 국가권력은 국민에게 있다. 이는 근원적일 뿐 아니라 양도할 수 없는 것이다. 국민은 국가권력을 결코 포기할 수 없으며 권력의 담당자를 선출하고 국가의 권력 행사를 위임할 수 있다. 또 국민은 언제나 국가가 과제를 완수할 수 있는 조건을 보장하기 위해 반드시 필요하다고 여겨진다면 "통치자"를 교체할 뿐만 아니라 국가 형태도 바꿀 수 있는 양도할 수 없는 권력을 사용할 권리와 심지어 의무

---

03 O. von Nell-Breuning, Gerechtigkiet und Freiheit, Wien 21985, 69-71.

04 이런 이해들은 지속적으로 작용했다. 본보기로, 대다수 가톨릭 신자들, 특히 그들 중에서도 수많은 귀족들과 대통령 내각(Prasidiälkabinett)을 조직했던 파펜(F. v. Papens, 1969년 선종)이 민주적으로 기초 된 바이마르 공화국을 최소한 부분적으로나마 거부했다는 점을 말할 수 있다. 유감스럽게도 그들의 미비함은 민주적 구조들을 향상시키는 대신에 권위적 구조를 강화하는 결과를 가져왔다.

를 갖는다.05 이런 전통 위에서, 20세기 가톨릭 사회론의 중요한 대변자인 메스너나 넬-브로이닝 같은 사람은 민주적 국가 형태가 개인들이 공동체와 관련되어 있다는 그리스도교의 견해에 가장 잘 부합한다고 설명했다. 이런 관점은 그동안에 교회의 공식적인 회칙들에도 받아들여졌다.

인간 공동체가 하느님의 모상인 존엄한 개인들로 구성되어 있고 그들의 공동선을 목표로 삼는 한, 인간 공동체는 바로 사람들과 모든 기관의 담당자들이다. 이들은 공동선이라는 목표를 달성하는 데 반드시 필요하다. 국가 구조도 이로부터 절대 벗어날 수 없다. 따라서 국가 안에서 권위의 담당자들은 국민으로 결속된 개인들이며, 국가가 권위를 행사하는 데 알맞은 형태들은, 달리 말하면 어떤 방식으로든 민주적 구조를 갖는 구체적 형태들은 매번 새롭게 찾아져야 한다. 이와 반대로, 국가 권위를 하느님으로부터 직접적으로 끌어오는 이론은 국가의 통치권에 대해 잘못 이해함으로써 인간 사회의 권위를 절대화시키는 이데올로기에 빠질 위험이 있다.06

이런 방식의 생각들은 1948년 유엔 인권헌장에서 고려했던 민주적 형태들을 아직 당연한 것으로 전제하지 않는다. 국가 권위는 원칙

---

05 O.v. Nell-Breuning, a.a.O., 71. 이 밖에도 객관적으로 이와 유사하게 주장한 헤르보른 출신의 프로테스탄트 법률학자 알투시우스(J. Althusius, 1638년 선종)가 쓴 다음의 저서를 참조하라. E. Rebstein, Johannes Althusius als Fortsetzer der Schule von Salamanca, Karlsruhe 1955.

06 이런 이유로 그리스도교 사회윤리는 과르디니(R. Guardini)가 대변한 국가 통치권에 대한 관점을 전혀 따를 수 없다. Briefe zur Selbstbildung (1930), Mainz 131985, 153. 이 책에는 "국가의 중요성은 유익함이 아니라 통치권에 있다"고 쓰여 있다.

상 지배자가 실제적으로 인정됨으로써 정당성을 가질 수 있다. 물론 민주적 질서도 경우에 따라 문제를 갖는다. 예를 들면 인구가 대부분 문맹자로 구성된 경우에, 일반선거가 국민 의지를 신뢰할 만하게 표현하고 있는지에 대한 문제다. 이 경우 "1인 1표"(One man-one vote)론이 정의를 보장할 것인지에 대한 문제는 완전히 도외시된다.**07** 국가 체제인 민주주의는 최대화한 근삿값만을 가지고 정의로운 사회 체제로 명시한다. 이런 민주주의는 안정적인 민주주의라고 보증될 수 없다. 그럼에도 불구하고 민주주의는 역사 안에서 발전된 모든 국가 형태 중에서, 국가 공동체에 온전히 기인하는 권위를 효과적으로 만들고 또 통제될 수 있도록 구성하는 가장 탁월한 기회를 제공한다.

오랜 역사적 경험은 이런 통찰을 늘 새롭게 입증한다. 민주주의는 최소한 오늘날 서구의 문화 수준에서 사람의 본성에 가장 잘 부합하는 국가 형태로 여겨진다. 이로써 민주주의는 합당한 통제 기관들을 필요로 하는 인간 공동체 안에 있는 모든 조직의 목표로서, 또 윤리적 요구로서 제시될 수 있다. 이런 통찰은 논리 정연한 결론에서 나오는 것이 아니라, 경험으로부터 윤리적 목표들과 비교하여 귀납적으로 찾아진 것이다. 그러므로 민주적 국가 형태는 인권의 조건들을 존중한다는 전제 아래에서만 타당성을 갖는다는 점이 강조되어야 한다. 그 전제를 위해 민주적 국가 형태들에서는 권력이 통제될 필요가 있다.

---

07 자녀들이 있는 가정에 책임을 지고 있는 부부가 마치 혼자 사는 두 명의 성인처럼 똑같이 높은 목소리를 내는 것과 같다.

1-2. 권력 분립에 의한 권력 통제

권력 통제는 역사 안에서 대체로 민주주의 사상들과 직접적으로 연결되어 있는 정의와 사람됨을 지향한다. 권력 통제의 개연성을 다룬 가장 의미심장한 사상은 이른바 권력 분립이다. 권력 분립 사상은 영국에서 왕권과 귀족 사이의 오랜 논쟁을 거쳤다. 이 논쟁은 1215년 "대헌장"이 공표된 이래로, 특히 오라니엔의 빌헬름 3세가 1689년 "권리헌장"을 인정하면서 권력을 서서히 계급에 따라 실질적으로 분리되도록 했다. 왕의 권력 행사가 의회와 법을 통해 제한되었고, 법원이 왕권으로부터 확실히 독립하게 됨에 따라, 국가권력은 실질적으로 세 개로 분리되었다. 통치자의 행정권, 의회의 입법권, 법원의 사법권이다. 이 권력들은 서로 통제하고, 더욱 많은 국민과 의회를 재결합시킴으로써 민주적 정당성을 유지했다. 아메리카 식민지에서 계속 진행되고 있던[08] 이런 실질적인 발전을 프랑스인 몽테스키외(Ch. de Montesquieu, 1755년 선종)가 그의 저서 『법의 정신』(Vom Geist der Gesetz)에서 개괄했다. 그는 국가 권한이 분리됨으로써 권력들이 서로 통제할 수 있고, 권력이 이데올로기로 작용하는 등의 권력 남용이 예방되고, 공동선에 가장 잘 봉사할 수 있을 것이라는 점을 명민하게 알고 있었다.[09]

---

08 이에 대해서는 미국에서 오늘날까지 대체로 비공식적이지만 매우 효과적으로 국가권력을 통제하는 시스템을 생각할 수 있다. 그것은 대통령·의회·사법권 사이에 "견제와 균형"(check and balance)이다.

09 미국의 민주주의 경험에 근거하여 프랑스인 토크빌(C.A.H.C. de Tocqueville, 1859년 선종)이 연구한 두 부분으로 구성된 저서가 있다. 이 저서의 제목은 『1835년/40년 미국

권력이 엄밀하게 분립되지 않은 민주주의나 민주주의 없는 권력 분립은 순전히 이론으로만 생각할 수 있게 되었다. 역사적 경험도, 민주주의와 권력 분립이 함께 이루어질 때야 국가의 권력 행사가 실제로 통제될 수 있다는 점을 가르친다. 이런 경험은 사회윤리에서 두 번째 단계의 실천적 판단,10 곧 국가 권위가 민주주의와 권력 분립의 원칙에 따라 세워져야 한다는 판단을 이끌어 낸다. 물론 유럽의 계몽주의에서 유래한 권력 분립 사상은 직접적인 정치권력만 고려하고, 국가의 본질이나 오늘날 점차로 지대한 영향을 미치는 다음의 세 가지 요소들을 거의 주목하지 않았다. 그 세 가지란 여론에 결정적인 영향을 미치는 매스미디어, 경제적 영향력, 국가권력을 직접적으로 담당하는 경찰과 군대이다.

이들이 갖는 잠재적 권력은, 특히 권력이 독점되어 있는 곳에서는 다른 정치적 권력에 의해 특별한 방식으로 통제될 필요가 있다. 잠재적 권력은 법적으로 조정되고 민주적으로 통제되는 인권 질서의 조건에 맞아야 하고, 그 권력의 주체들이 단독으로, 최소한 공동선을 희생시키면서 권력을 행사하지 않도록 주의를 기울여야 한다. 반대 의견을 표현할 수 있는 권리인 언론 출판법, 경찰과 군대를 시민의 권력 아래 엄격하게 종속시킴, 업무 진행과 결산을 공개할 의무, 독점적 지위가 제한된 기업의 결합권(Kartellrecht), 특히 다른 정치적 "권력"으로부터 독립된 발권은행 등은 전통적인 권력 분립의 목표를 복

의 민주주의』(De la démocratie en Amérique von 1835/40.)다. 이 저서는 몽테스키외의 1748년 저서에 견줄만하다.

10 사회윤리의 실천적 방법론인 "관찰-판단-실천"에서 두 번째 단계 "판단"을 뜻한다.(역주)

잡한 현대 사회에서 유지할 수 있는 수단들이다. 이 수단들은 경제 영역에서 또 점차적으로 미디어 영역에서도, 모든 국가를 포괄하는 국제적 네트워크가 증가하고 이에 상응하여 개별 담당자의 잠재적 권력이 커지고 있기 때문에 더욱 필요하다. 1961년 요한 23세의 회칙 『어머니요 스승』 이래로 교황들의 문헌은 의사결정 과정에서 그에 해당하는 모든 사람의 "참여"를 요청하고 있다. 그렇다면 이 요청은 그리스도교 사회윤리의 경제 영역에게 특별히 절박한 것으로 여겨질 수 있다. 물론 이 요청은 풀뿌리 민주주의 차원에서 기업의 일을 결정할 때 그 기업에서 일하는 노동자들이 모두 모여 결정하는 것도, 또 그 결정에 따르는 후속 비용을 전혀 체험하지 못하는 이익단체들의 노동조합 대표들에게 공동 결정권을 위임하는 것도 뜻하지 않는다. 그런 형태들이 갖는 결함들을 빌미로 경제 영역에서 참여 질서의 실행 가능성이 없다는 결론을 내리고자 하는 것은 근시안적일 뿐만 아니라, 경제 지도부들의 혁신적 능력을 증명하지도 못한다. 그리스도인 경제 지도부들은 조직영역, 생산영역과 더불어 사람의 욕구를 결코 외면해서는 안 된다. 오히려 정치 영역에서 보존되는 다양한 민주적 형태는 다른 생활 영역에서도, 특히 경제의 관심사와 기업 경영에서도 합리적으로 고안될 필요가 있다. 각 문화적·역사적 상황들에 순응하자면, 실질적인 사회윤리가 경제 영역 외에도 교회, 보건위생, 교육 체계 등과 같은 사회의 다른 하부 체제들에 대해서도 여전히 많은 과제들을 수행해야 한다.

1-3. 인권과 헌법

인권헌장이 인간 존엄성에 근거하여 민주적 체제를 고집스럽게 요구하고, 민주적 체제가 세심한 권력 분립의 전제에서만 효과적으로 통제될 수 있다는 점을 입증했다면, 개인들과 작은 하부 집단들을 억압하는 권력 집중을 이미 뚜렷하게 규제한 것이다. 사회적·역사적 체험에서 공동선을 유지하는 데 유익하고 필수적인 것으로 입증되는 그런 규제는 윤리적 요구다. 그러나 이런 기능적이고 제도적인 조건들보다 더욱 근본적인 것은 사회와 사회 기관들이 직접적으로 인간 존엄성의 요청에 의해 세워지는 것이다. 인권은 처음부터 국가를 확립하기에 앞서 법적으로 유효하도록 요청할 수 있다. 바로 법정에서의 권리 보호, 신앙과 양심의 자유, 자유로운 의사 표현과 자유 결사에 대한 권리요구 등 모든 자유권이다. 이와 마찬가지로 생존 보장, 교육, 보건위생, 노동과 여가 시간에 대한 사회적 요구들도 개인의 권리들을 인지하기 위한 실질적 조건들로서 분명하게 밝혀져야 하며, 국가는 이를 보호해야 할 뿐 아니라 이에 알맞은 사회기반시설을 넓혀 나가야 한다. 공동선의 기본 원리는 국가에 헌법과 다른 입법의 목표와 조건을 제시한다. 헌법이나 기타 입법은 이미 주어진 사람의 조건들을 보장하고 촉구하는 데 봉사할 때만이 법률상 유효한 역량을 갖게 된다. 그렇지 않은 경우에 법은 도덕적 구속력을 잃고, 결국에는 법적 구속력도 잃게 된다.

그리스도교 윤리의 신앙적 관점에 의거하여 그리스도인들은 법의 목표와 조건들을 매우 비판적으로 인식해야 한다. 국가권력 내지는 그 권력 담당자들이나 직원들이 공동선으로부터 얼마나 경솔하게 벗어날 수 있는지, 또 사욕에 사로잡혀 자신의 목적을 신성화하고 얼마나 부당하게 격상시킬 수 있는지를 그리스도인들은 알기 때문이다. 개인은 이른바 국시(國是)에 너무나 쉽게 희생되지만, 하느님의 모상성을 지닌 사람은 목적으로 대해져야 한다. 19세기까지도 그리스도인들 사이에 남아 있던 노예나 예속, 합당한 진행 과정에 부분적으로 모순되었던 종교재판 같은 실행들, 근세 절대군주에 대한 하느님 은총, 공산주의 정당이나 파시즘, 군부독재의 전체주의 따위의 시도들을 참작할 때, 그리스도교 동기에서 비롯되는 비판적 사회윤리가 "기회가 좋든지 나쁘든지"(2티모 4, 2) 안으로나 밖으로나 늘 새로워져야 한다는 점이 얼마나 절박한가를 보여준다. "하느님 찬미의 일부인 인권존중"(K. T. v. 구텐베르크)은 인권이 국가 질서, 특히 헌법을 규정하도록 요구한다. 물론 문헌 안에서 뿐 아니라 실제 실행도 인권에 영향 받도록 요구한다. 그리스도교 사회윤리는 인권이 사회적 영향력을 가진 국가의 기본법이 되고, 국가가 법규범을 세우는 데 있어 법실증주의에 입각하여 월권할 수 있는 모든 가능성을 처음부터 차단하는 데 이바지해야 한다. 이런 과제를 시민과 정치인인 개별 그리스도인들뿐만 아니라, 교회 공동체와 교회 기관들을 담당하는 사람들이 마땅히 의무로 받아들여야 한다.

인권을 인정하고 촉구하는 일은, 교황들의 문헌이 제시하는 바와 같이, 모든 정치윤리의 우선적이고 본질적인 과제이다. 이 과제는 구체적인 생활 현실에서 그런 기본 질서를 비판적으로 다시 검토하거나 적당한 의식을 형성하는 일로 국한될 수 없다. 민주적이고 인도적인 국가 질서를 실제로 세우고, 자아를 통제할 수 있는 수단과 방법을 고심하는 일은 늘 깨어있는 정치적 책임에 속한다. 국가와 경제의 질서정치(Ordnungspolitik)는 인권적 합헌 질서를 구체적인 일상의 관심사로 상황에 맞게 전환시킨다. 또 질서정치에 대한 참여는 그리스도교 사회윤리의 관점에 걸맞게 형성된 사회적 책임의식에 이바지한다. 이와 마찬가지로 인간 존엄성과 공동체성을 보호하고 촉구하는 일에서 개선을 위한 개방성과 적합한 변화를 가져오기 위한 활동들도 그런 사회적 책임의식이다.

1-4. 탈중심적 조직

인권의 틀에 걸맞은 정치에 대한 요청은 그 자체로 구체적인 조직 형태들을 확립하지는 못한다. 그렇더라도 경직된 중앙 집권적 국가는 그의 투명한 합리성에도 불구하고 가톨릭 사회론의 연대성과 보조성의 기본 원리에 맞지 않는다. 그런 중앙 집권적 조직은 국가권력이 하나의 지위에 집중되도록 만들기 때문에 권력 통제가 더욱 어렵다. 뿐만 아니라 그런 조직은 국가 안에서 역사와 문화가 다양한 개별 집단들이 자립적으로 발전하는 것을 심하게 방해하며, 심지어 소수자들이 그들의 자립성과 정체성을 보존하지 못하도록 한다. 제아무리 상위의 공통된 과제들이 오늘날 국가의 경계를 넘어설 수 있는 공동의 중요한 규칙들11을 요청한다 해도, 또 전 세계적 연대성과 보조성

---

11 국제적 항공 교통의 안전법칙들, 일반적으로 국가의 경계를 뛰어넘어 파괴되는 환경을

의 원리가 존중된다 해도, 다시 말해 필연적인 통일성 안에서도 작은 집단들의 자립성을 최대한 승인하는 것은 중요하다.

이런 의미에서 합리적이고 중앙 집권적 조직에 대한 선험적 선택은 가톨릭 사회론의 노선과 일치할 수 없다. 오히려 조직을 선택할 때에는 각 사회마다 역사적 과정을 통해 성장해온 조직에 대한 다양한 관념들을 고려해서 연방주의 형태를 추구해야 할 것이다. 비록 그리스도교 사회론은 처음부터 무엇이 가장 좋은 해결책이 될지 알지 못하지만, 인권의 원리들로부터 연방주의 형태가 가장 좋은 해결책으로 이끌어졌다. 구체적 해결책을 구하는 데에 하부 집단들의 독자성과 풍부한 다양성이 가장 잘 보장되고, 소수자의 정체성이 보호되어야 하며, 특히 사회적 약자와 불이익당하는 사람들이 권리를 잃지 않도록 협력하는 일은 어떤 경우에도 그리스도인들의 과제다. 그리스도인들은 교회의 지체이며 정치적 책임을 지닌 세계사회의 시민이다. 비판적인 "침묵의 목소리"로서, 또 기술상의 단일화에 맞서 풍부한 다양성이 촉진되도록 북돋움으로써 그리스도교 사회윤리는 개인선과 공동선, 보조성과 연대성의 원리에 맞게 권력 집중을 통제하는 국가를 만드는 데 참여한다. 또한 사람이 하느님의 모상이라는 견해, 공동체 안에서 자아를 실현한다는 인간관으로부터 생겨나는 기본 원리들에 마땅히 부합해야 한다. 그리스도교 사회윤리는 학제 간의 대화를 통해 사회를 만들어 나가는 데 반드시 필요한 조건인 인권의 틀을 늘 새롭게 세우고, 강조해야 하며, 그것을 관철시키는 데 굽히지 말고 협력해야 한다.

―――――――――

보호할 수 있는 유일한 수단인 환경에 관한 규정들, 경제협력이 취약한 파트너에게 더 무거운 부담을 주지 않기 위한 생산품 표준에 대한 규정들 등을 생각할 수 있다.

2. 사회 하위조직들의 그물망

2-1. 하위조직들의 중요성

앞에서는 공적 구조들과 기관들을 다루었다. 그것들은 관청이나 행정을 통해 사회적 권력을 공동선의 뜻에 따라 구축하고 배치해야 하는 책무를 갖는다. 이와 달리, 이 자리에서 다루는 사회의 집단들과 요소들은 사회학 용어로 "비공식적 조직"으로 표현되는 사회의 하위조직이다. 이 조직들은 실제 국가 안에서 사회를 민주적으로 기능하게 하는 기반시설들을 구성한다. 가족이나 부족과 같은 자연적 집단들 외에도, 마을 공동체와 전 산업사회에서 국가의 특성을 규정했던 종교들이 있다. 후자는 오늘날 복잡한 산업사회에서 이른바 "2차" 집단들이다. 이 집단들은 그들 스스로 형성해 나가는 과정에서 사회 구조를 역으로 드러내는 구조적 기능을 한다.

핵가족으로 되어가는 1차 집단들은 여전히 개인이 성장하는 장소로, 개인을 사회로 통합시키는 장소로, 다르게 말하면 개인의 안정과 사적 영역을 보호하는 장소로서 사람들이 지키고 싶어 하는 사회의 세포다. 그러나 이 집단들은 사회를 구조화하는 데 더는 직접적으로 영향을 미치지 못한다. 이에 대한 전형적인 징후로 경제생활에서 가족 공장이나 가족 기업이 점차적으로 사라져가는 현상을 들 수 있다.

이제 사회에 영향을 미치는 집단들은 조직화된 하위조직이며, 이들 중에서 특히 다음의 조직들은 탁월한 영향력을 가진다. 첫째로 인쇄 매체, 라디오, 텔레비전과 같은 여론을 형성하는 전자매체이다. 이 매체는 전체적으로 보아 하나의 특수한 사회 기관으로 기능한다. 둘째로는 정당이 여전히 탁월한 영향력을 가진다. 정당은 특정한 이해관계를 갖고 역사적으로 성장했으며, 국가 정치의 지도 관념 위에서 형성되었다. 다음으로 사회에 중요한 영향력을 미치는 하위조직은 노동조합, 기업연합, 출생지 등 연고에 의한 연합 등과 같이 직접적으로 경제나 지역에 국한된 이익단체들이다. 이 밖에도 사회학적으로 보았을 때 "종교적 이익단체 또는 세계관에 의한 연합체"인 교회도 비공식적 차원에서 사회에 영향력을 미치는 하위조직이다. 다섯 번째로 극단적으로 아주 다른 목적을 가진 사적 연합체들도 영향을 미치는 사회기반 체계의 일부이다.

사회윤리는 이 모든 연합체들을 보조성 원리의 뜻에 따라 유지하고 촉진시켜야 할 필요가 있다. 이 단체들을 통해 사회가 진정한 사람됨을 추구하는 방안이 최대한 다양화될 수 있기 때문이다. 국가에 의해 조직된 사회가 인간 존엄성을 얼마나 존중하고 보호하는가는 이 하위조직들의 목적과 활동 정신에 달려있기 때문에, 국가윤리는 근본적으로 이 조직들의 윤리성에 달려있다. 따라서 이 조직들과 사회윤리의 논쟁은 중요하다.

2-2. 여론 형성의 담당자

자유로운 의사 표현에 대한 권리는 인권운동이 시작된 이래로 개인의 자유권으로 언급되었으며 1948년 유엔헌장 19조에 기술되었다. 이 권리는 개인의 발전을 위해 필요한 자유로운 표현능력을 보호하는 기능과 동시에 뛰어난 사회적 기능을 갖는다. 왜냐하면 민주주의에서 일반적인 정치적 의견의 형성은 각자가 불이익당하는 일 없이 자신의 의견과 관심을 공개적으로 표현할 수 있을 때만 가능하기 때문이다. 의견 형성은 사안에 대한 정보들이 풍부하게 공개적으로 제공되는 곳에서만 가능하기 때문에, 의사 표현과 정보는 윤리적으로 인정되는 민주주의의 성과임과 동시에 윤리적 의무가 된다. 여론의 중요한 정보들이 실제로 또 원칙적으로 억류되는 곳에서는 의견이 자유롭게 교환되지 못하고 오히려 의견을 조작할 수 있다. 곧 통제되지 않는 잠재적 권력이 발동될 수 있다. 따라서 민주주의에서 대중매체는 늘 중요한 정치적 감시기능을 해야 한다.

자유로운 의사 교환이나 의사소통을 윤리적으로 보장하는 일은 중요하다. 그러나 자유로운 의사 교환이나 의사소통은 공동선을 위해, 본보기로 말하자면 공무원들의 정보 사용권이나 의사나 공무원과 같이 신뢰받는 사람들이 비밀을 보장해야 하는 의무와 관련하여 어느 정도 한계를 가져야 한다. 어떤 사태가 공동선에 심각하게 어긋날 때에는 정보공개라는 의무가 요구될 수 있다. 예를 들어, 유엔 인권헌장 12조가 보호하는 사생활에 대한 권리는, 그 권리가 공공의 관심사에 위반될 때 사회윤리에 합당한 한계를 갖는다. 또 호기심과 이목을 끌기 위한 업무로 인해 곤경을 치를 때, 자유로운 의사 교환이나 의사소통에 어느 정도의 한계를 두는 것이 마땅하고 필요하다면 그 제한은 정당할 수 있다. 예를 들어, 경제 영역에서 업무과정에 대한 비밀유지가 당연시되고 필요하다면 그렇게 할 수 있다. 그러나 만약 어떤 공동체나 지역의 안녕이 개별 기업의 업무과정에 중요한 일부가 될 만큼 그 공동체나 지역이 기업에 의존하고 있다면, 업무과정의 비밀유지는 개인의 사유재산권과 관련하여 정당성을 가질 수 없다. 정보 기관들의 이런 중요한 사회적 기능은 현대 사회에서 기술적인 사회기반 시설을 전제한다. 기술적인 사회기반 시설은 너무 복잡하기 때문에 국가가 법적으로 확실한 질서를 마련해야 하며, 상업상의 관심이나 독점이 정보의 흐름을 두 번 다시 방해하지 못하도록 해야 한다.

의사소통 구조는 민주적 국가 형태에서 중요한 하위조직으로서 만들어지고 보호되어야 한다. 왜냐하면 바로 정치, 경제 또는 교회의 기관을 담당하는 사람들이 유익하지 않은 비판을 가함으로써 의사소통 구조가 기능하지 못하도록 하거나 사실상 점유할 수 있는 위험이 있기 때문이다. 반면에 국가가 자유로운 의사 표현을 억압하는 데 대해 어떤 공동의 제재 조치 없이 허가된 출판의 자유만 보장받는 데 만족한다면, 의사 표현이 점유되는 현상을 예방하는 일은 근본적으로 더 어려워질 수 있다. 이런 사실은 자주 쉽게 확인된다. 예를 들어, 광고 예산에 대한 재정 압박, 제휴나 매점(買占)을 통한 독점 등은 대체로 나중에서야 드러난다. 직장에서 성공하기 위해, 특히 큰 매체의 자유로운 의견을 대책 없이 방해하는 여론조작의 "조건들"은 심지어 전혀 입증되지 않기도 한다. 유일하게 서로 간의 통제를 가능하게 하는 "매체의 다양한 지대"를 세심하게 보장하는 일은 더욱 중요해진다.

의사 표현의 점유를 막기 위해 국가는 독립된 통제 기관을 설립해야 한다. 이 기관은 특히 독점 미디어에 대해 다른 의사를 표현할 권리를 법적으로 관철시킬 수 있어야 한다. 공공의 관심사들에 어긋날 때에는 최종적으로 그에 필요한 정보사용 의무를 실행할 필요가 있다. 자유롭고 비판적인 정보를 보장하는 일은 국가의 사회윤리적 의무이며, 이 의무는 가능한 광범위한 정보를 사용할 의무가 있는 개별 시민들에게도 해당된다. 그들이 광범위한 정보를 저렴하고 편리하게 획득할 수는 없다 하더라도, 자유롭고 비판적인 정보사용을 보장해야 한다. 이 의무는 시민들에게 그런 일을 각오하도록 하고, 그들 자신과 그들이 속한 하위조직에 비판을 가하도록 허가하고 받아들이기를 요구한다. 사람들을 해방시키는 성경의 복음은 그 내적 일관성으로 미루어 볼 때, 억압·왜곡·정보조작을 사람의 자유로운 인격을 제약하는 것으로 거절할 것이기 때문에, 그리스도인들은 사회에선 일반인으로서, 교회에선 신앙인으로서 자유로운 의사 표현의 보장을 하나의 특별한 관심사로 받아들여야 한다.

이런 맥락에서 사회윤리는 의도적으로 조작하려는 모든 시도에 더욱더 주의를 기울일 필요가 있다. 그런 시도는 소비 광고에서, 또 의사 표현의 자유를 빌미로 펼쳐지는 정치적 선전에서 늘 나타난다. 상품에 대한 상징과 극찬인 모든 광고와 선전이 그 자체로 조작은 아니다. 그러나 그것은 사회학적인 정확한 시장분석과 욕구 분석을 넘어서 명백하게 사람들의 현실적인 욕구뿐만 아니라 잠재의식 속의 욕구도 부추긴다. 이는 개인들이 그런 욕구들을 충족했다고 은연중에 믿게 만들고, 더 나아가 그들에게 상품을 판매하거나 정치적 지지를 얻기 위한 것이다. 사업은 안전과 성공에 대한 욕구를 갖지만, 다른 한편으로 늘 불안해하는 현상은 오늘날 정보사회의 어두운 측면에 속한다. 덧붙여 말하자면, 이런 측면에 대한 어떤 법적 조치들은 전혀 없다. 광고 사업에서12 직업윤리의 표준원칙들은 경쟁을 통해 서로 간의 통제를 가능하게 하고, 몇 가지만 과도하게 광고되는 현상을 막는 데 도움을 준다. 그 때문에 직업윤리의 표준원칙들은 사회윤리적으로 촉구되어야 한다. 무엇보다도 시민들 스스로가 깨어있는 의식을 형성하고 합당한 주의를 기울인다면, 여론을 조작하려는 시도들을 완전히 막지는 못하더라도 약화시킬 수는 있다. 따라서 미디어에 비판적인 양심을 형성하는 일은 개인들과 특히 모든 교육기관의 사회윤리적 과제다. 그런 의식이 없다면, 본디 민주적인 자유를 보전하고 인권을 보장하기 위한 미디어는 너무나 쉽게 사람을 억압하고 사람됨을 잃어버리게 하는 아주 명민한 수단이 된다.

---

12 "광고활동에 대한 국제적 행동규칙"(Internationalen Verhaltensregeln für die Werbe-praxis)을 참고하라. 이 규칙은 책임의식을 가진 상품광고 대행사들에 의해 1955년 공표되었지만, 유감스럽게도 잘 알려지지 않았다.

2-3. 정당

정당은 그 구성원들과 추종자들이 국가 형태와 국가의 의지를 형성하는 데 공동의 영향력을 추구하는 단체다. 정당은 전체의 일부로서 그들 공동의 목적 아래 전체의 목적인 공동선에 협력하고자 한다. 이렇게 뜻매김 되는 정당은 여론의 다양성을 전체주의적으로 억압하지 않는 모든 국가에 있다. 정당은 그 고유한 의의를 지니지만, 무엇보다도 직접 민주주의 방식으로 개별 의견들과 관심사들을 묶어내고 정치적으로 작용하도록 하는 중요성을 갖는다. 직접 민주주의 방식이란 개인과 전체 사이를 사안 표결과 국민투표를 통해 확증된 의견으로 중재하는 것이다. 이에 상응하여 정당의 중요성은 정당이 국가의 목적을 어느 정도까지 보장하는가, 말하자면 공동선에 얼마나 이바지하느냐에 따라 측량된다. 정당은 공동선에 대한 자신의 구체적 견해와 그 견해로 표현되는 주요한 이해관계의 관점들, 그리고 그 배후에 깔려있는 공통된 "세상에 대한 표상"을 결합시키고, 그 관점을 정치적으로 실현하고자 한다.

전통적인 정당에서 공통된 "세상에 대한 표상"은 대부분, 정당이 형성될 당시 창당 조건이 되었던 일정한 이해관계의 정세에서 생겨난다. 곧 큰 영향력을 가졌지만 이른바 안주할 곳이 없었던 시민계급은 세상에 대한 자유주의적 표상에 의해서 정당을 형성했다. 정당은 그런 정치적 뜻과 더 나아가 경제적 발전을 보장해야만 했다. 결국 시민계급은 필연적으로 보수 집단이 되었던 전통적인 자유농민과 귀족계급과의 경쟁 관계에 들어섰다. 이 대결을 통해 관철되었던 시민

계급의 자유경제는 산업화를 진척시켰고, 안주할 곳이 없는 빈곤해진 사람들에게 일자리를 제공했다. 그러나 이는 동시에 기업가들이 노동자들을 착취하는 단초를 놓았고, 노동자를 "산업 노동자"로 전락시켰다. 노동자의 인간 존엄과 기본적인 욕구들이 도외시되었고, 이런 현실은 노동당과 노동조합이 결성되는 원인이 되었다. 이 단체들은 노동자의 인간적인 욕구와 권리를 정치적으로 관철시키려는 목적을 갖는다. 이 밖에도 오늘날 환경보호와 같이 그 당시 새롭게 등장한 관심사, 곧 종교적 욕구나 신앙생활을 보장받는 데 대한 관심사는 개인들이 자발적 발의를 통해 새로운 정당을 창립하는 동기가 되었다.13 정치적으로 수용된 게임규칙과 공동선을 인정한다는 조건 아래, 물론 그 규칙들은 역사적으로 매우 다르지만, 정당을 설립하는 일은 한계를 갖지 않았다. 역사적으로 변화되는 역동적인 공동선을 참작하면 전체 구성원의 이해관계들을 규합하는 정당이 창립되는 것은 바람직하다. 반면에 일당체제는 어떤 규칙에 의해서도, 심지어 가장 좋은 사회적 의도를 가졌다 하더라도 장기적으로는 전체주의적 구조를 불러오게 된다. 따라서 정당이 국가에 제안하는 요구들은 질서정치를 이끌어 내는 성과에 대한 보상방식으로 재정을 지원해 달라는 요구에 이르기까지 수많은 요구들이 있는데, 다음의 조건에서만 정당의 요구는 사회윤리적 의미를 갖는다. 새로운 단체들이 실질적으

---

13 이런 정황을 전형적으로 보여주는 현상으로는 19세기 문화 투쟁의 결과로서 가톨릭 정당들이 설립되고, 또 20세기 후반에 환경에 초점을 맞춘 "녹색당"이 형성되었다는 점이다. 지역의 관심사에 의무감을 가진 단체들로 1970년대까지 "독일 바이에른 정당"이나 소수자의 문화적 정체성을 보호하던 "남 티롤의 국민당"(Südtrioler Volkspartei)이 있었다.

로 정치에 협력하는 통로를 차단하지 않는다는 조건이다.

인권과 인권을 기반으로 규정된 헌법의 틀 안에서 벌어지는 다양한 의견들의 세력 게임, 그 의견들에 의해 통치권을 갖는 각 집단들과 그 반대 집단들 사이에 자연스럽게 발생하는 서로 간의 통제는 국가 안에 기존하는 모든 관심사가 가장 잘 고려될 수 있는 방법을 보증한다. 현실과 거리가 멀고 잘못된 "이상주의적" 견해를 가진 플라톤의 국가관에 맞서는 국가에 대한 주요한 이해는 예정된 조화가 아니다. 조화는 매우 다양한 관심사를 가진 다양한 사람들 사이에 결코 안정되게 주어지지 않는다. 오히려 국가에 대한 주요한 이해는 기존하는 갈등들을 중재하는 서로 간의 통제이며 공정한 대결이다. 이는 게임규칙을 존중하면서 모두를 위한 절충을 기대한다.

그리스도교는 완전한 조화가 종말에 하느님 나라가 완성되어야 이루어지리라 고대하고 예수 그리스도 안에서 이미 시작된 하느님 나라를 여전히 죄로 물든 이 세상의 구조 안에서 실현시켜야 한다는 견해를 갖는다. 따라서 교회가 공정한 대결에 대한 정치적 여론을 형성하고 결정 짓는 것은 그런 견해에 걸맞다. 반대 의견과 야당은 어떤 경우에도 감수해야만 하는 방해 요소가 아니라, 이기주의와 특권, 곧 죄를 꾀하는 잠재된 시도를 통제하는 지금도 필요한 요소다. 모든 국가에서 반대 의견과 야당은 올바른 방법을 인식하기 위해 단념할 수 없는 기능을 수행한다. 반면 성급한 조화는 어떤 규칙에 의해서든 강자의 입장을 확고하게 해 줄 뿐이다. 정치적 세력 게임 안에서 그리스도교 시민들과 교회 단체들의 특수한 관심들을 대변하는 "그리스도교 정당들"이 정당성을 갖는 이유는 그 정당들이 사람됨과 정의라는 그리스도교 이상을 대변하기 위해 어떤 경우에도 독점을 획책할 필요가 없다는 점을 입증하기 때문이다. 그러나 교회 자체는 아직 종말론적 완성을 이루지 못한 이 세상과 시간 안에서 사회적으로 파악된다. 그러므로 교회는 자신 안의 다양한 집단들 사이에 공정한 절충을 이루기 위해, 또 교회의 생활과 조직에 대해 스스로 사회윤리적으로 숙고할 필요가 있다.

인권과 민주적인 국가 질서를 보장하는 데 정당이 갖는 중요성을 참작하여 다음과 같은 문제가 제기된다. 곧 개인이 자신을 시민임과 동시에 정당의 구성원 또는 최소한 추종자로 밝히는 것이 개인의 윤리적 의무가 될 수 없는가 하는 점이다. 개인은 사회를 형성해 나가는 데 있어 사회윤리적으로 요구되는 일에 협력해야 하는 목적을 가지며, 그 목적을 현실적으로 대부분 정당에 소속되어 실현할 수 있다 하더라도, 그런 문제의식은 과장된 것으로 여겨진다. 왜냐하면 정당의 프로그램들은 그 자체로 절충을 통해 생겨나는 것들이며, 각 구체적인 정책은 한층 더 그 프로그램에 영향을 받기 때문이다. 개인들에게 특정 정당과 일치하도록 요구된다면, 의견의 자유는 부당하게 축소된다. 때문에 오히려 정당과 비판적 거리를 적극적으로 유지할 때, 상당히 올바른 정치적 입장을 표현할 수 있다. 단, 정당과의 거리 유지가 정치적으로 사회를 만들어 나가는 수고스러운 일을 슬그머니 회피하거나 다른 사람에게 떠넘기려는 등의 편리함을 은폐하는 방법이 되어서는 안 된다. 사회를 만들어 나가는 일에서 편리함을 꾀한다면, 특정 개인들에게 권력이 집중되도록 조장하고, 인권과 민주주의에 영향을 받은 국가 질서가 다시금 위협받게 될 것이다.

2-4. 이익단체

정당과 마찬가지로 이른바 이익단체들도 정치적 세력 게임 안에 놓여 있다. 그러나 이익단체들은 정당처럼 일반적인 정치적 계획에 관심을 두기보다는, 구성원의 개별적 이해를 의식적으로 대변하는 노동조합, 상공인 조합, 상업이나 산업조합, 농민위원회, 청소년 위원회와 같은 조직이다. 이 단체들의 권력은 직접적으로 정치적 통제를 받아야 하는 것은 아니지만, 이 단체들은 정치적으로 유효한 영향력을 행사하기 때문에 별도로 언급해야 한다. 이 단체들의 중심에는 경제적 이익단체가 있다. 경제적 단체들은 한편으로 자신들의 특수한 관심사를 국가에 대변하며, 다른 한편으로는 사회적 파트너인 고용주와 고용인 사이의 임금협약이나 전체 고용 계약과 같이, 국가의 외부 영역에서 대립하는 이해관계를 조정할 수 있다. 이 두 영역, 곧 국가와 관련된 영역과 국가 밖의 영역은 사회윤리에 똑같이 중요하다.[14]

이 단체들은 국가에 그들 각각의 특수한 이해관계를 대변한다. 그들의 이해관계와 관련해서는 공동선이 특정 집단에게 부담으로 작용할 수 있으며, 이때는 2차 조정이 필요하다.[15] 이런 경우에 이익단체

---

[14] 전체를 위한 그들의 비판적 입장 표명에서 주목할 가치가 있는 숙고들에 대해서는 다음을 참조하라. E. Nawroth, Interessenverbände und Gemeinwohl: Entwicklung und Subsidiarität, Melle 1986, 143-154.

[15] 이 점에 대해서는, 전체 국민에게 값싼 생필품 가격을 유지시키기 위해 풍토의 조건이 보다 유리한 지역에서 수입한다는 점과, 건강한 환경을 보존하기 위해 없어서는 안 될 농민 계층에게 불공정한 부담을 부과할 수 있다는 점을 생각할 수 있다.

들의 반대에도 불구하고 사회적 약자 집단들의 이해관계를 화제로 삼고 그 요청들을 합당하게 배려하도록 돕는다면, 이익단체들은 공동선의 뜻대로 정치적 계획을 교정하는 필수적 수단이 된다. 그러므로 이익단체의 창립과 존재를 허용하고 헌법으로 보장하는 것은 사회윤리의 요청이다. 덧붙여 정치를 계획하고 구체적 입법을 준비하는 데 이익단체들의 조언은 다양한 집단의 욕구와 관심사를 적절한 시기에 전문적으로 배려하도록 하고, 그럼으로써 적절한 시기에 불필요한 갈등과 대립을 예방할 수 있게 한다.

그러나 제아무리 이익단체들이 공동선을 위한 하나의 중요한 교정 수단이고 약자들의 관심사를 보호하는 반드시 필요한 연합체일지라도,16 그 단체들 역시 공동선을 희생시키는 집단 이기주의의 유혹을 피할 수 없다는 점이 간과되어서는 안 된다. 왜냐하면 정당들 사이의 대결과 유사하게 이 단체들의 목적도 전체의 조화를 이루는 것이 아니라, 협상과 논쟁에서 일어나는 이해갈등을 공정하게 조정하는 것이기 때문이다. 이런 대결이 발생하지 않는다면, 불이익당하는 사람들은 보이지 않게 증가하고, 이에 따라 국가를 위협하는 잠재된 불만족은 점점 더 커지게 될 것이다. 불만족이 강화되면 공동선을 파괴하는 혁명이 발생할 수 있다는 점은 잘 알려져 있다. 이익단체들은 그런 일을 미리 방지하기 때문에, 그 단체들은 공동선의 뜻에 따라 현대의 복잡한 사회에서 사회윤리적으로 반드시 필요하다.

---

16 산업 노동자들이 그들의 관심사를 자각하기 위해 결속하는 정당성을 교황 레오 13세가 1891년 교회의 첫 번째 회칙인 『새로운 사태』에서 강조했으며, 그때부터 이 요청은 명백하게 가톨릭 사회론의 주요 구성 내용이 되었다.

이익단체들의 정당한 관심사에 동의할 때 주의해야 할 점이 있다. 경우에 따라, 강한 이익단체들이 사회를 구상하는 총괄 정책을 직접적이든 간접적이든 그들에게 유리하도록 왜곡할 수 있다는 점과, 정당과 유사하게 민주적 통제 메커니즘을 거치지 않고 영향력을 행사할 수 있다는 점이다. 이런 영향력을 행사하는 방법은 이해관계의 얽힘부터 시작해서 노골적인 로비의 방식도 있고, 뇌물이나 공갈 협박에 이르기까지 다양하다. 이런 모든 경우에 그들의 특수한 관심사는 더 이상 공정하지 못하며, 논쟁을 일으키게 되고, 또 권력을 가진 지위는 틀림없이 악용된다. 국가는 이익단체들에게 민주주의를 통제하게 하고 알맞은 법률을 제정함으로써 권력 악용이 확대되는 것을 미리 예방할 수 있다. 권력이 오용될 위험성 때문에 이익단체들을 사회 조화에 대한 낭만주의적 견해에 입각하여 폐지하는 결과를 초래해서는 안 된다. 낭만주의적 견해에 따르면, 다양한 이해관계를 가진 집단들의 대표자들은 기껏해야 국가 기관들의 중재 판결을 통해서만, 이른바 보조성 원리에 따라서만 그들끼리 공정한 조정 방법을 찾을 수 있다. 그러나 20세기 후반 이른바 "사회적 시장경제"에서 밝혀졌던 것처럼, 경제 영역에서 사회적 파트너십은 파업이나 폐업과 같은 투쟁의 방법들을 피함으로써 이해들 사이의 균형이 얼마나 폭넓게 보장될 수 있는지를 보여주는 강력한 예이다.

근대 산업사회에서 특별히 격렬하게 이해관계가 대립될 때 명백히 공동선에 유익하다고 입증되는 것은, 인간 공동체 생활의 다른 영역들에도 도움이 될 것이다. 끊임없이 갈등을 겪는 생산자·판매자·소비자 사이의 삼각관계를 생각해보면, 소비자 연합이 영향력을 행사하는 덕택으로 국가 권위가 직접적으로 관여하지 않고도 이해의 대립을 해결할 공정한 방책들이 생겨났다. 국가가 자신의 세력 증대를 도모하거나 행정의 영향력을 확대하려 한다면, 이해갈등을 조정하는 데 자신의 역할을 축소해야 할 것이며, 보조성의 원리에 따라 보편적 기본 방침을 확립하거나 최소한의 중재 재판을 보장하는 위치로 제한해야 할 것이다. 이런 이유에서 이익단체들이 국가의 관여 없이 자유로운 연합에 의해 이해의 대립을 조정할 수 있다면, 그 단체들이 바로 사회윤리적으로 중요하고 촉진되어야 하는 사회조직이다. 그러나 이익단체들이 그들의 역할과 결부된 권력 있는 지위를 공동선을 고려하지 않고 남용하거나 집단 이기주의적 의도로 정의에, 이른바 공동선에 위반되도록 작용하기 시작한다면 사회윤리는 그 단체들을 인정할 수 없게 된다.[17]

2-5. 교회

교회의 종교적 목적에도 불구하고 일반사회에서 교회는 특수한 하부 체계로 여겨진다. 육화사상에 근거하여 교회는 하느님 나라를 향한 역사적 도정에 있는 이 시간과 세상에서 자신을 "그리스도의 신비

---

[17] 노동조합이 경제적으로 중요한 그들의 지위를 고려하지 않고 그들 계급의 이해를 관철하기 위해 공동선을 희생시킨다면, 사회윤리적으로 인정을 받지 못한다. 이에 대해서는 1970년대 말 영국에서 발생했던 광부 노동조합의 압력을 참조하라. 이 조합은 압력을 가함으로써 국민의 지지를 받지 못했고 정치적 영향력을 잃었다.

스러운 몸"(콜로1, 24)으로 구체화하고 표현한다. 그러나 이런 견해로 인해 구원 역사의 의의가 완성된 것으로 이해해서는 절대 안 된다. 교회는 철두철미하게 사회를 목적으로 한다. "자유국가 안에 자유교회"라는 몬탈렘베르트(C. Montalembert, 1870년 선종)의 표어는, 오늘날 다원주의 사회에서 교회와 국가의 상호관계를 마치 국가를 지원하는 "종교적 이익단체"와 같은 것으로 바꾸어 말해도 적절할 것이다. 물론 그 역사성을 지닌 말이 무슨 내용을 뜻하는지는 아직도 완전히 밝혀지지 않았다. 그렇더라도 그 말은 분명히 전통적으로 잘 알려져 있고, 고대제국의 전례에 따라 만들어졌던 통일된 국가종교처럼 국가와 종교와의 밀접한 관련성을 배제한다. 국가와 밀접한 관련성을 가졌던 종교는 그리스도교만이 아니다. 몬탈렘베르트의 표어는 교회와 국가가 완전히 분리되어 교회가 하나의 사적 단체의 상태로 축소된 상황을 배후에 두고 있지도 않다. 오히려 그 표어는 다른 하부 체계들이 국가와 맺는 관계와 유사하게, 국가와의 관계와 자신의 과제를 인식하는 교회가 독자적으로 존재하는 방식을 다룬다. "자유국가 안에 자유교회"는 두 조직체의 동일화를 뜻하지 않는다. 동일화는 양쪽의 자유를 위협한다. 그렇다고 그 표어가 두 조직체의 분리를 뜻하는 것도 아니다. 두 조직체의 분리는 성과를 낼 수 있는 상호 보완성을 배제하고 결국에는 공동선과 교회에 해를 주게 된다.

가톨릭교회의 교도권이, 특히 제2차 바티칸 공의회 이래로, 국가가 종교의 자유에 대한 권리를 존중하도록 촉구하는 것은, 교회가 과거와 같이 국가권력을 통제할 권한이 있다고 말하는 것이 아니다. 달리 말해, 교회가 자신의 이해관계가 걸린 견해에서 입법을 직접적으로 국가와 함께 결정할 수 있었던 "가톨릭 국가"에 대해서 말하는 것이 아니다. 종교의 자유에 대한 가톨릭교회의 촉구는 교회가 정치적으로 특별한 위치를 가질 수 없다는 자아의식을 표현한다. 교회는 그저 사사로움 없이 신앙생활을 수행함으로써 국가 안에서 자신이 갖는 의의를 인정한다. 정치적 역할은 교회가 해야 하는 중요한 일도 아니며 고유한 일도 아니다. 교회가 갖는 사회적 중요성과 국가 안에서 교회의 위상은 구원 사명의 일부이다. 국가와 사회 안에서 공동선에 대한 염려를 가볍게 여기는 것은 교회가 자신의 구원 사명을 위반하는 것과 같다. 이웃사랑에 대한 요청과 이와 결부되어 약자들과 불이익당하는 사람들을 특별히 주목하라는 요청은 바로 사회구조와의 대결을 요구한다.

이와 관련하여, 교회는 원칙적이고 본질적으로 단순히 국가가 인도하는 데로 따라가서는 안 되는 관계를 국가와 맺고 있다. 교회가 가장 우선적으로 여기는 과제는 개인들에게, 언젠가는 죽어야 하고 따라서 늘 존재의 의미를 위협받는 사람들에게, 그들이 종교 공동체에서 존재의 의미에 대한 질문을 던지고, 하느님의 궁극적 권력에 대한 믿음 안에서 존재 의미의 토대와 목적을 찾을 수 있는 가능성을 열어주는 것이다. 이런 점에서 교회는 다른 여타의 종교 공동체와 다르지 않다. 세속적인 국가의 관점에서 볼 때 모든 종교 공동체는 인간 실존의 의미를 부여해 주는, 공동선을 위해 중요한 과제를 떠맡는다. 교회는 그리스도교 신앙 안에서 인간 실존의 의미를 증거한다. 신앙이란 세상을 창조한 하느님이 온갖 약함과 위험의 가능성을 가진 사람에게 그럼에도 불구하고 자신을 예수 그리스도 안에서 구속력 있는 신으로 나타내 보이셨다는 것이다. 하느님은 바로 자신의 생명을 통해 하느님 자신의 나라 안에서 인간 존재의 의미를 최종적으로 성취하도록, 이 시간과 세상·역사와 문화·사회 안에서 사람을 이끌고자 하신다. 물론 교회가 이런 구원을 확신하는 신앙 공동체로 공표되고 그런 구원을 증언한다고 해서, 교회는 다원적이고 세속화된 사회에서 다른 신앙을 배척하는 구원을 주장해서는 안 된다. 교회 스스로가 이 구원을 증언하기 위해 종교 활동에 대한 자유를 필요로 하기 때문에, 국가 안의 다른 종교들에 대해서도 이와 똑같은 관용을 베풀어야 한다. 교회가 그리스도교 신앙을 증언하는 데 자신의 확신에 대해 사람들에게 자유로운 동의를 구함으로써, 교회는 자유로운 인격을 지닌 인간 존엄을 존중하며, 하느님을 닮은 인격적 모습으로 이 세상에 존재하는 사람에 대한 교회의 견해를 증언한다.

이런 구원을 증거 하면서 인간 실존에 의무를 부여하는 것은 교회의 일차적 과제다. 이 밖에, 사회 속에 존재하는 교회는 사회와 늘 관련되는 사랑의 계명 때문에 부차적으로 직접적인 세속적 의미도 갖는다. 교회는 오래전부터 역동적으로 이해되는 사랑의 계명에 의해, 상황에 제약을 받는 곤궁함이나 새로 생겨나는 욕구들을 신속하고 유연하게 고려할 수 있는 사회적 활동들을 늘 만들어왔다. 교회는 나중에 교회의 주도권에서 분리되어 사회와 국가 공무원에게 인계된 사회 시설들을 설립했다. 그리스도인들은 이 세상의 누룩이 되어야 한다는 복음의 본디 뜻대로, 그리스도교의 비판적 활동으로써 오늘날 국가가 운영하는 교육기관과 보건위생 시설을 설립하기 시작했으며, 저축은 경제 발전을 가능하게 했다. 또한 발전에 대한 지원이나 전 세계적 정의 실현에 대한 그리스도교의 책임은 국가 정치의 과제로 알려질 정도로 그동안에 폭넓게 성장해 왔다. 이런 의미에서 교회가 전체 사회 안에서 하나의 사회적 누룩을 고무적이고 비판적으로 보여 주는 한, 교회는 자신에게 사회윤리적 의무를 부여하는 것이다. 바꾸어 말하면, 그런 기능 때문에 사회가 교회를 진지하게 수용하는 것도 사회윤리적 요구라는 뜻이다.

사회를 만들어 나가는 일과 그 일에 결부되어 있는 입법과 관련하여, 교회는 사람들이 다른 이익단체들과 마찬가지로 자신의 의견도 제때 경청하게 만들고, 자신의 의견을 효력 있게 만들어야 한다는 점도 사회윤리의 요청이다. 교회 역시 자유로운 출판이나 사안별 위원회, 의회 안에서 교회를 대변할 수 있는 협력자를 이용하는 등의 세속적 방법을 사용할 수 있고, 경우에 따라 민주주의 질서의 틀 안에서 실질적인 시위의 수단을 마땅히 사용할 수 있다. 물론 이런 방법들을 사용하는 데 대한 권리와 의무는 단지 교회의 지도자나 교도권 담당자들에 의해서, 또는 보편적 신앙 공동체에 의해서 인식되는 것이 아니다. 그것은 시민인 각 그리스도인의 과제와 상태에 따라 인식되어야 한다는 점이 항상 강조되어야 한다.

복음에서 주어진 사회윤리는 그리스도인들과 교회가 그렇게 비판적이고 능동적으로 정치질서를 함께 만들어 나가도록 요청한다. 이 말은, 이미 활동하고 있는 하느님 나라를 상징적으로 드러내는 사람됨과 정의를 진척시켜야 한다는 뜻이다. 다원주의 사회에서 이런 의무를 실행하기 위해서는, 법적으로 확립된 국가 계약, 이른바 종교 협약(Konkordat)이나 권력에 의해 보장되는 입법에 대한 영향력보다

는 여론의 다양한 경로가 훨씬 더 효과적이라고 인식된다. 이런 인식
은 제2차 바티칸 공의회 이래로 가톨릭교회의 고지가 명백하게 영향
을 미친 현대의 역사적 경험이다. 이 경험은 물론 그런 영향력 행사
가 신뢰성을 갖기 위해서 교회의 주장이 명백하게 복음의 이상에서
영향을 받는다는 점을 전제해야 한다. 말하자면, 교회의 주장은 특히
가난한 사람들과 불이익당하는 사람들에 대한 특별한 염려를 또렷이
드러내야 하며, 자기 집단의 이해관계에 영향을 받지 않아야 한다.
더 나아가 현재의 정황을 참작하여 사회문제에 근시안적으로 대처해
서는 안 되며, 최대한 조심성 있게 늘 객관적이고 과학적으로 가능한
장기적인 결과들을 고려해야 한다. 또 교회는 내부 조직 안에서 인권
에 입각한 기준들을 유념해야 하며, 이와 관련한 비판에 열려 있어야
하고 개선할 준비를 하고 있어야 한다. 사회와 국가의 공식성과 교회
사이의 관계가 서로의 장단에 잘 맞고, 또 앞에 설명한 방식에 따라
규정된다면, 이 관계는 경험상으로 볼 때, 바로 다원주의 사회 안에
서도 인간 공동체 생활이 인도적이고 정의로울 수 있다는 점을 신뢰
성 있게 입증하며 촉구하는 것이다.

교회와 국가는 서로 동일화되지도 직접적으로 연루되지도 않으면
서 관계의 영역에 존재하게 된다. 이 영역에서 교회는 사회생활에 능
동적이고 협력적인 영향력을 복음의 이상에 맞게 행사할 수 있고, 동
시에 공동선의 뜻에 맞게 국가에 유익한 하부 체제 집단으로 여겨
진다. 교회에 종교의 자유와 자유로운 의사 표현에 대한 권리가 허
락되지 않는다면, 교회는 이 권리를 늘 촉구해야 하며, 이를 위해 경
우에 따라 세계관의 측면에서 직접적으로 연결되는 정치적 단체들

을 창립할 수 있다.**18** 이 점에서 교회는 대체로 교회의 일반 구성원이나 그들의 연합체, 또는 교회의 관심사를 옹호하는 합법적 대변자인 집권자들보다는 정치적 여론을 형성하는 통상적인 경로를 활용할 것이다. 이때 교회는 특별한 지위나 권력이 아니라, 정치적 의견의 동기와 주장의 질에 의지한다. 사람의 권리와 사람됨이 전체주의 권력 아래 압박을 받고, 인간 존엄성이 위협을 받을 때, 교회가 그리스도의 복음이 전하는 예언자 직분에 충실하고자 한다면 교회는 "순교"(martyria)라는 뜻에서 하나의 증언이 되는 명백하고도 위험스러운 저항을 벗어나서는 안 될 것이다.

2-6. 사적 단체

모든 사회에는 국가와 분명하게 정치적으로 얽혀있는 있는 집단들이 있다. 여론 담당자들, 정당, 이익단체와 교회 외에도 건전한 친교와 공동선을 위해 중요한 집단들로서 다양한 연합체와 온갖 종류의 시민운동단체 등이다. 이 집단들은 크기, 조직형태, 교육정도 등에서 매우 다르며, 그들의 목적도 그렇다. 이제까지 언급한 정치에 직접적으로 관여하는 집단들은 사람의 일반적인 관심사들을 다룬다. 반면,

---

18 이런 이유에서 19세기 그리스도교 및 가톨릭 정당들이 창립되었다. 이 당시 시민계급과 정교분리에 근거한 국가에 맞서 교회는 문화 투쟁을 표방했고, 이런 교회를 국가는 억압했다. 이런 상황에서 교회는 신앙적 관심사를 보호하기 위해 정당을 창립했다. 이 밖에도 20세기 말에 그리스도교의 특정한 정체성을 보호하기 위해 폴란드의 자유노조 "연대"(Solidarność)가 결성되었다.

이 집단들은 개인의 자아실현에 대한 너무나 광범위한 관심사들, 곧 카드 게임부터 스포츠까지, 또 문화적으로 선호하는 것으로부터 교육 문제에 이르기까지 다양한 관심사들을 다룬다. 그래서 일반적 단체들과 이 사적인 단체들을 분명하게 분리하는 일은 실질적으로 불가능하다. 각 단체들의 자기인식과 사회적 인정이 그들을 평가하는 역할을 하는데 이 평가 기준들이 각 단체의 객관적 특징들보다 더 중요하다. 이 단체들 사이에 공통된 특성은 거의 발견되지 않는다. 이 단체들은 사회와 연결되어 있는 사람들이 자유롭고 자발적으로 발전해 나가는 데 반드시 필요한 기본 구조다. 이 단체들은 사회 전체를 포괄하지 않고도 결속할 수 있으나, 그들의 특수한 관심사를 실현시킬 때 전체 사회에 영향을 미치는 정치를 고무하고 비판할 수 있는 잠재력을 갖는다.**19** 보다 큰 범위의 사회조직 안에서 이 작은 단체들의 기능이 얼마나 중요한가를 분명하게 보여주는 사실이 있다. 바로 전체주의적 정부가 그런 자유로운 결속의 가능성을 대부분 매우 신속하게 저지하고 국가 단체로 대체하려고 시도한다는 사실이다.

여가 시간과 문화의 영역에서뿐 아니라, 이웃의 곤궁함에 민감한 공익성을 위해서도 작고 자유로운 단체들이 적합하다고 입증된다. 이 단체들은 중세 후기에 생겨난 수도회, 빈첸시오 단체, 또는 근대 자조(自助) 그룹들과도 같다. 요컨대 이 단체들은 때로 그리스도교로부터 동기를 부여받아 인간 상호 간의 사회기반 시설을 형성한다. 이 시설들은 유연하고 적합한 실질적인 도움을 제공하며, 대체로 사회

---

19 19세기 노래단체와 체조단체들은 민주주의를 건설하는 데 이바지했다는 의미를 갖는다.

가 공식적으로 수행하기 오래전부터 그런 일들을 활성화해왔다. 바로 이 차원에서, 복음서의 사랑의 계명에 대한 관점과 역사적 전통에서 볼 때 그리스도교 윤리에 대해 특별히 언급하는 것은 당연한 일이다. 합리적으로 계획된 모든 구상에 맞서 자발적으로 시작한 그런 단체들은 진정으로 인도주의적 국가에서 그저 기꺼이 받아들여지는 정도가 아니라, 적극적으로 요청되어야 한다. 왜냐하면 그 단체들은 보다 유연하게 사회문제에 매우 가깝게 접근하여 그 문제의 상황들을 보다 쉽게 수정할 수 있는 능력을 가지며, 또 단체 유지비용이 현저하게 낮기 때문이다. 따라서 내용이 풍부한 연합체들은 참으로 인도적 윤리의 관점에서 환영받을 뿐만 아니라, 동시에 건강하고 생동감 있는 국가 공동체의 표징이기도 하다. 이런 국가는 중앙에서 계획하여 사적 활동들을 독점하고 광범위하고 신속하게 질식시켜야 할 필요성을 갖지 않는다. 왜냐하면 무엇보다도 그 단체들이 언젠가 있을 수 있는 침해를 적절한 시기에 방지해준다는 점을 확실하게 알기 때문이다.

자유로운 사적 집단을 언급하면서 민주적인 국가와 사회구조의 체계적 요소들에 대한 개괄 설명을 마친다. 이런 요소들은 일당 체제와 중앙 집권적 행정 구조를 가진 단일한 국가의 이념과 거리가 있다. 단일한 국가의 이념은 기껏해야 내적, 외적으로 궁핍한 상황과 같이 그저 지나쳐 가는 예외적 상황들에서 합법적으로 여겨질 수는 있겠지만, 연대성·보조성과 결부되어 있는 인도주의적인 공동선의 이상에 부합한다고 볼 수 없다. 역사가 매우 분명하게 가르치는 바와 같이,

그런 예외적 상황이 늘 굳어져 있다면, 그런 상황은 억압하는 전체주의가 된다. 정치 영역에서 그리스도교 사회윤리의 주요 목적은 그런 일이 일어나지 않도록 하는 것이다.

그리스도교 사회윤리는 사람이 하는 모든 것과 사람 본성 자체에서 필요로 하는 정치적 권력이 이기주의와 교만으로 인해서 얼마나 많이 남용되고 있는지, 그리고 그 때문에 통제가 얼마나 필요한지를 매우 분명하게 알고 있다. 자아 통제의 일차적 의미가 성경에 나타나는 회개라는 점도 잘 알고 있다. 이 때문에 그리스도교 사회윤리는 서로 간의 통제와 새로운 활동을 허가하고 촉구하는 사회를 만드는 일에 나선다. 그런 사회를 만드는 일의 가능성을 하부 체계들의 다양한 연계를 통해 제시하고, 이 체계들이 반드시 필요하다는 점을 논증하는 일은 인도적인 사회윤리의 천부적 과제에 속한다.

기타 참고문헌

E. W. Böckenförde, Staat, Gesellschaft, Freiheit. Studien zur Staat-slehre und zum Verfassungsrecht, Frankfurt 1976.

ders., Der Staat als sittlicher Staat, Berlin 1978.

C. J. Friedrich, Der Verfassungsstaat der Neuzeit, Berlin 1953.

F. Furger, C. Strobel-Nepple, Menschenrechte und katholische So-ziallerhe, Bern 1984.

G. Gundlach, Verantwortliches Christentum in Gesellschaft und

Staat, Köln 1958.

R. Hauser, Was das Kaisers ist - zehn Kapitel christlicher Ethik des Politischen, Frankfurt 1968.

R. Herzog, Allgemeine Staatslehre, Frankfurt 1971.

M. Imboden, Die Staatsformen, Berlin [2]1964.

M. Kriele, Einführung in die Staatslehre, Freiburg [2]1981.

ders., Befreiung und politische Aufklärung, Freiburg [2]1986.

H. Krüger, Allgemeine Staatslehre, Stuttgart [2]1966.

R. Morsey (Hrsg.), Katholizismus, Verfassungsstaat und Demokratie, Parderborn 1988.

H. Maier, Kirche und Demokraite, Freiburg 1972.

ders., Katholizismus und Demokratie, Freiburg 1972.

O.v.Nell-Breuning, H. Sacher, Zur Christlichen Staatslehre, Freiburg [2]1975.

M. Pilters, K. Wall, Menschenrechte in der Kirche, Düsseldorf 1980.

G. Pulz, Wenn Christen um Menschenrechte rigen, Innsbruck 1991.

H. Schmieden, Recht und Staat in Verlautbarungen der Katholischen Kirche seit 1878, Bonn 1959.

F. M. Schmölz, Zerstörung und Rekonstruktion der politischen Ethik, München 1966.

I. Schwartländer (Hrsg.), Menschenrechte, eine Herausforderung an die Kirche, München-Mainz 1979.

A. Verdroß, Abendländische Rechtsphilosophie, Wien [2]1963.

E. Welby, Herders Sozialkatechismus (2, Hauptteil), Freiburg 1953.

R. Zippelius, Allgemeine Staatslehre, München [7]1980.

VIII.
사회윤리
– 오늘날에도
중요한가?

정치, 경제, 과학과 사회윤리의 대화

1. 개인에 관련되는 공동선
– 사회윤리의 목표 설정을 위한 요인들

모든 정치의 근본 목적은 공동선이다. 곧 국가를 구성하는 모든 사람이 최대한 발전하는 것이다. 이 점은 사회에 가장 강력하게 영향을 미치는 요소인 국가가 특별히 중요하게 여겨야 한다. 국가와 사회 안에 있는 하위의 모든 집단 역시 보조적인 상호관계로 공동선에 이바지해야 한다. 공동선에 대한 전망은 다양하며, 공동선이 개별 집단들에 의해 혹은 전체로서의 국가에 의해 보장될 수 있는가의 여부는 처음부터 이론적으로 결정될 수 없다. 각 역사적 발전에 따라 중앙 집권적이거나 연방주의적 조직의 다양한 형태들이 제시된다. 보조성의 원리를 늘 존중한다는 전제 아래, 그 다양한 형태들 중에서 어떤 형태가 더 잘 적합하고 더 적합하지 못한지, 어떤 방향에서 개선되어야 하는지는 처음부터 명확하지 않다. 아무튼, 최고도의 복합성을 띤 물질문명의 진보가 그에 상응하는 계획과 조종을 통해 더 폭넓은 집중화를 초래한다는 논리는 여러 면에서 의심스럽게 여겨진다. 정치와 경제 영역에서 탈집중화가 일어나기 때문이다. 그럼에도 불구하고 일정한 사회적 목표들은 최소한 사회의 기본 조건들 속에서, 중앙 조직들 이른바 국가 조직들에 의해서만 달성될 수 있는 것처럼 여겨진다. 이 점에서 총명한 식별 능력이나 중세 윤리학자들이 "신중함"(discretio) 또는 "현명함"(prudentia)로 달리 말했던 윤리적 미덕은 반드시 필요하다.

그런 능력은 신속한 기술 발전과 이를 통해 조건 지어진 사회의 큰 변화들을 겪는 우리 시대에 특별히 요구된다. 따라서 사회구조의 조직, 형성, 변화들에 대한 물음에서 사회윤리의 관점들이 점차로 많이 언급된다는 점은 그리 놀라운 일이 아니다. 신뢰하던 것이 명백하게 의문에 처하게 될 때와 인류를 위험에 빠뜨리는 결과들에 당면하여 급진적 사고전환이 필요하다고 여겨질 때는, 전통적 행동과 결정의 양식들은 더 이상 만족스럽지 못하게 된다. 정의와 사람됨의 보장에 대해서 새롭게 논의해야 된다면 사회윤리는 중요해진다.[01]

사회적 목표를 보장하기 위해, 이른바 개인이 자신의 안전을 위해 지불해야 하는 비용으로서 필연적으로 개인의 자유가 제한된다는 점은 아주 일반적으로 관찰된다. 역설적이게도 자유는 자유를 제한함으로써 보장될 수 있으며, 현대 사회복지 국가에서 사회 보장은 바로 개인의 자유 영역을 사람들이 대체로 추측하는 것보다 더 본질적으로 제한한다. 자유를 제한하는 데 대해 대체로 좋은 법적 근거들을

---

01 이에 대한 분명한 표시는 경제학과에 경제윤리의 교수직이 마련되거나 그에 대한 추가 연구를 한다는 점이다. 예를 들면, 인골슈타트, 마슈트리히트, 베스트팔렌 뮌스터, 상트 갈렌에서 주요 연구에 윤리 위원회가 설립되었다. 의학 분야에서는 이미 얼마 전부터 네덜란드에 도입되었던 것처럼, 의학윤리 강의가 신설되었다.

댈 수 있다 해도 중요한 문제는 발생한다. 그것은 객관적으로 충분한 근거를 갖지 않은 자유 제한이 가져오는 폐해가 아니다. 오히려 대체로 당연한 것으로 받아들여지고 있는 의무들, 예를 들어 토지 재산의 사용 제한, 모든 종류의 강제된 과제, 일반적인 교육의 의무와 위생상의 조치 등02과 같은 개별적인 의무가 제한된다는 점이다. 이런 제한들이 사회적으로 수용된다는 사실은 개인의 자유를 제한하는 것이기 때문에 윤리적으로 정당하지만은 않다. 단순히 편리함을 위한 일관된 질서들은 객관적 필연성 없이는 제한에 대한 충분한 근거가 될 수 없다. 이와 관련하여 사회윤리는 어느 정도의 제한이 필요한지, 어느 정도의 자유가 가능한 것인지에 대한 원칙을 늘 새롭게 제시해야 한다.

이를 전제로 한다면, 사회윤리는 모든 사회적 조치에 특별히 주목해야 한다. 그 조치는 사회나 국가가 공동선을 위해 사람이 사회적 자아를 실현하는 주요한 생활 영역에 질서 있게 개입하고 개인에게 합당한 제한을 가하는 방식이어야 한다. 사람이 자아를 실현하는 그 어떤 영역도 그런 질서 있는 개입에서 벗어날 수는 없지만, 정치·경제·과학과 기술의 영역은 오늘날 이와 관련된 논쟁이 일어나는 핵심 영역이다. 이 영역의 관심사들을 포괄적으로 윤리적 숙고를 통해 성찰하는 일은 당연히 그리스도교 사회윤리의 기초 단계에서 도입되는 과제일 수 없다. 그런 성찰을 위해서는 각 해당 영역의 독자적인 특수한 연구가 반드시 필요하다. 그럼에도 최소한 그리스도교 사

---

02 G. Hug, Wo liegt die Grenze der persönlichen Freiheit?, Zürich 1976.

회론이 어떤 방향으로 계속 구체화되어야 하고 심화되어야 하는지를 알려주기 위해 마지막으로 몇 가지 문제를 본보기로서 언급할 것이다.

2. 정의를 통한 평화 보장 – 정치의 핵심

2-1. 평화 보장

평화는 사회를 설계하는 정치가 폭력을 사용하지 않고 대립되는 이해관계들을 공정한 논쟁을 통해서 공평하게 균형을 잡기 위한 목적으로 질서를 잡는 상태다. 평화는 사람들의 평안한 공존을 위해 반드시 필요한 전제조건이다. 모든 국가의 첫 번째 과제는 평화를 유지하는 것이다. 곧, 안으로 "구성원을 안정"시키고, 외부로부터의 침해를 막는 것이다. 국제 질서의 구조들이 여전히 약하고, 사회윤리가 희망하는데도 불구하고 세계 기구들이 부족하다면,[03] 평화를 보장하기 위한 필요한 방법들은 오직 국가의 처분에만 맡겨지게 된다. 평화는 단순히 무기를 침묵하게 하는 것으로 이해되어서는 안 된다. 제아무리

---

03 이에 대해서는 칸트가 이미 1795년에 발표한 『철학적 구상: 영구 평화론』을 참조하라. 그는 영구한 평화가 세계사회 건설을 통해 보장받을 수 있다고 했는데, 이런 견해는 바로 전 인류에 미치는 그리스도교 윤리의 사회적 목적과 매우 유사하다.

무기를 사용하지 않는 것이 평화를 위한 첫 번째 조건이라 해도, 또 국가가 경찰과 군대를 통해 합법적으로 독점하는 권력이 외부나 내부의 폭력적 간섭으로부터 평화를 보장한다고 하더라도, 이것으로써 완전한 의미의 평화, 성경의 "샬롬"이 뜻하는 평화는 보장받지 못한다.

완전한 의미의 평화는 오히려 정의를 통해 이루어진다. 정의를 통한 평화는 전 세계적으로 모든 사람에게 원칙적으로 동등한 기회를 균등하게 보장해 줌으로써 질서 있는 안녕을 가장 잘 구현하기 위해 노력하고, 하느님 나라의 구원을 선취한다.

국가적 차원에서나 국제적 관계에서 전 세계적 정의를 위한 끊임없는 노력은 바로 갈등을 구속력 있게 조정하기 위해 준비하고 그에 필요한 수단들을 마련함으로써 평화를 보장하려는 사회윤리의 과제이다. "다른 수단들을 이용한 정치 확장"이라는 전쟁을 부추기는 유명한 말은 정의로운 정치윤리, 말하자면 평화 보장을 유념하는 정치윤리에 의해서 예리하게 경고되어야 한다.

정치적 조치들과 대화·외교 외에도, 무분별한 폭력을 제한하기 위한 최후의 수단인 방어의 조치들과 경찰도 평화를 보장하는 방법에 속한다. 최후의 조치들은 모든 역사적 가르침을 거스르는 팽창주의적이고 찬탈적인 정치가 그들이 표방하는 낭만적 평화주의를 통해 폭력과 강탈로 이어지지 않기 위한 방법이 되어야 한다. 그리스도교 사회윤리는 평화를 보장하는 이런 극단적인 방법들을 다루어야 한다. 바로 평화를 사랑하도록 요청하는 산상설교의 내용에 따라 가능한 최대로 폭력을 줄여야 한다는 점을 유념하기 때문이다. 폭력사용은 결코 그 자체로 목적이 아니며, 늘 폭력에 맞서 안전을 지키고자 할 때만 정당성을 가질 수 있다는 점, 말하자면 정당방위여야 한다는 점은 너무나 당연하다. 따라서 윤리적 책임을 갖는 준칙은 최고의 압력에 대해서도 폭력을 회피하라는 경고가 아니다. 어떤 목적을 이루기 위한 폭력 사용은 비합리적이며 의미가 없다고 설득하여 만류하는 것이다.**04** 이 준칙은 동시에 국제적 차원에서 무기의 위협을 최대한 축소하기 위해, 서로가 합당하게 군비를 통제함으로써 군비를 축소하려고 노력할 의무를 이끌어 낸다.

국가 안에서 권력 담당자들은 늘 정치적 통제 아래 있어야 하며, 그들 자신의 정치적 목적을 관철시키기 위해 공격을 목적으로 무장하는 것은 적합하지 않다. 이런 전제 아래 시민들과 다른 정치적 기관들은 각성하여 주의를 기울여야 한다. 개인들이나 공동체들 사이의 공격적인 긴장을 더 잘 이해하기 위해 갈등을 연구하고 국제적으로 긴장감이 감도는 지역을 조사하는 일은 평화를 보장하는 정책에 속한다. 왜냐하면 다양한 인종 집단이나 다수자와 소수자 사이에 갈등이 발생하는 맥락들을 이해함으로써, 갈등이 고조되는 상황에서 적절한 시기에 대처할 수 있기 때문이다. 어린이 놀이에서든 아니면 국가권력을 승계할 때 경의를 표하기 위해 중대를 소집하는 등의 국가 위엄을 상징하는 것이든 간에 폭력적인 것에 대한 모든 칭송은 일관

---

04 "설득하여 그만두게 하다"(Dissuasion)라는 개념은 라틴어 "무엇을 하지 않도록 충고하다"(dissuadere)라는 용어에서 유래한다. 이 개념은 라틴어 "겁을 먹게 하다"(terrere)에서 유래하는 "저지"(deterrence)라는 개념과 대립한다. "설득하여 그만두게 하다"라는 용어는 침입해 올 가능성이 있는 사람을 단순히 파멸시키는 위협이 아니라, 매우 많은 비용을 필요로 하는 침입을 어리석은 것으로 보이게 하는 방어 준비를 뜻한다.

되게 평화 윤리에 저촉되는 것으로 고발되어야 한다. 민족들 사이에 그리고 민족 안의 여러 집단들 사이에 정의를 최대한 확장하기 위해서는 가능한 깊고 다양한 접촉과 관계들을 장려하는 것이 아주 중요하다.

기타 참고문헌

Deutsche Bischofskonferenz (Hrsg.), Gerechtigkeit schafft Frieden, Bonn 1983.

Detutsche Bischofskonferenz (Hrsg.), Bischöfe zum Frieden, Bonn 1983.

EKD (Hrsg), Frieden wahren, fördern und erneuern, Gütersloh [6]1984.

F. Furger, Bewaffnet gewaltlos?, Freiburg (Schweiz) 1981.

T. Hoppe, Friedenspolitik mit militärischen Mitteln, Köln 1986.

H. Mader (Hrsg.), Quellen zum Friedensverständnis der Katholischen Kirche seit Pius IX., Wien 1985.

E.J-Nagel, H. Oberhem, Dem Frieden verpflichtet, München 1982.

2-2. 국제 관계

세계 인구는 점점 더 서로가 정치적, 경제적으로 매우 가깝게 의존하여 살아가는 하나의 운명 공동체가 되고 있다. 자기 국민만의 욕구를 만족시키는 자주경제 국가에 대한 이념은 생각할 수 없게 되었다. 초기 산업화 시대 자주경제에 대한 이념은 원료를 확실히 보급받기 위해 "해외 식민지"를 개척하도록 했으며, 전 세계에 두루 미치는 식민체제를 일으켰다. 그 실행은 종족 갈등을 평정하거나 보건위생 시설을 마련하는 등 몇 가지의 좋은 부차적 영향을 미치긴 했지만, 궁극적으로 불의한 착취와 억압을 불러왔다. 자주경제는 더 이상 정치적 목적이 될 수 없다. 국가들 간의 동등한 국제 관계는 반드시 필요한 생활 조건이며, 특별히 국가 권위의 외교적 접촉과 함께 국제 무역 관계는 점차적으로 중요성을 획득하고 있다.

밀접한 국제 관계는 현대의 모든 국가에 필요할 뿐만 아니라, 국가들이 폭력 없이 거래하도록 돕는다. 달리 말하자면, 진정한 평화의 조건이 보장되도록 돕는다. 외교나 무역, 문화적 교류와 국제 스포츠 교류 등 모든 차원에서 그런 국제 관계를 장려하는 것은, 더욱 새로워진 교회의 고지가 강조하는 바와 같이, 사회적·경제적 불균형을 극복하기 위해 반드시 필요한 국가들 간의 상호 원조와 같은 사회윤리의 요청이다.

연대성에 의한 정의는 국가들 사이의 복지 수준 격차를 고려하여 서로 간의 원조를 매우 단호하게 요구한다. 개발도상 국가가 발전하도록 후원하고, 채무를 적당히 변제하거나 과학기술을 교류하는 조치들은 자선과 같은 자유재량의 문제가 아니다. 그 조치들은 오해의 여지없는 사회 정의의 요구다. 이런 점에서 그리스도인들이 개별적으로나 교회로나 앞에 나서서 구호사업을 통해 봉사한다면, 이는 복음과 사랑의 계명이 갖는 글로벌 차원의 역동성에 부응하는 것이다. 이 밖에도 사랑의 계명은 신앙인들에게 "이 땅 위의 소금"과 "사람됨을 위한 누룩"이 되어야 한다는 의무를 부여한다. 따라서 사람과 사람, 민족과 민족 간의 교제인 국제 관계를 장려하는 일과 특히 문화적 다양성 속에서 정의를 증대시키기 위해 서로가 후원하는 일은 국가 정치의 관심사를 움직이는 사회윤리의 과제에 속한다. 이런 사회윤리의 필요성을 다양한 인문학–정치학 전문가와 학제 간의 만남에서 드러내고, 개별 시민들을, 특히 정치인들을 깨우치는 것은 사회윤리를 구체적으로 적용하는 일의 일부이다.

2-3. 권리 보장과 권리 보호

평화를 보장하고 국제 관계를 장려하는 일은 정치적으로 국가의 외교 관계에 해당한다. 반면에, 개인의 권리를 보호하는 일은 인권을 보장해야 하는 국가의 과제다. 개인을 법적 인간으로 인정하고, 법 앞에서 평등성을 인정하며, 국가권력의 개입으로부터 권리를 보호하는 일은 구약 성경에서 다양한 방식으로 독촉되었다. 이런 일들은 사람들을 제멋대로 감금하는 일을 금지하고, 피고가 독립적인 재판관 앞에서 공정하고 공식적인 절차를 보장받도록 하며, 합당하지 않는

법이나 경솔한 유죄 판정을 불법으로 배제하는 유엔 인권헌장에 명시되어 있는 내용과도 같다.[05]

이런 원칙들을 보장하려는 법치 국가는 그에 필요한 수단들을 준비하고 있어야 한다. 질서 있고 독립적인 법원 제도, 범죄와 폭력 행위를 징벌하기 위한 보안 경찰, 국가 관청들에 의한 침해를 반대하는 효과적인 행정 감시, 관청이 개인을 완전히 통제하는 것을 불가능하게 하는 개인정보 보호 등은 제도적 수단으로서 반드시 필요하며, 사회윤리도 요구하는 바다. 반면에 비밀 재판, 즉흥적 제재, 사적인 개인정보 유출 등은 비도덕적인 것으로 거부되어야 한다. 또한 민법상이나 형법상의 모든 재판과정이 명확한 절차 규칙에 따라 처리되어야 하고, 이 절차들은 원칙상 공개적이어야 한다. "닫힌 문" 뒤에서 벌어지는 재판은 명백하게 범위가 규정된 예외적 상황에서만 허가되어야 하고, 재판관의 임명은 법적으로 투명하고 중립적으로 이루어져야 하며, 마지막으로 가난한 사람들이 그들의 권리를 인식하도록 그들에게도 법적 수단과 변론을 허가해야 한다. 이와 반대로 비공식적인 제재나 여론에 의한 평가, 청중이나 독자들이 흥분하여 느끼는 쾌감, 처벌을 받았던 사람들이 사회적으로 소외되는 등의 사태는 최대한 배제되어야 한다.

권리를 보호하고 국내 안전을 지키기 위해 국가는 마땅히 충분한 압력 수단들을 사용해야 한다. 시민들이 인정하는 질서와 그들이 선출한 공무원들은 그 기능을 수행하는 데 충분한 권위를 가져야 한다.

---

05 유엔 인권헌장 6-10조.

그러나 공무원들이 사용할 수 있는 압력 수단은 업적을 쌓기 위한 일반적인 도구가 아니라, 다른 사람을 희생시키면서 자신의 관심사를 파렴치하게 관철시키려고 했던 범법자에 대한 최후의 수단이어야 한다.

국가권력의 수단들을 모든 위험을 차단하기 위해 예방적 차원에서 투입하는 경찰국가 같은 형태는 외관상 평온과 질서를 가장 잘 보호하는 것으로 보일 것이다. 그러나 그런 국가는 진정한 사람됨에 결코 걸맞지 않다. 사람을 존중하는, 이른바 사회윤리적 책임을 지는 질서는 이와 반대로 경찰의 권한을 매우 제한하고, 필요한 경우에는 그 권한이 어떻게 사용되는지 명백히 알 수 있도록 이용한다. 이 영역에서 최대한 폭력을 줄여야 한다는 원칙은 중요하다. 이런 전제 아래 법과 질서를 관철시키는 수단으로 사용되는 고문은 사람의 품위를 근본적으로 경멸하는 행동이기 때문에, 법치 국가에 일치될 수 없는 것으로 마땅히 거부되어야 한다. 이 점은 고문이 전 세계적으로 행해진다는 사실을 참작하여 분명하게 강조되어야 한다.[06]

이 밖에도 반드시 언급해야 할 점이 있다. 사람의 모든 권리는 원칙적으로 늘 공적인 질서와 사람됨을 유지하려는 목적으로 실행되어야 한다는 점이다. 이는 그리스도교의 특성이자 "남을 심판하지 마라. 그래야 너희도 심판받지 않는다"(마태 7, 1)는 예수의 말에 따른다. 범법자를 다시 사회화하기 위한 조치들은 피해자의 손해를 보상하고, 범법 행위를 철저하게 단속하기 위한 제재로서 질서를 잡아야 하는 사람의 권한에 달려있다.

---

06 A. Ricklin(Hrsg.), Internationale Konvention gegen die Folter, Bern 1979. L. Velez-Serrano, La torture, Freiburg/ Schweiz 1985.

형벌이라는 용어의 온전한 뜻은 사람들에 의해 부과되는 속죄다. 그 뜻으로 볼 때, 인간 행위는 윤리적으로 평가될 수 있다. 따라서 인간 행위에 대한 윤리적 평가 기준을 세우는 형벌은 사람에게 속한 권한을 뛰어넘는다는 느낌을 일으킨다. 이런 느낌이 일어난다면, 또 경우에 따라, 예를 들어 법복 등 재판관의 외적인 모습이 강조되고 여론에 의해서도 그렇게 인정된다면, 사람의 권한은 성스러워지고, 그럼으로써 남용될 수 있다. 사형선고 역시 사람의 권한을 뛰어넘는 권력의 남용으로서 더 이상 윤리적으로 책임 있는 방법이 되지 못한다. 그리스도교 사회윤리는 이 점 역시 강조해야 할 것이다.[07]

기타 참고문헌

G. Kaiser, Strafvollzug im europäischen Vergleich, Darmstadt 1983.

K. Larenz, Richtiges Recht - Grundzüge einer Rechtsethik, München 1979.

---

[07] 경우에 따라 형법 집행은 공적 양심의 "최소한의 도덕"(Minima moralia)을 사회적으로 옹호하고 훈계하는 유익한 결과를 가져올 수 있다. 그러나 그 결과가 형 집행의 직접적 목적이 되는 것은 사회윤리적으로 거부되어야 한다. 왜냐하면 형사처벌을 받은 사람이 법적으로 훈육시키기 위한 수단이 될 수 있고, 결과적으로 그의 인간 존엄은 멸시될 수 있기 때문이다. 따라서 행위나 행위자들과 관련된 무고한 제삼자를 보호하려는 의도에 의해서, 또 범법자를 궁극적으로는 재사회화를 통해 사회에 환원시키려는 의도에 의해서 범법자를 제약할 때에만 책임 있는 형벌이 될 수 있다. 유목민에게 감금형이 불가능했던 것처럼 죄인을 사형 이외의 다른 방법으로 처벌하는 것이 완전히 불가능하다면, 아마도 사형이 적합할지는 모르겠다.

D. Lorenz, Der Rechtsschutz des Bürgers und die Rechtsweggarantie, München 1973.

U. Schambeck, Richteramt und Ethik, Berlin 1982.

E. Wiesnet, Die verratene Versöhnung, Düsseldorf 1988.

R. Zippelius, Rechtsphilosophie, München 1982.

2-4. 교육을 통한 기회균등

사람은 결코 본능에 의해서 정해진 행동을 하지 않는다. 그래서 사람들은 자아실현을 위해 반드시 교육을 필요로 한다. 사회구조가 단순했던 부족 사회에서는 자연적으로 발생하는 교육만으로 충분했지만, 고도로 복잡해진 현대사회는 나름대로 조직화된 교육 제도를 요구한다. 말하자면 교육을 보장하기 위한 학제가 반드시 필요하다. 이에 상응하여 유엔 인권헌장은 "인권과 기본적 자유에 대한 존중을 강화하면서 인격의 완전한 발전"을 위해 국가가 보장해야 하는 개인의 권리로서 교육 제도를 요구한다.[08] 가난한 주민들을 위한 교육 제도를 준비해온 그리스도교 전통은, 사람의 권리 안에서 표현되는 이 요구가 복음의 신앙적 동기에서 오랫동안 사회윤리적 요구로 인식되어 왔다는 점을 보여준다. 또한 교회 전통은 교육을 단순히 정신적인 지식이나 수공업적 기술만이 아닌 전인적인 것으로 이해해 왔다. 교육

---

[08] 26조, 27조 1항에서는 문화적 재화에 대한 자유로운 참여가 좀 더 명확하게 첨부되었다.

은 "머리와 심장, 손"(H. 페스탈로치, 1827년 선종)을 포괄해야 하며, 사회윤리는 그러한 교육을 요구해야 한다.

국가의 모든 사회적 조치가 그렇듯이, 교육에 대한 요청도 보조성의 원리에 따라야 한다. 전체주의적 국가에서 부모의 영향을 가능한 차단하거나 통제하는09 중앙 집권적 조직 형태의 학교 제도는 특권층이 더욱 혜택을 받게 한다. 따라서 이런 학교 제도는 완전한 사립학교 제도와 마찬가지로 연대성에 피해를 주기 때문에 거부되어야 한다. 사회윤리가 추구해야 하는 것은 연방적 혼합 형태와 같다. 이런 형태들은 구체적인 역사적·문화적 환경에 적합하며, 장애인이나 그 밖의 불이익당하는 사람들의 특별한 욕구들도 소홀히 다루지 않는다.

국가는 사회적 인권을 실현시키기 위해 필요한 수단들을 준비해야 하지만, 그 조치들을 구체적으로 실행하는 유일한 담당자가 되어서는 안 된다. 국가는 교육 제도에서 균등한 기회가 유지되어야 하고, 그럼으로써 사회 안에서 생계 보장과 발전을 위한 기회도 최대한 균등하게 유지되어야 한다는 점을 일깨워 주어야 한다. 이런 기회균등을 보장하기 위해 국가는 각 개별 교육기관에게 최소한의 기본적 교육수준을 요구해야 한다. 물론 국가는 교육기관이 행동 방침과 교육을 계획하고, 교육의 목적을 설정할 수 있는 기본 조건을 확립해야 한다. 이 말은 국가가 반드시 교육 제도를 세세한 점까지 조정해야 한다는 뜻은 아니다.

---

09 1989년 독일민주공화국 교육부 장관의 지침

교육과 문화는 서로가 아주 밀접하게 관련되어 있기에, 교육 제도를 구체적으로 조직하는 데 글로벌 차원에서 타당한 규정들은 결코 완벽하게 구상될 수 없다. 따라서 일반적인 사회윤리는 사람을 발전시키는 교육이 균등한 기회를 통해 보장되어야 하고, 민족들의 문화적·역사적 다양성을 고려해야 한다는 요청을 제시하는 것으로 만족해야 한다.

기타 참고문헌

R. Dahrendorf, Bildung ist Bürgerrecht, Hamburg ³1968.

I. Richter, Bildungsverfassungsrecht, Stuttgart 1973.

3. 생계 보장과 경제적 안정

3-1. 사회 안전 보장

모든 사람은 "국가의 자체적인 노력과 국제적인 협력을 통해, 그리고 각 나라가 조직된 방식과 보유한 자원의 형편에 맞춰 자신의 존엄성과 인격의 자유로운 발전에 반드시 필요한 경제·사회·문화적 권리를 실현할" 것을 요구한다. 이 요구는 유엔 헌장에 따르면 양도할 수 없는 인권에 속한다.[10] 사회 안전을 보장하는 가장 중요한 요인이 국가로 간주되기는 하지만, 그것을 실질적으로 실현하는 영역들이 있다. 바로, 다양한 사회적 기구(Organisation)다. 물론 어떤 경우에서도 사회적 안전에 대한 권리를 보장하려고 애쓰는 국가의 임무 수행은 필요하다. 사람의 존엄성과 발전을 경제 영역에서 보장하려는 권

---

10 22조.

리는 실질적으로 노동과 합당한 임금, 여가 시간[11]에 대한 권리와 이미 언급했던 교육에 대한 권리를 통해 정확하게 규정된다. 이 권리들은 모두 사람이 건강하고 평안한 생활을 유지할 수 있도록 보장하며 음식, 의복, 주거, 의사의 보살핌, 사회복지 기관의 필수적인 기능을 포괄한다. 덧붙여서 실업, 병, 노동 불능, 고령, 이 밖에 부당한 사태에 의해 생계 수단을 상실한 경우에도 사람은 안정된 생활에 대한 권리를 갖는다.[12] 또한 어머니와 자녀는 그 아이의 출생이 적출(嫡出)인지와는 무관하게 보호되어야 한다.

사회적 권리로 확립된 것들에 대해 그리스도교 윤리는 오래전부터 집중해왔다. 요한 크리소스토무스의 절박한 경고나 중세에 "현세의 자비로운 일곱 가지 선행"에 대한 가르침은, 무조건 수입의 10분의 1을 윤리적 의무에 사용하는 것을 사람들이 얼마나 진지하게 받아들였는지 보여준다. 그 당시 단순한 사회구조에서는 사람이 사람에게 직접적인 도움을 주는 것으로 만족되었지만, 현대 사회의 복잡한 사회 체계에선 그런 사적인 조직은 사회 안전을 더 이상 충분히 보장하지 못한다. 비상시를 위한 사회 보장망은 더 이상 자발적인 헌납에 의해서가 아니라 세금을 통해 재정적으로 지원되어야 하는 사회복지 국가의 조치들에 의해서만 대체로 폭넓게 안정될 수 있다. 자비로운 선행에 대한 윤리적 의무는 법으로도 요구될 수 있다. 물론 국가 조치에 의한 실행은 상대적으로 더 크고, 익명의 담당자가 맡는 행정기

---

11 23-24조.

12 25조.

구들을 필요로 하게 되는데, 그 때문에 이 기구들은 많은 비용을 들이면서도 융통성 없이 사무적으로 원조 사업을 하게 된다.

이런 이유로, 사회복지 국가의 조치들을 사회윤리 입장에서 원칙상 긍정할 때 재차 지적되어야 할 점이 있다. 바로 공적 기관은 보편적인 기본 욕구들이 안전하게 보장되지 못할 위험한 경우를 미리 대비하고 있을 뿐이라는 점이다. 공적 기관과는 반대로 사적 담당자에게 권한이 위임되면 그 조치들은 부드러워진다. 공적 기관의 조치보다 새롭게 드러나는 어려움에 더 잘 적응하며, 개인에게도 경제에서도 큰 효과를 거둔다. 왜냐하면 사적 담당자들에게 권한을 위임함으로써 개인의 무분별한 요구들이 더 잘 통제되기 때문이다.

국가 안에서 사회 안전 보장이 사람에게 걸맞게 조직되기 위해 사회윤리가 요구하는 바는 사회 원칙을 입법화하고 합당한 재정적 지원에 대한 발의를 촉구하며, 복지 활동이 가능한 방해받지 않도록 하는 일이다. 이 요구들은 사회 전체 비용을 조정하는 데 관여하는 다양한 사적 담당자들이 경쟁 관계 안에서 서로 감시하는 것보다 더 중요하다. 따라서 그리스도교 사회윤리는 정치적 지평에서 사회 원칙이 입법화되기를 요구하고, 동시에 이 요구가 다양한 사적 담당자들에 의해 실현되기를 촉구해야 한다. 이런 일들은 물론, 그리스도인들이 자발적으로 사회문제에 참여하고, 특히 새로운 요청들, 예를 들어 마약 문제, 에이즈 환자 돌봄, 임종 지키기 등에 복음의 신앙적 동기로부터 나오는 적극적 관심을 가질 때에만 이루어질 수 있다. 사회 안전은 제도적인 사회 기반 시설들이 개인들이나 작은 집단들의 능동적이고 상상력이 풍부한 활동들과 한 짝이 될 때 가장 잘 보장되기 때문이다. 보조성 안에서 불이익당하는 사람들과 연대성을 실현하는 일도 사회 안전 보장을 위해 중요하다.

3-2. 경제 질서

사회정책 외에도 생계유지, 복지, 그리고 현대 산업국가에서 완전 고용을 보장하는 일과 관련하여 경제정책은 특별히 중요한 의미를 갖는다. 다른 문제 영역들과 마찬가지로, 이 장에서 언급되는 매우 복잡하게 전 세계적으로 연결되어 있는 경제정책에 관한 문제는 사회 윤리 입문서에선 그 개요만 간략하게 설명될 수밖에 없다. 남북 간에 격차가 매우 큰 경제적 불균형이 그동안 윤리적 문제로 뚜렷하게 인식되었고, 경제 문제가 19세기 가톨릭 사회론이 출발한 시기보다 더욱 분명하게 다루어야 할 중요한 과제가 되었다. 이런 중요한 문제를 이 자리에서 다 설명할 수 없고, 단지 몇 가지 경제윤리의 원칙들만 언급하겠다.

원칙상 모든 사람이 동등함에도 불구하고 경제 영역에서의 불균형은 늘 매우 특별하게 작용한다. 경제 영역에서 권력 남용과 착취의 위험은 매우 크다. 국제적으로 서로 아주 가깝게 연결되어 있고 분업화되어 있는 산업 문명에서, 높은 자본 투자는 사람의 노동력을 하나의 "생산 요소"로 만든다. 이런 상황에서 권력과 세력은 매우 불평등하게 분배되기 때문에, 권한 남용과 착취의 위험은 더욱 크다. 사랑의 계명을 지향하는 그리스도교 윤리가 역사가 진행되는 내내 경제

문제와 씨름한다고 여겨지는 것도 놀라운 일이 아니다. 이에 대한 예로는, 그리스도교 형제애에 근본적으로 모순되는 노예제도 거부, 이웃을 곤궁에 빠뜨려 이윤을 벌어들이려는 의도를 막기 위한 중세의 이자 금지, 또 깨어 있는 그리스도인들에 의해 고무되어 투자신용 대부를 보증하기 위한 금고나 전당포를 설립한 일 등이 있다. 이런 사례들은 가톨릭 사회론13이 생겨나기 이전의 역사에서도, 산업화 초기 사회문제에 참여하는 그리스도인들이 사회윤리적 숙고를 통해 산업 노동자의 곤궁함을 극복하려던 것과 같은 일들이 있었음을 알려준다. 1891년 회칙 『새로운 사태』가 분명하게 보여주었던 바와 같이, 이미 그 당시 사람들은 경제 지도자들에게 사람됨과 정의를 호소하는 방식이 만족할 만한 문제 해결책이라고 느끼지 않았을 것이다. 노동자들 손에 사유재산을 쥐여 주거나, 특히 그들이 자신들의 관심사를 공동으로 유지하거나 관철시키도록 협력하는 능력을 만들어 내는 등의 제도적 조치들이 필요했다.

이와 관련된 고전적 국가경제의 문제는 여전히 구체적으로 남아 있다. 말하자면 생산수단의 소유와 그 처분권에 관한 문제, 자본주의인가 혹은 사회주의인가 하는 문제, 재화 무역의 체계와 관련하여 시장경제인가 혹은 계획경제인가에 관한 문제, 노동자 보호와 일자리 보장 문제, 노동과 여가 시간의 조정에 관한 문제, 특히 "자본"과 "노동"의 관계와 사회적 파트너 사이의 계약 등에 관련된 문제는 계속해서 논의되고 있다. 이 문제들은 변화하는 사회적 조건 아래에서 인

---

13 III장 1.1을 참조.

간 존엄성과 공동선 존중을 고려하여 지속적으로 깊이 고민되어야 한다. 이 문제들은 개별적 문제로 고립되어서는 안 되며, 개별 국가 경제에 국한하여 파악되어서도 안 된다. 경제가 글로벌 차원에서 연결되어 있다는 점을 참작하여, 경제윤리의 문제는 항상 모든 해당자가 최대한 "참여"하는 가운데 가능한 세계 경제 질서의 지평에서 파악되어야 한다.

국가는 "자동적으로 조정되는 시장 능력"을 내세우는 "야경국가"로서 모든 것이 저절로 가장 좋은 방향으로 흘러간다는 계몽주의적 낙관주의 관점에 따라서 이 문제들에 무관심해서는 안 된다. 이 점은 극단적 경제 자유주의에 대한 역사적 경험에 비추어 볼 때 당연하다. 오늘날 자유주의 경제 질서를 옹호하는 사람들은 사회적 기본 조건들이 불가피하게 법적 구속력을 통해 보장되어야 한다는 점을 인정한다. 20세기 후반에 여러 산업국가에서 이른바 "사회적 시장경제"[14]로서 형태는 다양하지만, 동일한 목적으로 관철되었던 질서는 그리스도교 사회윤리에 타당한 질서 관념으로 여겨질 수 있었다. 사회적 시장경제 질서의 핵심 요소로는 다음의 조건을 말할 수 있다. 시장과 경쟁을 사회의 기본 조건으로 도입하기 위해 시장과 경쟁을 긍정하는 것, 사회적 갈등을 계약에 따른 협정을 통해 사회적 파트너 관계 안

---

14 Div. Vf. Das Soziale der Marktwirtschaft, Zürich 1989. 사회적 시장경제를 주장한 사람으로 "수상" 루드비히 에르하르트(Ludwig Erhard, 1977년 사망) 외에도 "질서 자유주의"(ordo-liberale) 이론가인 발터 오이켄(Walter Eucken, 1950년 선종), 알프레드 뮐러-아르막(Alfred Müller-Armack, 1978년 선종), 빌헬름 뢰프케(Willhelm Röpke, 1966년 선종), 괴쯔 브리프스(Goetz Briefs, 1974년 선종)를 지적할 수 있다. 또한 제임스 뷰캐넌(James McGill Buchanan) 등이 주장하는 이른바 "헌법 경제학"(Institutionen-Ökonomik)은 이런 견해를 현재에도 계속 지속하고 있다.

에서 조정하는 것, 또 결정 과정이나 경영을 통해 얻은 수익에 모든 해당자가 최대한 참여하는 것 등이다. 그리스도교 윤리도 이런 질서 관념들을 세우는 데 중요한 기여를 했고, 따라서 이 관념들이 교회의 새로운 사회 문헌들에서 인정된다는 점은 당연하다. 그럼에도 시장경제의 "사회성"이 경제 정책의 주요 원리로 여겨지는 바로 그곳에서, 구체적인 경제 정책들이 여전히 많은 바람들을 해결하지 못하고 남겨 두었다는 점을 그리스도교 사회윤리는 간과해서는 안 된다. 특히 노동 과정에 관계된 모든 해당자가 최대로 참여하지 못한다는 점은 중요한 과제로 남아 있다.

그리스도교 사회윤리의 과제는 바로 그런 해결되지 못한 문제 영역에 있으며, 아울러 비판하고 격려하면서 질서정치를 함께 숙고하는 것이다. 이런 과제는, 국가경제 체계의 한계를 극복하고자 한다면, 그리고 산업적 제작 과정에서나 경제 무역에서 오랫동안 현실을 지배해 왔던 사태를 참작하면서, 세계적 차원에서 글로벌 경제의 불균형과 각 사회의 곤경을 해결하기 위한 방책을 구하고자 한다면 더욱 중요하다. 그러므로 국가적 차원에서나 글로벌 틀 안에서 사회적 시장경제 모델에 어떻게든 부합해야 하는 좀 더 공정한 세계 경제 질서에 대한 관심사를 다루는 일은 그리스도교 경제윤리의 다급하고 절박한 과제에 속한다.[15]

---

15 1986년 미국 주교단의 경제 사목서와 1987년 교황 회칙 『사회적 관심』이 내놓은 개별 제안들은 이해관계에 얽힌 비판뿐 아니라 많은 객관적 비판을 받았다. 그러나 그 문헌들은 글로벌 문제에 관해 그리스도교 사회윤리가 의무를 수행한 업적으로 언급되어야 한다.

여기에서 그리스도교 경제윤리는 완벽한 해결책을 제공할 수 없고, 다만 학제 간의 토론을 통해 윤리적 동인을 이끌어 와야 한다. 그리스도교 신앙은 사람과 하느님의 관련성을 결코 사람과 세계의 관련성과 분리하여 이해하지 않으며, 하느님 창조의 일부인 세계와 사회에 대한 염려가 하느님과의 관계를 근본적으로 결정하는 하나의 요소라고 이해한다. 이런 이유로, 세계와 사회에 대한 염려는 이런 동기를 인식하여 세상과 사회 안에 잠재되어 있으면서 구조적으로 감추어진 불의들을 "기회가 좋든지 나쁘든지"(2티모 4, 2) 간에 지적하는 일과 다를 수 없다.

기타 참고문헌

G. Endrele, Wirtschaftsethik im Werden, Stuttgart 1988.

F. Hensbach (Hrsg.), Gegen Unmenschlichkeit in der Wirtschaft - der Wirtschaftshirtenbrief der USA-Bischöfe, Text und Kommentar, Freiburg 1987.

W. Lachmann, Wirtschaft und Ethik, Neuhausen-Stuttgart 1987.

R. Lay, Ethik für Wirtschaft und Politik, Herbig 1983.

A. Rauscher (Hrsg.), Selbstinteresse und Gemeinwohl, Berlin 1985.

A. Rich, Mitbestimmung in der Industrie, Zürich 1973.

ders, Wirtschaftsethik, Bd. II, Gütersloh 1990.

3-3. 환경에 대한 책임

경제윤리와 매우 가깝게 연관된 것은 환경에 대한 관심이다. 과거에 환경은 이른바 벌채와 숲 개간 같은 제한된 범위 안에서 훼손되었지만, 지난 수십 년 동안의 산업화 과정에서는 인간 생존과 생활세계를 명실상부하게 위협할 정도로 천연자원과 에너지가 전 세계적으로 사용되었다. 절제되지 않은 공기와 물 사용, 토지의 과용, 지하자원과 숲 개발, 핵에너지와 유전자 조작 같은 새로운 기술은, 그런 행위가 계속될 때 인류 생존이 위협받을 수 있을 정도의 커다란 위험성을 내면에 숨기고 있다. 전문 기술의 진보와 과학기술은 사람의 꿈을 키웠으며, 그 꿈이 실현될 가능성에 사람들은 무분별하게 동의하게 되었다. 이는 18, 19세기 계몽주의적 낙관주의에 대한 동의와 마찬가지로, 사람을 점점 더 거만하게 만드는 위험으로 밝혀졌다.

사회윤리는 "성장의 한계"[16]에 주의를 기울일 것을 요청한다. 이 요청은 환경문제의 지평에서 무엇보다도 천연자원과 에너지를 가능한 절약하는 방법을 구한다. 이 방법은 폐기물과 쓰레기를 신중하게 처리하고 폐수와 배기가스를 정화하는 일과 함께 진행되어야 한다.

국가가 그런 방법을 국가적, 국제적 차원에서 실시하기 위해서는 법적 제도가 반드시 필요하다. 국가는 이 법적 제도를 합당한 규정과 금지사항을 통해, 더 나아가 가능한 추진력 있는 적합한 기획을 통해 미리 정하는 것이 바람직하다. 비록 이와 관련된 조치를 수행하는

---

16 1972년 "로마클럽" 보고서의 제목이다. 이 제목은 환경문제와 관련하여 사고 전환의 필연성을 알리는 전 세계적인 신호탄이 되었다.

데 있어 많은 점들이 전 세계적으로 잘못되어 있지만, 이 윤리적 책무에 대한 인식은 지난 몇 년 동안 뚜렷하게 성장했다. 다른 사회문제들과는 다르게 환경문제에서는, 사회가 환경문제를 제한하기 위한 조치들을 철저하게 취해야 한다는 견해가 지배적이다.[17] 이때, 세계적인 경제 불균형에 당면하여 부유한 국가들이 생활양식과 소비 성향에서 어느 정도 제약을 반드시 받아야 한다는 점을 그냥 넘겨서는 안 된다. 이런 결론을 수락할 준비도 환경윤리의 과제에 속한다.

기타 참고문헌

A. Auer, Umweltethik, Düsseldorf 1984.

U. Krolzik, Umweltkrise-Folge des Christentums? Stuttgart ²1980.

D. Meadows, Die Grenzen des Wachstums, Stuttgart 1972.

C. Schnukelberger, Aufbau zu einem menschengerechten Wachstum, Zürich 1979.

---

[17] H. Halter, Theologie, Kirchen und Umweltproblematik, in; ThBer 14(1985), 165-211.; H. Münk, Umweltschutz zwischen individualethischer Verantwortung, personal-zwischenmenschlichem Anspruch und strukturalen (legislatorischen) Maßnahmen, in; JCSW 30(1989), 85-111.

4. 과학기술과 연구에서
   꿈의 실현 가능성이 갖는 한계

앞서 지적한 과학기술에 의한 꿈의 실현 가능성이 그 자체로는 가치를 가지지 않은 중립적이라는 주장이 있다. 이런 주장은 환경문제에서만 주목되지 않는다. 대부분의 경우, 이 실현 가능성은 사람됨을 실현하는 데 더 이상 이바지하지 못하고 오히려 사람됨을 파괴한다는 점에서 그 자체로 이미 한계에 부딪혔다.

이런 한계는 특별히 지난 몇 년 동안 진보된 의학 기술과 관련하여 또렷하게 보인다. 옛날과는 아주 다르게, 병자에게 가능한 수단들을 무절제하게 투여하는 것은 더는 치료 방법이 될 수 없고 고통을 완화시키지도 못한다. 단지 환자가 임종할 때까지 불필요한 고통을 연장할 뿐이다. 의술이 "의학의 독단"(A. 틸리케)으로 말해질 수 있는 위험이다.

이런 위험은 생명 의학 연구를 통해 개척된 다른 기술, 예를 들면 "체외 수정"과 같은 기술에도 도사리고 있다. 체외 수정은 다른 방법으로는 장애를 제거할 수 없는 여성의 불임을 극복하는 데 이바지하지만, 반면에 임신 초기 단계에 태아를 실험하는 조건을 마련하고, 더 나아가 임의적인 유전 공학을 시도하는 조건도 마련한다. 사회 보장 비용을 경감시키기 위해 태아 초기 단계에 장애를 발견해서 건강하지 못한 생명을 조기에 제거하는 것을 가능하게 하는 양수 검사도 의학이 독단을 부릴 수 있는 위험성을 갖는다. 이런 위험은 동물 사육에도 해당된다. 그 기술은 피조물의 안녕을 배려하지 않고, 고기 생산이나 우유 생산 능률 등과 같은 순전히 경제적 관심에서 유전 공학으로 동물들을 변형시켜 사육하거나, 종의 보호와 보존을 고려하지 않고 모든 동물의 계보를 절멸시킨다. 덧붙여서 에너지 생산에서도 위험성이 있다. 사용할 때보다 폐기물을 처리할 때 아직도 완벽하게 다룰 수 없는 핵 기술 때문이든지, 소각할 때 생기는 이산화탄소와 그것이 기후에 미치는 나쁜 작용 때문이든지 간에 위험성이 있다. 에너지 생산에 도사리는 위험성에 대한 예는 얼마든지 말할 수 있다.

이 위험성은 연구 결과를 공학 기술에 적용하는 데에만 있는 것이 아니라, 그 연구 자체에도 있다. 부연하자면, 실험용 동물, 유전질, 수정된 생식세포 등과 같은 윤리적으로 결코 사소하지 않은 것들을 다루는 개별 연구계획을 실행하는 데만 위험성이 있는 것이 아니다. 그보다는 연구자들 스스로가 연구를 시작하면서부터 자신의 연구 결과를 적용하면 어떤 결과가 일어날지에 대해 생각해봐야 한다. 왜냐하면 자금을 지원받은 연구 활동이 후원자의 경제적 관심에서 벗어나기란 매우 어렵기 때문이다. 연구 후원 자금은 단순히 지식 확장을 위해서만이 아니라, 대부분 명백한 경제적 관심이 배후에 깔려 있다.

공학 기술을 통해 꿈을 실현할 가능성에 관련해서도 그렇지만 연구와 관련해서도 사람은 자신이 할 수 있는 모든 것을 더 이상 단순하게 해서는 안 된다. 이 말은 진행되는 연구를 갑자기 중단하거나 일시적으로 중지하라는 뜻이 아니다. 어차피 이런 식의 중단은 세상 어느 곳에서도 일어날 수 없다. 그렇다면 규범에 맞고 책임 의식을 가진 절차 양식만이 사회윤리적으로 정당화될 수 있는 해결책으로 논의될 수 있다. 이에 부합하여 반드시 해야 하는 일이 있다. 한편으로는 서로 배려하지 않는 제멋대로의 연구계획에 법적인 한계를 두어야 하며, 다른 한편으로는 연구를 위한 신용 자금을 기증할 때 책임 의식을 담보하는 기획이 촉구되어야 한다. 이런 기획들을 점검하기 위해 다양한 분야의 전문가들로 구성된 윤리위원회 건립도 사회윤리적으로 요구되어야 한다.

이렇게 국가가 미리 마련하는 조치들 외에도, 그런 요구를 전적으로 의무로 받아들이는 책임감 있는 연구자들이 스스로 그런 조치들을 마련해야 한다. 그런 일을 개인이 혼자 한다는 것은 대체로 많은 부담이 되기 때문에, 직업윤리의 운영 방침을 통해 연구자 공동체가 자체적으로 윤리적 의무를 확실히 약속할 필요가 있다.

수많은 연구, 그중에서도 의학 연구에 해당하는 지침들을 집대성한 책들이 지난 몇 년 동안 출판되었다.[18] 이 책들은 연구자들이 직접 완성한 것이기 때문에 최근의 입장을 반영한다. 그 책에 쓰인 지침들은 외부에서 주어졌다기보다는 오히려 그들의 범위 안에서 생겨난 규

---

18 예로서 "스위스 의학 아카데미의 의학윤리 지침"(Medizinisch-ethischen Richtlinien der Schweizerischen Akademie der medizinischen Wissenschaften, Basel 1981)이라는 책이 있다. 이 책은 1983년과 1985년 보충되었다.

범으로 여겨진다. 따라서 이 책들은 불문율에 붙여진 명예에 관한 통념을 보여준다. 명예는 공적인 법의 승인을 통해 매우 제한적으로만 효력을 발생할 수 있음에도 불구하고, 그 책들에 쓰인 지침들은 의학 연구자의 명예에 의거하여 효력이 발생할 수 있기 때문이다. 따라서 사회윤리는 개별 연구자의 책임 의식과 양심에 호소하고, 법적 조건에 대해 연구해야 하며, 아울러 알맞은 대응책을 구하는 "매개적" 윤리 규범의 중요성을 촉구해야 한다.

기타 참고문헌

A.J. Buch, J.Splett (Hrsg.), Wissenschaft, Technik, Humanität, Frankfurt 1982.

G.M. Teutsch, Soziologie und Ethik der Lebwesen, Bern 1975.

ders, Tierversuche und Tierschutz, München 1983.

M. Türkauf, Wissenschaft und moralische Verantwortung, Schaffhausen 1977.

5. 사회윤리 - 오늘날에도 중요한가?

　정치, 경제, 과학이라는 부제어로 이 장에서 구성한 사회윤리의 영역은 현재 의심의 여지없이 공적 관심사의 중심에 있다. 사회윤리의 영역들을 이 책에서 빠짐없이 설명하거나 모두 다 밝힐 수는 없지만, 여기에서 소개한 문제들은 그리스도교 사회윤리의 기초적인 숙고들이 문제의 상황을 비판적으로 파악하고 이해하는 데 얼마나 이바지할 수 있는지, 또 그 문제들을 해결하는 방법을 최소한 원칙적으로 얼마나 명료하게 설명하는지를 분명하게 보여준다.

　사회윤리가 정치가들, 경제전문가들, 대화의 파트너인 학자들에 의해 어느 정도 분명하게 지각되고 있다. 비록 여러 방식으로 왜곡되어 있긴 하지만, 이미 파악된 문제들을 설명하기 위해 사회윤리가 기꺼이 공식적으로 참조된다는 사실을 경험을 통해 알 수 있다. 여기에서 윤리학자들에게 요구되는 것은 실제 문제에 대한 상세한 전문지식이 아니라, 실천을 이끌어 오는 윤리적 원칙들과 그 원칙들을 구체적인 문제 상황에 적용할 수 있는 방법들에 대한 엄밀한 이해다.

오늘날 발생하는 문제 대부분의 경우가 그렇긴 하지만, 사람됨이 위험에 처했을 때, 윤리학자는 그 문제에 대해 감정적으로 관계하는 사람에 속한다. 윤리학자는 정치, 경제, 과학의 전문가들과 직접 대면하여 여러 해결책을 찾고자 대화할 때 비판적이면서 명료하게 이해시키기 위해서, 또 그 해결책과 항상 결부되는 비용들을 정의롭게 분배하는 절충점을 찾기 위해서 감정에만 의지해서는 안 되며, 경솔하거나 급진적인 대안을 내놓아서도 안 된다. 윤리학자의 감정은 하느님이 창조하셨기 때문에 보존되어야 하는 세상에 대한 그리스도교의 견해에서 비롯된다. 이 감정들은 오히려 사회윤리의 원리들과 인간관에 기초를 둔 주장을 신중하고 세심하게 제기하는 동기가 되어야 한다. 이런 동기의 근거들을 제시하고, 그 근거들의 체계를 설명하는 것은 그리스도교 사회윤리의 토대와 목적을 밝히는 일이자, 그리스도교 사회윤리의 기초 과제다.

사항 색인

인명색인

밀너-이리닌, J. 159

(ㅂ)

바더, F. 63

바르트, K. 76, 95, 100, 249

바스케스, G. 206, 280

바오로 6세 57, 74, 80, 85F, 284

바오로 29, 43F, 130F, 167, 172, 227F, 273, 275, 278, 293

바이어, K. 136

반첼라쩨, G.D. 159

발라프, H.J. 33, 243

베네딕토 15세 55

베버, M. 204

벡, J. 67

벤담, J. 138

벤드란트, H.D. 105, 107

벨티, E. 258, 262

보나벤투라 152

보델쉬빈크, F 94

보스니악, B. 161

보이틸라, K. (요한 바오로 2세) 153

볼프, C. 145, 147, 207

뵈클레, F. 149

부스, W. 93

뷰캐넌, J 142

브란트, F. 66, 153, 155

브리엔느, L. 282

브리프스, G. 359

브레닉키, P. 161